JN055497

ふくしまの地域社会を活かす人びと

〜陸奥「塩松領石川分」の成立と展開〜

日下部　善己

歴史春秋社

1　日山のつつじ①（平成14年６月２日）

2　日山のつつじ②（平成17年６月１日）

3　日山のつつじ③（平成９年６月１日）

4　日山のつつじ④（平成14年６月２日）

5　合戦場のしだれ桜　春（平成31年４月20日）

6　合戦場のしだれ桜　夏（令和２年７月３日）

7　杉沢の大杉（平成21年７月20日）

8　名目津壇のマユミ（平成24年９月３日）

9　舘山の一つ松
（平成８年12月31日）

10　機織御前の滝（平成27年11月29日）

11　百瀬川の百日紅《さるすべり》並木（令和２年10月２日）

12　名目津渓谷①（平成23年６月16日）

13　名目津渓谷②（同）

14　塩松領石川分の「府」（平成７年７月23日）

15　観音木戸

16　百目木城一ノ郭（本丸）

17　百目木城の構造（縄張り）

18　百目木城四ノ郭・五ノ郭

ふくしまの地域社会を活かす人びと

～陸奥「塩松領石川分」の成立と展開～

知る　活かす　伝える　地域社会《ふるさと》《ふくしま》の歴史と誇り

はしがき

「所変われば品変わる」ということわざがある。場所（土地）が違えば、伝統、風俗、人びとの考えや行動等、日常の生活習慣も違うということである。例えば大晦日（年越し）や正月の食卓を飾る魚は、「サケ（鮭）」か「ブリ（鰤）」か、「こわい」の意味は「恐ろしい」か「疲れる」か、「走る」ことは「跳ねる」か「跳ぶ」かなど、各地域社会によって大きな差がある。これらはお国柄や土地柄ともいわれることもあり、各地に展開する地域社会の多様性を表現している。それ故に個性豊かな地域社会を一律に定義することはなかなか難しい。

地域や地域社会を語るときには、大小を問わず地方自治・地方分権・地方の時代・地域政権・地域主権等、中央に対する地方や地域社会の独立性・独自性を強調する言葉がいろいろ使用される。日本列島の長い歩みの中でこのことがヒットする時代は幾つかあるが、中でも特徴的な時代の一つは、縄文時代中期、もう一つは戦国時代であると筆者は考えている。

北海道から沖縄県までの日本列島に居住する人びとの歩みは、旧石器時代、そして縄文時代を経て、時期差や地域差はあれ、やがて稲作を中心とした農耕社会に到達する。人びとは、自然との係わり方については主として縄文時代に多くの経験と知識とを蓄えた。それらを原点として現代の日々の暮らしが営まれている。

一万二〇〇〇年ほど前、氷河期が終わり、温暖化した地球の自然環境に積極的に対応した列島人は、土器と弓矢の使用を始めて縄文時代を成立させた。この時代は自然依存経済段階であり、列島共通の生業活動（採集・狩猟・漁撈）が広域的に展開する。

やがて、縄文時代前期の生業活動を基盤にして、その極盛期である中期社会が成立すると、列島各地の環境条件に適応・同化するように、それまでの広域圏が細分化され、中小規模の地域圏が成立する。現在の地域・行政区画でいえば、北海道東部地域を始めとして沖縄・南西地域に至る多くの地域圏である。これらの地域圏では、土器の文様・形態を始め、様々な事象において異なる様相を示し、特色ある地域社会を構成している。それを創り出したのは、環境としての自然と人間の地域環境対応力である。

中世戦国時代は、戦国大名や各地の中小領地を治める国人領主層が開発領主として未開の地を開拓し、新たな地域圏を創出した。自主・自立、そして協調（同盟・両属・傘下）関係を基本としながら、大名や国人が地域政権の主体となり、地域主権の時代を迎える。それは、形骸化した中央政権がその機能を果たさなかったために、当然の成り行きであり、領主層の多くは、本県内でも二〇〇〇か所以上を数える各地の中世戦国期城館をその政治・軍事拠点とした。

これらが、全国各地の地域的個性が光り輝く「地方の時代」・「地域主権」の特徴的な例であり、その中核をなすのが「地域社会」の土地と人であった。

このような地域性・地域圏や地域社会は、その後の時代にも現れる。前近代社会にあっては自然環境要因も大きく影響するが、基本的には人為的な区画線によって区切られることになる。

以上のように、各地の地理的・歴史的環境に対応しながら、その発展を準備し、大きく展開して、新たな世界を創り上げた「地域圏」や「地域社会」の実像は一体どのようなものであったのか、それを追求していきたいということが、筆者長年の課題であり、ライフワークであった。

今回は、それを具体化するために、地域社会の諸相や特色、その範囲や成立の事情、興亡を左右する歴史上の岐路と選択、長年の歩みの中で創られた地域社会の特性・歴史的個性等を先ず検討する。さらに、その発展と岐路の例として、戦国期伊達氏と相馬氏の境目の地に成立・発展した「塩松領石川分」という一地域社会の分析を踏まえて、国・郡境や大国の狭間に形成された地域社会の実体を考えてみることとした。

その構成は、すでに発表した文章と新たに書き下ろした部分とで成り立っている。既出の場合は執筆時点の記述を基本的には踏襲しているが、必要な場合は、改訂や図版の追加等を行った部分もある。

ところで、先にも触れたように各地域社会に生まれ、育った人びと、今暮らしている人びとには、各々違った地域社会内・地域圏内での生活体験がある。それらの人びとは各地域でどのように生き抜いてきたのかを各章及び節の中からできるだけ明らかにすることも本書の役割であると思っている。

人は、大地とそこに生きる人びとと共に暮らして初めて人になり、人を抱える大地は、人びとを生かし社会を創る。その土地と人の歴史、地域史を学ぶことは地域を創った歴代の人びとの人生とその経験則を学ぶことであると筆者は常々考えている。

そこで、各地域社会の歴史や文化を分析検討することを通じて、先人の尊い努力と工夫の姿形を明らかにしながら、その受け継いできた大いなる遺産を地域社会全体で共有していきたいと願っている。

【図版解説】

1・2・3・4　日山のつつじ

日山（天王山）は、標高一〇五七・六ｍで、大滝根山（一一九二・一ｍ）に次ぐ阿武隈高地第二の高峰である。空気が澄んだ晴れた日には、山頂から太平洋が、希には富士山も望める。ここは安達・双葉・田村の三郡界であり、かつては旭岳とも呼ばれた。山腹にはブナの原生林が見られ、山頂付近や登山道沿いにはヤマツツジが群生し初夏には紅やピンクの美しい花を咲かせる。

山頂には、かつて牛頭天王宮が、今は二本松市の田沢（図版2）・茂原（同3）・双葉郡の葛尾（同4）三地区の日山神社・旭神社が祀られている。江戸期には二本松藩の東安達（旧塩松）三万石の山祭りの祭場（祈祷所）となった。神社の祭礼時には各地区の三匹獅子舞が奉納される。川俣町山木屋田代（旧安達郡）の三匹獅子舞も八年に一度加わり、四組の三匹獅子が集う「日山の三匹獅子舞」となる。

かつて相馬海岸の漁師は、日山を航海の目印の一つとして遠くの海へ漁に出たとも伝わる。現在は福島県立自然公園阿武隈高原中部地区の域内であり、山開きが毎年催されている。

5・6　合戦場のしだれ桜

国道四五九号線沿いの、二本松市東新殿大林に所在するシダレザクラである。隣接した二本の桜が一本桜に見えるため、開花すると一層華麗な姿となる。また深緑に覆われた夏の佇まいはその強い生命力と生き抜く意志を感じさせる。樹齢推定二〇〇年、樹高一八ｍである。この付近がかつての古戦場であったとの伝承があるためにこのように呼ばれている。二本松市指定文化財・天然記念物（昭和六十二年指定）である。

7　杉沢の大杉

国道三四九号線沿いの、二本松市杉沢平に所在する。遠目にもはっきり目立つ一本立ちの杉である。その青葉豊かで荘厳な立ち姿は、万民の心に自然の営みへの畏敬の念を生じさせる。樹高五〇m、幹囲一二・八mで、樹齢一〇〇〇年とされる。二本松藩丹羽家初代の丹羽光重が領内巡見のときにこの地を訪れてこのように命名したと伝わる。昭和十八年（一九四三）に国指定文化財となった。天然記念物「杉沢の大スギ」という。

8　名目津壇のマユミ

国道四五九号線沿い、二本松市百目木下名目津に所在する。名目津壇に植えられているマユミの木である。マユミは『万葉集』にも「陸奥之吾田多良真弓」と詠われる。名目津壇（通称おたんば）は戦国武将百目木城主石川弾正光昌の墓所と伝わる。周辺はかつての古戦場ともされ、近くの名目津橋を香炉橋ともいう。弾正の長男と二男は後に相馬藩に仕官したが、その後裔が江戸期以来折に触れて墓参に訪れている。

9　舘山の一つ松

百目木から茂原に向かう道路沿い、二本松市百目木向町に所在した。舘山とは百目木城前館（向館）をいう。歌川（安藤）広重筆の浮世絵版画「陸奥安達百目木驛八景圖」に描かれた一本松である。この版木は平成二十一年に二本松市有形文化財（工芸品）に指定された。一つ松は、松食い虫の被害により近年伐採された。

10　機織御前の滝

二本松市百目木と茂原の境界の道路沿い、字滝頭付近に所在する。日山の麓の水を集めて流れてきた茂原川（滑川）が百目木の平地に落下する場所に位置する。滝の頂部に機織御前の祠があることからこのように呼ばれるが、「御前瀑《ばく》」ともいう。この滝には不動明王信仰もあり「百目木八景大津絵節」では「東細水不動瀧」と謳われる。

11　百瀬川の百日紅並木

二本松市百目木地区を流れる口太川に沿って両岸に百日紅《さるすべり》の樹が列をなしている。花期が長く夏から秋にかけて紅い美しい花をたくさんつける。口太川は、口太山（標高八四二・三m）東部に源を発し川俣町山木屋から二本松市田沢・百目木・東新殿・戸沢・太田と流れ、四本松付近で安達太田川の流れを加え、さらに流下して移川と合流する。総延長は約三五㎞である。この川を百目木町では百瀬川と呼ぶため、このように名付けられた。かつて当地の造酒屋常州屋（渡辺半右衛門家）の酒蔵では銘酒「百瀬川」が醸造されていた。

12・13　名目津渓谷

国道四五九号線から右折し名目津温泉に至る道路沿い、二本松市百目木名目津に位置する。この付近は口太川が岩場の合間を流下する狭谷で四季折々に変化する景色が大変美しい。かつてはその断崖の間から温泉が湧き出ており、皮膚病等に効くといわれる湯治場があった。現在はこの渓谷に隣接して秘湯「名目津温泉」（二本松市茂原湯ノ作）があり多くの日帰り湯治客で賑わう。

14　塩松領石川分の「府」

戦国期の塩松石川氏の「府」である百目木城下、二本松市百目木を俯瞰した景観である。左の山裾を三春―相馬中村街道（国道四五九号）が走り、中央を百瀬川が緩やかに流れる。右端中央が沖田の水田地帯となる。左上が百目木城、川と町並等を挟んで右上が前館（向館）、そして右上奥が日山である。当地は戦国期の越前朝倉氏の府城、一乗谷と類似した歴史的景観を有する。

15　観音木戸

国道四五九号線沿いの百目木城跡（通称館山）の裾部、二本松市百目木町に所在する長い石段である。かつて館山の中腹に千手観音堂があったために、その参道入口としてこのように呼ばれる。今は古峯様（古峯神社）の参道でもあり、コンクリートの階段となっている。

戦国期には百目木城の登城口（城戸）の一つとも想定されるが、江戸期にはこの石段の右側に修験（法印）の普門院が屋敷を構えていた。法印は地域住民の日々の暮らしに深く結びつくと共にその社会と文化の振興を支えていた。

16　百目木城一ノ郭（本丸）

二本松市百目木本舘・舘山に所在する。口太川と山辺沢に挟まれた尾根頂部の百目木城一ノ郭の平場である。手前から広い平場が続き、奥に坪石と呼ばれる庭園風の巨石群がある。その先に堀切1、さらに二ノ郭が少し見える。奥は標高八九七・一mの羽山（麓山）で、その右麓の先端にある小高い山は「こで山」という。

17　百目木城の構造（縄張り）

前舘（南東）から見た百目木城である。頂部は、左から六ノ郭、一ノ郭、堀切1、二ノ郭、堀切2、七ノ郭（現存せず）が見える。一ノ郭の手前下段が三ノ郭で、帯郭や階段状の腰郭が南方に続く。二ノ郭の下段が四ノ郭、その先が堀切3、さらにその先が五ノ郭である。総体的に見ると中心郭や帯郭、腰郭が階段状に上下左右前後に連続していて威風堂々とした山城である。

六ノ郭や三ノ郭の裾部と町屋の中間地点には帯郭が左右に連続しており侍町の一つと考えられる。当城は規模こそ違うが越後上杉氏の春日山城の風格ある縄張りを思い起こさせる。

18　百目木城四ノ郭・五ノ郭

三ノ郭から見た二つの郭の姿である。二ノ郭の下段にある四ノ郭は、南東方向に細長く伸びて行き、両側には階段状の帯郭が付いている。やがてその先端で堀切3によって五ノ郭と切断される。

五ノ郭には帯郭や腰郭が幾つも付属して威圧感があり、一見すると独立した出城（小城郭）の雰囲気を有している。

（表紙カバー）

○旭村道路元標

道路の起点・終点を示す旭村道路元標（石標）は、福島県安達郡の旧旭村役場入口（旭村大字百目木字町）に設置されていた。旭村（現二本松市）は、明治二十二年（一八八九）四月一日に田沢、百目木、茂原の三か村が合併して誕生した。

この道路元標は、昭和三十九年の県道改修時に撤去されたが、昭和六十年三月に当時の佐藤貞助岩代町百目木区長と日下部善兵衛岩代町史編纂委員の肝煎りで旧所在地近くに再設置された。

旧旭村の道路については、明治二十一年（一八八八）に三春・百目木・津島・中村線（三春相馬中村街道）の道路改修が、宇多・行方・標葉・楢葉・安達・田村の郡長協議会において計画され、同年起工された。また明治二十三年（一八九〇）には小浜・百目木・津島間の双葉街道（里道1等）延長二六・七五五kmが幅員三・六mに改修され、さらに百目木・二本松道（通称金山街道）も改良された（『岩代町史』4）。

○人参と柚子のだいこん巻き

昭和三十年代以降の安達郡東部（旧塩松）の正月ふるさと料理・ご馳走には、つよもち、あんこ・きな粉・納豆もち、吸物、塩引き（鮭）の焼物、銀鱈の煮物、煮しめ、きんぴら、（酢）たこの刺身、人参とだいこんのなます、数の子豆、いか人参、きんとん、かんてん流し、黒豆等があり、各家庭には独自の品と味もある。

彩りも美しいだいこん巻きもその一つである。先ず大根の皮を剥き薄く輪切りにした後、塩で下処理をして水分を抜いておく。次に細切り（千切り）の人参や柚子を芯にして薄切り大根を巻く。これを酢と砂糖でほどよく漬け込むと一〇日間前後で味が馴染み、甘酸っぱくおいしい酢物となる。

この人参や柚子のだいこん巻きは、橙と黄と白の三色がよく調和し、あたかも流氷の妖精「クリオネ」のように静かに光り輝く。外見と味の両面で清涼感のある正月料理の逸品となる。

目次

第四章　陸奥「塩松領石川分」の成立と展開　―伊達・相馬境目の地域社会―

第一章　地域社会の様相と特性

―特色が物語る地域社会―

第一節　地域社会に生きる

人間は、生まれ育ったところを一般に「ふるさと」と呼ぶ。さらに生まれ育ったふるさと以外にも仕事や婚姻等で様々な場所に住む。またその地で一定期間暮らしたり、生涯の住処、終の棲家としたりする。その地を第二のふるさと、時には第三のふるさとと呼んだりする。その中には直接的体験の地域以外に間接的・心情的な体験の地もある。それを「心のふるさと」と呼ぶこともある。

以下に、幾つかの地域の「ふるさとの風景」について記していくことにする。それが地域社会とそこに住む人びとを考え、語るときの出発点になると思われる。

1　豊かで不思議な「会津の国」

⑴「会津の国」を知る

我が国の歴史の大転換期にいつも登場するのが、会津である。この地は北会津郡・南会津郡・耶麻郡・大沼郡・河沼郡の五つに区画されている。南会津郡だけでも四国香川県の面積を超えるエリアであり、全会津となると、安房・上総・下総のほぼ旧三国を含む千葉県の面積に匹敵する。会津は日本の旧小国面積の数か国分もの広さがある。その歴史や文化を振り返るとき、国としての大和や山城、そして長門や薩摩と同様に、筆者にとって会津は一つの国である。

会津の地域史研究といえば二瓶清先生の調査研究活動を抜きには語れない。先生は縄文時代から古墳時代、そして仏教文化や本郷焼等、会津の歴史や文化を深く追求し、今日でいう〝会津学〟の基礎を築き上げた。福島県文化財専門委員や福島県史編纂委員会委員として福島県の文化財保護と地域史研究に不朽不滅の功績を残された偉大な研究者の一人である。その成果は『会津文化史』[1]等に結実しているのは周知のとおりである。

かつて、会津一市五郡の小学校（当時は国民学校初等科）五年生の郷土会津の学習のための副読本として編集された『會津讀本』（會津聯合教育會刊）という書籍があった。[2]昭和十八年（一九四三）という太平洋戦争下の発刊であり、政治社会情勢が今日とは著しく異なるため、内容的には現代社会には適合しない部分もある。しかし、これに筆者が注目した理由は、第一にこの本が会津の各市郡毎の副読本ではなく全会津を網羅する点、第二に、冒頭に「我が会津」という表現が使用されている点である。この言葉には「我が国」「我が村」と同様の響きがある。

これらから、会津の人びとの会津地域に対する深い想いが見て取れるが、ではこの想いとは一体何だろうか。

そこで、「会津の国」や「会津の人びと」、その歴史と文化を、会津圏外人である筆者ではあるが、幾つか箇条書き的に抜き書きしながら振り返ってみることにする。

法正尻遺跡（磐梯町）という縄文時代の大集落跡[3]がある。ここからは多くの竪穴住居と、東北地方を中心に関東・越後・北陸系の土器が多数発見されている。その土器は、国重要文化財（考古資料）に指定され、福島県文化財センター白河館に収蔵されている。縄文文化の中心圏である東北南部と北陸・越後、中部山岳等の周辺各地方との交流を示す土器群である。

墓料遺跡（会津若松市）という弥生時代の再葬墓跡がある。ここからは、「木葉文」のついた土器片が昭和四十九年の調査で出土した。これは畿内第Ⅰ様式の中段階、西志賀Ⅰ式に相当する遠賀川《おんががわ》系土器とされる。[4] 当時の稲作文化の東進と東西日本文化の交流を物語る。

会津大塚山古墳（会津若松市）は、全長一一四mの前方後円墳である。東北地方の古墳とは思えない、大和王権の中心地である畿内の古墳とほぼ同様の副葬品を伴っていた。[5] 副葬品は埋葬された地域政権の首長の政治・経済・軍事・文化的実力を示していることから、会津大塚山古墳は畿内との関係が極めて深かった会津の政治権力の頂点に位置した首長墓とされた。この地に国造は設置されていないが、いわば会津国造の地でもある。また、四道将軍の伝説の地、つまり大和から東方に侵攻するために北陸道を進んだ将軍と東海道を進んだ将軍父子が出会った場所（相津）であるという話も思い出される。

平安時代になると、東大寺に住んでいた南都法相宗の僧徳一が磐梯山麓に慧日寺（磐梯町）を興し、やがて広大な伽藍を形成し、仏教の一大道場とする。徳一は空海や最澄と仏教教学上の論争をもする高僧として著名である。[6] 県内始め、茨城・山形方面に多くの末寺を持つ。[7] なお、その繁栄は平安時代末、越後の城長茂《じょうながもち》と、木曾義仲追討のため行動を共にした慧日寺衆徒頭乗丹坊の信濃遠征からも窺える。[8]

鎌倉時代初めには三浦氏（蘆名氏）が会津に所領を得る。天文八年（一五三九）に後奈良天皇宸筆の般若心経が全国一宮に一巻ずつ奉納されたが、天文九年（一五四〇）、その一巻は会津の蘆名盛舜《もりきよ》が受領している。すでに会津が国として扱われ、黒川城に拠る蘆名氏が会津守護として公に認められていたことの証しである。[9] 陸奥国に属しており、一国ではない会津には守護は置かれないはずなのだが、会津は実質的に国として扱われるほどの地域であった。

さらに、その子蘆名盛氏は、会津一円と、東は中通りの一部から西は越後小川庄までその支配領域を拡大すると共に、北条氏、伊達氏、上杉氏、武田氏等の周辺戦国大名と協調を図りながら常陸から北進する佐竹氏と対峙するなど、戦国期蘆名氏の最繁栄期を構築し名実共に南奥州の雄となった。

天正十八年（一五九〇）、関東の北条氏を攻略した豊臣秀吉は、蘆名氏を滅ぼした伊達政宗が領有していた会津黒川（会津若松）に進駐した。ここで秀吉は、奥羽両国諸大名の仕置（論功行賞や取り潰し、領地再配分）を行い、全国統一を完成する。[10] その日本史上の大舞台が会津である。

江戸期、寛永二十年（一六四三）には、加藤明成に代わって三代将軍家光の異母弟保科正之が山形から入部し、各種の施策を展開し名君と謳われる。家訓を定め、後の藩主（松平家）と藩士、藩政の道標とした。藩全体にとってそれは戦国期の分国法にも匹敵する絶対的な法規法令だった。また徳川幕府四代将軍家綱後見職となり会津藩主が幕政（国政）をリードした。

写真１　史跡若松城跡

薩長土等西国諸藩が蠢く幕末動乱期には、松平容保が徳川幕府の命令によって最前線の「京都守護職」となり、京都や近郊の治安維持に藩を挙げて取り組んだ。さらに戊辰戦争では東軍（旧幕府軍）・奥羽越列藩同盟（軍事同盟）の中核として西軍（新政府軍）の大軍を相手におおよそ一か月間戦い抜いた。徳川幕府（中央政権）の親藩として、奥羽越列藩同盟という地域主権の中核藩としてその立場と本分を貫いた。白虎隊の奮戦と共に会津戊辰戦争は後世まで長く語り継がれることになる。[11]

明治の廃藩置県では、一時「会津県」が設置されたが、やがて「福島県」の一部となる。その後、越後小川庄（東蒲原郡）を含めて福島県からの会津分県の運動もあったが、成就しなかった。[12]

(2) 峠を越えれば「会津の国」

① 是《これ》より会津

他国から「会津の国」に入るには、新潟平野に注ぐ阿賀野川を遡る舟運・水運の道がある。陸路・陸運では周囲の山々の峠を越す街道がある。

会津の国境には多くの峠がある。山口孝平氏が指摘するように、会津は「峠の国」[13]なのである。

中通りからは土湯峠（福島街道）・母成峠・楊枝峠（二本松街道）・御霊櫃峠・三森峠・諏訪峠・鶏峠・勢至堂峠（白河街道・東通り）・馬入峠・蝉峠・大峠、下野からは山王峠（南通り・日光街道・今市街道）、上野からは三平峠を経て沼山峠（沼田街道）、越後からは鳥井峠（越後街道・津川街道・赤谷通り・新発田街道）・六十里越・八十里越、出羽からは大峠・桧原峠（米沢街道）等である。[14][15]

これらの峠を越えれば、是より会津、「会津の国」

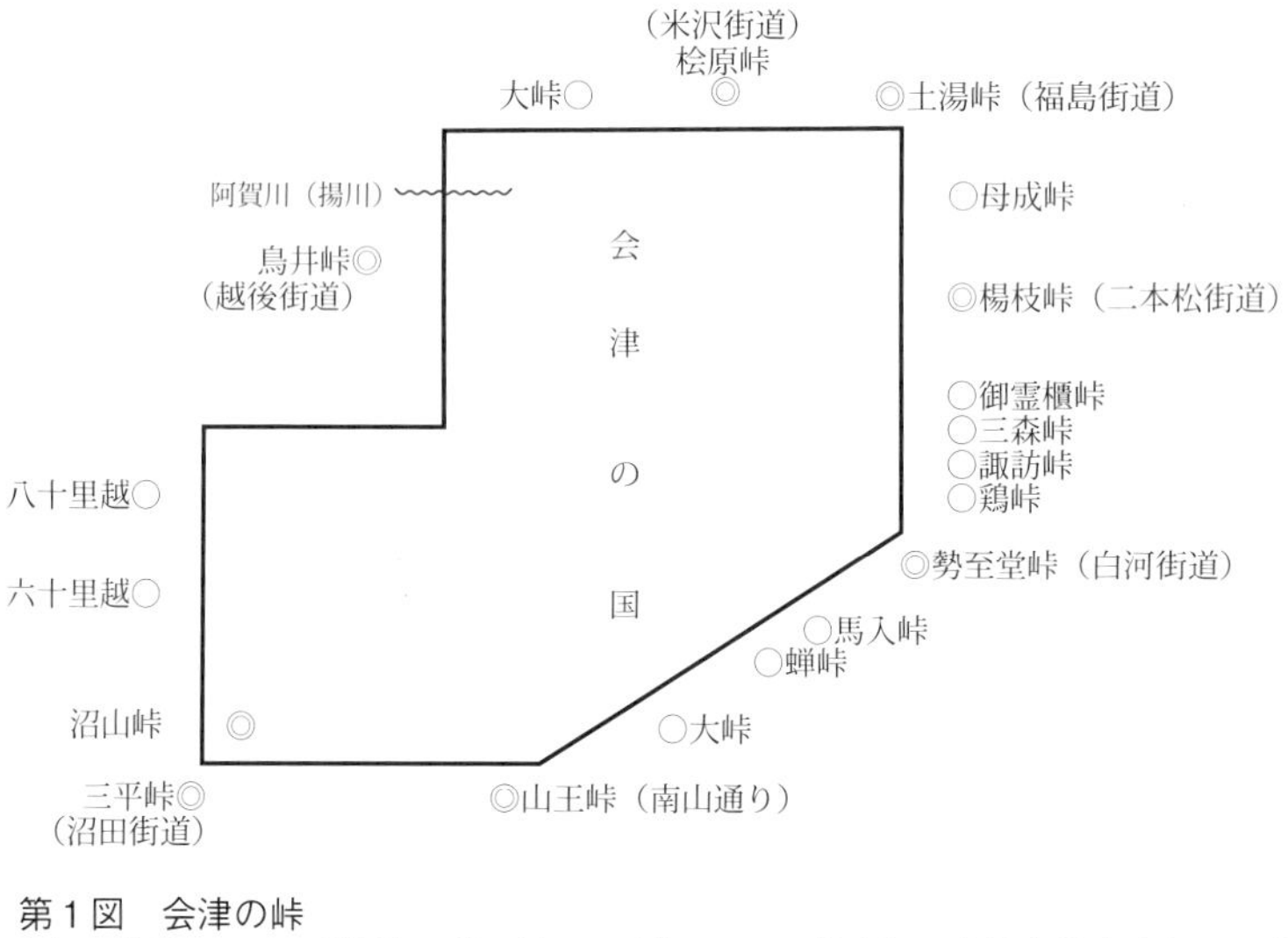

第１図　会津の峠
（山口孝平：1971、『会津の峠（上・下）』：1975、『歴史の道調査報告書』から作成）

へお国入りである。

会津の峠道については、会津史学会の研究や『歴史の道調査報告書』に詳しいが、いずれにしても「峠の国」と「会津の国」は不可分の間柄にある。

②　会津の三泣き

会津人からいえば「会津の三泣かせ」、会津以外の人からいえば「会津の三泣き」であろうか。[16]

仕事等で他地域から会津を訪れたり、移住したりした多くの人びとが、会津の風土や会津人について体験する、思い出深い一生忘れられない出来事である。

峠を越えて「会津の国」に初めてやってきて暮らし始めた頃は、会津の人の取っつきにくさや警戒心の強さに泣く。伝統文化や旧来の慣習が深く息づく土地柄であり、他所者にはそれが心の壁のように感じられる。

やがて交際を深め、日々の付き合いが親密になると、会津の人びとの温かい心根のよさに触れ、感動して泣く。会津人の親切さ、思いやり、面倒見のよさなどが心に浸みわたる。

最後に、この心情豊かな温かい会津を離れたくなくて泣く。豊かな風土と人情に心打たれて、もっと会津に、いや一生会津に住んでいたくなる。

会津を書名にする書籍は非常に多い。話題が多い会津である。ここに例示した「会津の国」「峠を越えれば会津」「会津の三泣き」、これらはすべて会津の人とその国境を越えた異郷の人たちが、過去・現在・未来の会津を呼び興すツール、〝合図〟となる。誰でもが一度は住んでみたい「会津の国」である。

③　会津集合！

例えば、檜枝岐の人も糸沢の人も旭田の人も、野沢の人も、会津若松、坂下、永井野、金山谷の人も、喜多方、熱塩加納の人も、市沢の人も川桁の人も、これら全ての人びとが「会津の人」である。「会津集まれ！」と声がかかると、これらの会津エリア出身の人びとが全てあっという間に集う。

福島県では「会津」と並列して扱われる「中通り」や「浜通り」ではどうだろうか。仮に県北・県中・県南で構成される中通りの場合は「中通り集まれ！」では、この地の全員はなかなか集まってはこない。むしろ「県北集まれ」や、もっと細分化した地域名等での呼びかけが適しているのである。

かつては会津郡、やがて会津五郡、そして会津一市四郡の人びとに見るような一体感、近年の流行言葉でいえば「オール会津」の絆を、その他の地域の人びとは十分有していない。その「オール会津」の心は、あたかも、近年叫ばれる「オールジャパン」の如き雰囲気と実態を持っている。

「中通り」や「浜通り」という言葉では、この両地方を各々一つにまとめ、包括することはなかなかできない。そこに住む人びともそう感じている。しかし、「会津」が持っている言葉の響きには、奥羽山脈・越後山脈、那須連峰や尾瀬の山脈に囲まれた全会津の人びとを包み込み、集合させるような共通性と一体性がある。

(3)「会津の国」の絆と誇り

会津の村々には様々な講中や無尽等が今日まで受け継がれている。その一つに伊勢講があり、これは伊勢参りに一緒に行った集団の講中（仲間集団）のことである。地域の繋がりの中の集団であるが、兄弟同様、時にはそれ以上の個人の繋がりを持つものでもある。

伊勢参り（伊勢神宮参詣）に出発するとき、講中の人は各家を訪ねて旅立ちの挨拶をする。各家庭では、旅の中で世話になる講中への感謝と長旅の安全を祈って来訪客をもてなす。

その時に神棚や床の間に飾られるものがある。それは、丸い朱塗りのお盆に載せられた「大豆・胡桃・松葉」である。その心は「豆で胡桃を松」、つまり「まめ（無事）で帰ってくる身（講中）を待つ」である。これは伊勢参りの旅に出た人びとが無事参拝を済ませ、何事もなく安全に帰郷・帰宅することを留守を守る家族が静かに祈る姿である。この伊勢講中は、仲間意識の強い絆で結ばれて事後、冠婚葬祭等を始め様々な場面で相互扶助の組織集団となる。

また、会津の長い歴史と風土、会津武士、会津人の生き方・絆を語る言葉がある。その根底には、水を飲むときには、井戸を掘った人のことを思い、忘れない、というような心情が宿っているように感じる。

それが「仲良くすることと仲直りとは似ているが同じではない[17]」である。会津戊辰戦争以来の会津と長州の関係を語り継ぐ言葉である。

写真２　豆で胡桃を松

「ならぬことはならぬものです」（什ノ掟）という言葉同様に、会津人にとって犯してはならない大きな規範、心の柱のような存在である。これまで何か事ある毎に、あたかも不死鳥の如く登場してクローズアップされ、会津の人びとの心を揺り動かし、「会津の国」の歴史と会津人個々の様々な想いを共有させる言葉である。それはあたかも会津の歴史の証人のようでもある。

本来、猪苗代湖や日橋川、只見川と大川（阿賀川）の豊かな水利、大塚山古墳という畿内レベルにほぼ匹敵する前方後円墳、即ち〝会津の王〟の存在、四道将軍の「相津」の逸話、徳一草創の慧日寺の隆盛、蘆名氏の会津守護職相当の地位、秀吉の奥羽仕置の舞台会津黒川城、徳川幕府三代将軍家光異母弟で四代将軍後見職の保科正之の存在等、その自然環境、歴史的経緯と存在感からして、会津はあの時そのまま一つの県として独立して「会津県」となるべき土地柄であった。しかし、当時の明治藩閥政府はそれを許さなかった。それは、中通りに置かれた二本松少年隊のふるさと「二本松県」が一瞬にして消え、「福島県」と改称されたことと軌を一にするものであろう。

会津は、古来みちのく（東北地方）を背負い、当地の運命を託されていた存在であったがために、事ある毎に最前面に立った。山川草木、土地と人びと、歴史と風土、何をとっても一国の領域と品格を有する地域であり、まさに「会津は豊かで不思議な国」である。

なお、平成初期頃までの新資料を満載した新たな『あいづのあけぼの』[18]（会津若松市史1）以下各巻によって、「会津の豊かな歴史」がさらに壮大に描き続けられていることを付記しておきたい。

2　「信濃の国」と讃岐「うどん県」

(1)　県民歌「信濃の国」

十数年前、カラオケの歌曲リストに長野県民歌「信濃の国」が載っているのを見て、大変驚いた。二十代の信州生まれの知人がこの歌を覚えている、歌えることにさらに驚いた。聞けば、長野県のほとんどの人は長野県民歌「信濃の国」を歌うことができる。それは学校の授業で習うからとのことである。また、自分の県の県民歌をほとんどの県民が歌える県として、長野県は全国の代表県の一つであるということも後に知った。さらにこの知人は、小学校行事で級友全員と共に標高二八五七ｍの常念岳登山（一泊二日）を体験したともいう。

長野県は、信濃善光寺や松本城、真田氏一族、木曾義仲、野尻湖発掘、信州そば（更科そば）等が著名であり、諏訪湖が中央にある、海に面していない県の一つである。しかし、日本アルプス等の山岳地帯から、湖沼や大小河川に豊かな雪解け水が流入し、田畑と人の心を潤す土地柄である。

この県民歌と常念岳登山という二つの事象から旧一国一県、信州長野の教育県としての神髄を見た気がした。

振り返って、「しゃくなげ匂う山脈に…」で始まる我が福島県民歌はどうだろうか。六〇年ほど前、この県民歌が制作・発表されたとき、義務教育学校在学中であった筆者は、学校の授業で習ったので今でも歌える。歌詞も少しは覚えている。では、現在の小・中学生はどうだろうか。青年・壮年等、今働き盛りの各世代はそれぞれ歌えるのだろうか。

⑵　讃岐「うどん県」

香川県は、旧讃岐国のエリアであり、旧一国一県の長い歴史の土地柄である。古代律令国家以来今日まで、広域行政的にほぼ同じ区画内である。瀬戸内に面した温暖な気候の地域であり、源平の屋島の戦い、高松城跡、栗林公園、四国巡礼等歴史的な舞台としても著名である。この香川県はうどんの消費量が大変多い県であり、「うどん県」を自称し、他地方の人びともそのように認識している。近年は、「うどん県」と聞けば、国民の多くは讃岐香川県を想像する。そして「うどん県」は全国ブランドになった。同様に、筆者の世代では「りんご県」は陸奥国青森県、「ぶどう県」は甲斐国山梨県、「みかん県」といえば、紀伊国屋文左衛門を想起する紀伊国和歌山県である。

米の銘柄「ササニシキ」は宮城県、「コシヒカリ」は新潟県を想像する。そして「磐梯山・猪苗代湖」

といえば福島県というより会津、時には〃会津県〃である。日本三景といえば「松島」（陸奥）、「天の橋立」（丹後）、「宮島」（安芸）である。余談ながら、もみじまんじゅうが名物の〃安芸の宮島〃を〃秋の宮島〃と覚え込み、錦秋の季節に訪れるのが最適の観光地・厳島神社であると思い込んで少年時代を過ごした団塊世代の人びとも多い。

これらの用語は各県人にとっては、一つ一つが自分の地域を示すキーワードである。他地域の人もよく知っている、つまり自他共に認める地域社会の宝物（ブランド）で、そこに住む人びとの誇り（プライド）である。

3　言葉が伝える仕事と暮らし

⑴　とち一升、灰《あく》一升

縄文時代以来、日本列島の山間部に暮らす人びとはトチやドングリ、クリやクルミ、カヤの実等の堅果類を食用としてきた。それらは冬期間の重要な保存食として米や麦、粟や稗、ソバや芋類と同等の価値を有してきた。しかし、トチや東・北日本のドングリはアク（渋）が強くてそのままでは食べられないので、アク（灰汁）抜きをしてから食用とする。

秋期、特にトチは大粒で収穫し易い木の実であるが、アク（渋）が特に多く、そのまま口にすると強烈な渋みで吐き気をもよおすほどである。そこで薪を燃やしたときにできる木灰によるアク抜きが必須となる。この方法を確立してトチやドングリを食用化し、それを主食としたのが縄文時代中期の人びとである。特に中部・北陸・北関東・東北等の東日本の縄文人は、別章に述べるように大きな石組炉を竪穴住居の中に造り、たくさんの木を継続的に燃やしてアク抜き用の灰を量産した。彼らは多くの試行錯誤を重ねてその技法を身につけ、今日まで続くトチやドングリのアク抜き技法を伝えた。それは、日本列島人類史上でも大発見の一つである。

このトチのアク抜きに使用する木灰の量を一言で語り伝えたのが「とち一升（に）、灰一升」である。一升のトチの実をアク抜きして食べられるようにするためには、木灰が一升必要であるということである。特にナラの木灰が最高品であるという。これは奥会津地域の人びとの言い伝えであるが、東・北日本各地にも同様の言葉が伝わる。

(2) 一度一俵　ぬるめ

旧二本松藩領針道組一三か村は、阿武隈川の東にある阿武隈高地の高冷地に位置し、寛延二年（一七四九）の二本松藩の百姓一揆（積達騒動）を主導した。稲作が壊滅的打撃を受けて、収穫がほとんどなくなった天明の飢饉では多くの餓死者を出した。天明三年（一七八三）針道組内の餓死者は七七四人、その他に欠落人四五八人、合計一二三二人が組内各村から失われた[19]。

夏でも涼しい日々が続く低温現象が大凶作の原因となる。気温も水温も低く稲が生育しない。穂に実が入らず青立ちとなる。

このような大凶作を防ぐために少しでも水温を上昇させせなければならない。冷たい谷川の水や湧き水を直接水田に入れないようにする必要がある。そこで水路の水は、水田の周りや近くに造った小水路を迂回させせてから水田に引き入れる方策をとる。

これを一般には「ぬるめ」と呼ぶようである。周回している間に水は太陽（お天道様）の光熱によって温められ、水田の水温は少し上昇する。

北アルプスに春が訪れると、豊富な雪解け水が谷川を流れ下る。水は水田を潤し、ここに暮らす人びとの命の水となる。しかし春先の水は冷たい。山麓地方・長野県大町市にはこの「ぬるめ」の大規模な施設が存在している。同市のＨＰによれば、幅一六ｍ、深さ一・六ｍ、長さ八〇〇ｍに及ぶ施設という。ここを通過しながら水は温められて、やがて水田に注がれる。

大町には「一度一俵」という言葉があるという。水田の水温が一度高くなると、一反歩（一〇ａ）当たりの稲の収穫量が一俵分多くなるということである。これは稲作を生業とする農家の人びとの稲作に対する知恵・工夫であり、郷土の大地と子孫への祖先からの贈り物でもある。豊作を願う農民の強い想いがここにある。

(3) 百日川と通し水

平安時代以来の「安達郡」を冠する唯一の地方自治体である福島県安達郡大玉村は、「大玉村は安達太良のたまもの[20]」といわれる。安達太良の山脈の自然とその恵みが農林業を中心にして発展してきた大玉村の暮らしと仕事を支えてきた、そしてこれからも発展する村の多様性を支えると考えられている。そんな意味も含めて大玉村は、自らを「あだたらの里」と呼ぶ。

福島県中通りの穀倉地帯である、あだたらの里の水田を潤す命の水は、安達太良連峰を源とする雪解け水であり、四つの川を流れ下る。

この中に百日川という川がある。百日川には安達太良の雪解け水が集まり「おおたま平野」の大地と人の心を潤しながら流れ下る。やがて本宮市市街地の北方で阿武隈川に合流する。

この河川の名称の由来は、「日照りが百日間続いても、この川の水は涸れずに、とうとうと流れ続ける」

「その水が水田を潤す」ということにある。だから百日川と名付けられた。

かつては日照りによる水不足で水争いがあった。例えば、大玉村大山（上流）と本宮（下流）での水争いの鳴俣騒動である。[21]

ほ場整備事業が完了した現在は給排水の水路も整備され、水田の水不足は頻発しなくなったが、近年の冬の降雪量の不足や夏期の日照り続きの渇水によって、ある年「通し水」が行われた。これは、流域の水田耕作者はある一定期間（時間）、河川・水路を流れる水を自分の田んぼには入れずに水不足の地区の水田へ流し通してやることである。それによって、水量不足の水田が優先的に引水できることになる。自然の水量が十分でないときに行われる水田地帯の慣行の一つである。

写真３　安達太良連峰

夏期の降水量不足のため大玉村役場の広報無線で「通し水」という言葉が朝夕繰り返し放送される。その意味を、村役場の先輩職員が若い職員たちに語って聞かせる場面に遭遇した。通し水の具体的意味を説明した後、常に村民の暮らしと苦労を思って「今年は雨が降らなくていいね」などと、不用意に言葉に出さないように、とアドバイスをしていた。

若い役場職員が、地域社会の自然や歴史、村民の日々の仕事と暮らしの有り様を理解し、公務員の役割を自覚すると共に、真の意味で村行政を、誇りを持って受け継ぐ瞬間であると筆者は感じた。今も忘れられない一シーンである。

第二節　地域社会で成長する

1　日々の食べ物

(1)　じゅうねんおよごし

二本松市の阿武隈川東部の地域（東安達、旧塩松郡）の多くの人びとが好む郷土料理に、じゅうねんを使った料理「じゅうねんおよごし」がある。これは当地域等の呼び名であり、一般には「じゅうねん和《あ》え」と呼ばれる。ササギ（大角豆）がたくさん収穫される暑い夏の料理である。

じゅうねんの実をブリキ製の炮烙《ほうろく》で煎る。直火で円を描くように炮烙を動かしながら煎る。加熱されたじゅうねんは、勢いよく跳ね上がり出す。二、三粒～一〇粒程度跳ねると出来上がりである。これをすぐに陶器の擂鉢に入れて擂りこぎ棒で擂り潰す。

出来上がったときの味がさらによくなるので、この時一～数個のクルミの実を混ぜて擂る。この時のクルミ割りには金槌を使う。クルミを台石やコンクリート土間の上に置き、ほどほどの力でクルミの側面の稜線の部分を敲く。殻がうまく二つに割れれば、中の身が取り出し易い。力が入りすぎると殻と中の身がグチャグチャになってしまい、身の取り出し作業に手間がかかる。これらの作業は子どもの役目でもあるが、それなりの技術と熟練を要する。回を重ねると子どもながらに工夫し上達する。

さて、ある程度じゅうねんがなめらかになったら、醤油と砂糖と塩を加えてさらに擂り合わせる。粘り気が強くなったら、つまりあんこのようになったら完成である。

ここに、すでに茹でておいたササギを五㎝ほどに切って入れる。そしてじゅうねんと一緒に混ぜて和える。茹でたササギに含まれるほどよい水分が作用して、擂鉢の中でちょうどよい具合にササギに絡みついてよい姿となる。それを容器に盛っておいしいじゅうねんおよごしの出来上がりとなる。しかし、盛皿兼用の小さな擂鉢を使うときは、擂鉢をそのまま盛皿（写真４）にする。この容器だとなんとなくふるさとの風情があって、じゅうねんおよごしがさらにおいしく感じられる。

写真４　ササギのじゅうねんおよごし

なお、擂って塩辛く味付けしたあんこのようなじゅうねんの固まりを保存し、調味料として後日使うこともある。

⑵　じゅうねんの冷やタレ

この擂って味を付けたじゅうねんに適度に冷水や氷水を加えて、うーめん（そうめん）や冷やむぎのタレにすることも多い。井戸の手押しポンプの柄を、冷たい水が出るまで何十回も押し下げて水を汲む。この冷水を加えるとじゅうねんのつゆ「じゅうねんの冷やタレ」の出来上がりである。青チソ（しそ）や赤チソの葉を千切りにしてタレに加えることもある。今でいうそうめんのつけ汁、めんつゆと同様である。

じゅうねんのおよごし、冷やタレ、いずれも夏のおいしい料理、夏の風物詩として当地域の人びとの楽しみである。盛夏の頃、暑い夏の夜のご馳走であった。ゴマを使っても似たような料理「ごまダレ」ができるが、じゅうねんの味と香りは上品で、ふるさと料理の最高級品である。

(3) こじはん(小昼)

太平洋戦争後、昭和二十年代~三十年代、人びとは生きるために、家族のために、食糧増産、炭焼きや植林・製材、日常生活用品の流通販売、作業用工具・農具の鍛造、土木工事や住宅建築、農作業や商業に一生懸命働いた。日の出と共に起き、日没まで野外で働き、夕食後も夜なべ(夜業)をした。庶民の暮らしは「かあさんは夜なべをして手袋編んでくれた…」「おとうは土間で藁打ち仕事…」という「かあさんの歌」(窪田聡作詞・作曲)の風景そのものであった。

昼仕事の合間、午前や午後の一服(休憩)時には、文字どおりタバコを一服したり、こじはんを食べたりして一五分~三〇分間ほど体を休め、そしてまた働いた。

こじはんには、柿・アケビ・茹で栗・茹で豆、ほしいも(サツマイモ)・かんぷらいも(かんさいいも・ジャガイモ)・こうせん・凍みもち・なべ焼き・みそ(焼き)おにぎり・チソ(青・赤)おにぎり等があった。もちろんこれらは子どものお腹を満たす素晴らしいおやつでもあった。グミ、クワゴ、マメガキ、山ぶどう等もおいしいスイーツであった。

① 凍みもち

もち草(ヨモギの新芽)等を混ぜてついたもちを、冬の氷点下の寒風に晒して冷凍乾燥状態にしたものを凍みもちといい、保存食とした。

食べるためには、先ず凍みもちを水にうるかして(浸して)戻し、膨らませる。その後、水分を布巾等でよく拭き取る。フライパンに油をしき、凍みもちを入れて表裏を返しながら焦げ目が少し付くまで焼く。香ばしい匂いが漂うと出来上がりである。醤油やきな粉を付けて食べる。脂っこくて今の歌舞伎揚げせんべいのような香りとおいしい味がする。当時としては大変「はらくっち」くなる（おなかにしっかりたまる・満腹になる、おいしいと同義語）食べ物だった。

希に近所から届く、豆と貴重な砂糖を加えた甘い豆もちは冬のすごいご馳走だった。

② なべ焼き

アルマイトのボールに、うどん粉（小麦粉）と水とふくらし粉（重曹）、そして玉砂糖を混ぜて捏ねる。うどん粉の玉が残らないように丁寧に混ぜて捏ねる。フライパンに油をしき、お玉杓子ですくってうどん粉を何回か流し込み、蓋をして蒸すように表裏をしっかり焼く。やがて厚さ一・五cm、直径二〇～二五cmほどの円盤状のなべ焼きが出来上がる。これをピザパイのように四分の一か六分の一ほどの扇形に切り、一人分とする。甘い玉砂糖の粒があちこちにあり、丁度ぶどうパンのように舌触りがよく、玉砂糖の分布が密な部分は特においしい。なべ焼きには、うどん粉がよく水に混ざらず、小さな粉の玉が含まれて残っていることもあり、母親が仕事の合間に急いで作ったことが分かったが、その粉粒も一緒に食べてしまった。当時としては貴重な甘さとおなかを満たすボリュームのあるおいしいおやつで、今ならまさにホットケーキである。

③ みそ（焼き）おにぎり

麦飯が当たり前の時代であったが、これをおにぎり（むすび）にし、こじはんにした。普通はおにぎりの表面にはみそを付けた。時には、これを渡し網で焼いて焼きみそおにぎりとした。

また、塩浸けして保存していた赤チソの葉をおにぎりの表裏に付けて焼くこともあった。畑に自然に生える赤チソの葉であり、青チソ、ましてや貴重な海苔は、日常の食事ではほとんど使わなかった。みそおにぎりは旨かったが、焼きみそおにぎりは格別だったし、焼きチソおにぎりはさらに旨かった。焼いたものは、焦げ目も香ばしく美味だった。

このみそおにぎりの極意は姑から嫁へと受け継がれ、昭和五十～六十年代には子どもたちやその友だちのおやつになった。その当時、近所の子どもたちにとって、我が家は、菓子やスナック類ではない、珍しいおやつを出す家庭だったようである。

2 地域と日常生活圏

この「じゅうねんおよごし」「じゅうねんの冷やタレ」などという言葉が使われるエリアが、筆者の「地域」「地域社会」「日常生活圏」「ふるさと」「生活共同体」である。

では、その地域・地域社会とは何だろうか。どの範囲をいうのだろうか。広義には東アジアや我が国全体を指すこともあるし、狭義には自分が生まれ、育った故郷・郷土や隣組を指すこともある。また、「私たちの地域では…」「私たちの地区では…」というとき、地域と地区はどこで区別するのだろうか。行政区画や行政単位のように、あるいは約束事や伝統的にはっきりと領域や対象者等が決まっている場合は、地区を使うことが多い。

市町村は、明治期や昭和三十年の市町村広域合併によって、歴史的な村々の境界を越えて近隣の市町村と一つになった。そこでは旧来の村域は大字となり、○○地区と呼ばれることが多い。例えば二本松市岩代地区では、小浜地区、新殿地区、旭地区、太田地区である。

地域は具体的な場所を示す場合もあるが、おおよその範囲の場合もある。その場合は、境界が可塑的・

可変的で確定的ではないように感じられる。

また、地域という言葉は様々な用語を加えて、多用な意味に使用されてきた。地域環境、地域住民、地域社会、地域史、地域教育、地域学習、地域文化、地域開発、地域振興、地域活性化、地域ボランティア…。

筆者の周囲から考えてみると、そのエリアの範囲や区画は、先ず「個人の地域」＝「自分の地域」や「私たち家族や仲間の地域」＝「自分たちの地域」があり、「周りみんなの地域」などがある。これが日常生活圏と呼ばれるもので、自分自身・家庭を始め、行政の最小単位（町内会、自治会〈かつての組や部落〉、班等）が該当する。例えば、行政組織としては市役所、支所、住民センターとなり、地域組織としては行政区、組（自治会）、班という小単位になる。

地域や地域社会、地区はこのような形で日常生活圏の中に、あるいはその周囲に存在している。自然環境も含めて日常的には地域という用語が使われるが、人間の社会的・意図的行為が加わると地域社会と改まる。

（注）

（1）二瓶清『会津文化史』会津文化史刊行会　一九六三

（2）會津聯合教育會編『會津讀本』（訂正再版）一九四三

（3）松本茂・山岸英夫他「法正尻遺跡」『東北横断自動車道遺跡調査報告』11　福島県教育委員会・㈶福島県文化センター　一九九一

（4）須藤隆・田中敏編『福島県会津若松市墓料遺跡』会津若松市教育委員会　一九八四

（5）A伊東信雄・伊藤玄三『会津大塚山古墳』（会津若松史別巻1）会津若松市　一九六四
B会津大塚山古墳測量調査団編『会津大塚山古墳測量調査報告書』会津大塚山古墳測量調査団　一九八九
（6）師蠻『本朝高僧伝』上巻　春陽堂　一九三六
（7）伊藤泰雄・伊藤光子・秋山政一他『磐梯町史』磐梯町　一九八五
（8）田村晃祐「東北仏教文化の開創者徳一菩薩について」『徳一菩薩と慧日寺』磐梯町・磐梯町教育委員会　二〇〇五
（9）小林清治『戦国の南奥州』歴史春秋社　二〇〇三
（10）小林清治『奥羽仕置の構造』吉川弘文館　二〇〇三
（11）山口孝平「会津藩」『福島県史』2通史編2　福島県　一九七一
（12）真水淳「福島県から新潟県へ」『東蒲原郡史』通史編2近現代　東蒲原郡史編さん委員会　二〇一三
（13）A会津史学会編『会津の峠（上・下）』歴史春秋社　一九七五
B大塚實監修『南会津のあゆみ』南会津地方町村会　二〇〇五
（14）A安田初雄・誉田宏・角田伊一・渡部義喜・安藤紫香・酒井淳・星長一『歴史の道調査報告書－沼田街道・六十里越・八十里越・銀山街道』福島県教育委員会　一九八六
B安田初雄・若林伸亮・小滝利意・五十嵐勇作『歴史の道調査報告書－二本松街道』福島県教育委員会　一九八三
C安田初雄・角田伊一・古川利意『歴史の道調査報告書－越後街道』福島県教育委員会　一九八四
D誉田宏・伊藤泰雄・佐藤健郎『歴史の道調査報告書－米沢街道』福島県教育委員会　一九八四
E小林清治・小滝利意・五十嵐勇作・戸石清一・藤田正雄『歴史の道調査報告書－白河街道』福島県教育委員会　一九八四

F室井康弘・小滝利意・武藤清一・渡辺力夫『歴史の道調査報告書－下野街道（南山通り）』福島県教育委員会　一九八四
G丸井佳寿子・高橋徳朗・伊藤正義・守谷早苗『江戸時代の流通路』福島県立博物館　一九八八
(15) 尾身栄一・木村康裕・小松彰『八十里越・六十里越』（新潟県歴史の道調査報告書七）新潟県教育委員会　一九九五
(16) 佐々木長生「会津の食生活と民具」『日本の食生活全集7聞き書福島の食事　月報18』農文協　一九八七
(17) 高瀬喜左衛門「仲良くすることと仲直りと」『会高剣舞会報』　一九九八　（白木屋漆器店ＨＰ『きざえもん昔話』所収）
(18) 石田明夫・菊地芳朗・田中敏・長島雄一・藤原妃敏『あいづのあけぼの』（会津若松市史1）会津若松市　二〇〇七
(19) 菅野与「寛延一揆と農民」『岩代町史』1通史編1　岩代町　一九八九
(20) 三村達道『大玉村水利史』大玉村教育委員会　一九九九
(21) 三村達道・庄司吉之助「水利権をめぐる鳴俣堰紛争」『大玉村史』下　大玉村　一九七六

第三節　地域社会を区画する

1　大地に境界線を引く

地域や地域社会の領域を区画するもの、あるいは境目となるものには、自然的条件と社会・文化的条件によるものがある。

領域の区画を決定する自然的条件の一つに地形的要因がある。例えば山脈・河川・湖沼・渓谷・森林・砂漠・草原・氷河・海洋・平野・盆地・台地・高山等である。これらは地球の形成過程の中で生じた区画である。身近に通称される言葉でいえば、山・峠・七曲がり・境の岬・そね・追分等がある。熱帯・温帯・寒帯等の気候・気候帯も領域を区画する要因の一つである。また南・北半球等の地球上の位置、緯度や経度、赤道や極点もある。森林帯・植生の平面分布と垂直分布や動物相による領域区画もある。

一方、社会的文化的な条件も存在する。自然条件に社会的条件、歴史や文化的条件、つまり人為的要因が加わって、自然的領域以外の領域とその境界が生まれる。

さらにその要因は多岐にわたる。宗教・言語・人種・民族・食事（主食）、産業分布・土地利用（耕地・森林・牧草地・その他）、そして国立公園・国定公園指定、史跡・名勝・天然記念物指定等、各法規法令により区画される領域があり、多岐、多彩である。

行政区画では、世界の各国境、日本古代の畿内七道・国・郡・郷・里、近世の藩・組・村、近代の県・郡・市区町村がある。近世の藩境・国境《くにざかい》等には関所・口留番所・藩境土塁等が整備され、また、近代では国境の検問所（税関）等が設けられ、区画線が可視化されている。

これらの領域を区画するものは、一方では、地域社会の人と物を結ぶものとなる。道路や河川は町と里、上流と下流の村々を結ぶ。渡し舟は、対岸の集落、上・下流域の集落を結び、かつては鮎滝渡船場、三本木の渡場（福島市）、上川崎の栗舟渡舟場（二本松市安達地区）等があった。橋は対岸の集落を、鉄道は遠方の町や他国の町を繋ぎ、船は波濤を越えたその先の国々や集落を繋ぐ。飛行機は外国・遠隔の地を繋ぎ、ＩＴ通信・衛星通信は、地球規模の人と物を繋いでいる。

２　境目の区画施設と境の神仏　－見える境界－

地域社会の区画線・境界線について考える。先ず世界の国境線でいえば、欧州の植民地から独立したアフリカ諸国は、その領域・国境線と民族の分布に大きな差異があった。第二次世界大戦後のアフリカ大陸では多くの国々が念願の独立を果たした。しかし、その時アフリカ大陸の地形や民族、歴史や風土とは関係なく、欧米各国の植民地の境界がそのまま国境になった国が多くあった。国境線が東西南北方向に直線的に引かれた国があることは地図帳からも明らかである。この国境線は多くの民族がそれぞれに永年にわたって営んできた歴史的領域・歴史的生活文化圏とは異なっていた。今日まで続く紛争の大きな要因の一つになっているという。

では、日本や福島県の地域社会等の境界線はどうなっているのだろうか。

以下に、目に見えない境界を目に見える境界（境界線の可視化）にしている幾つかの例を見てきたい。

(1) 藩境土塁　伊達と相馬藩境の区画線

国境に塀や柵を巡らして境界線を明らかにし、他者の侵入を防ぐ施設がある。

「伊達と相馬の境の桜　花は相馬に　実は伊達に」（相馬二偏返し）と謡われる伊達と相馬は、長い間、特に米沢の政宗と小高の義胤の時代、田村や塩松、宇多郡北部の帰属や支配権をめぐって戦闘を繰り返した。相馬領であった宇多郡北部地方（新地町域）は、天正十七年（一五八九）に伊達氏に攻略され、江戸期になっても仙台領とされた。この場所が仙台藩と相馬藩の藩境となった。

この地点（現在の相馬市と新地町の境界）に藩の境を示す長大な土塁が構築され、当時は土塁上に間隔を置いてスギが境樹として植えられていた。一部は現在も残っている貴重な遺構である。

藩境土塁は相馬市椎木字北原、同塚部字若宮・善光寺、同長老内字大森地区に所在する。この遺構の所在地が相馬領内にあることから相馬藩の藩境土塁と考えられている。発掘調査によって、基底部約四m、高さ約○・八mの規模を有することが明らかになった(1)。

(2) 境壇　村々の境界線

古来、山林や耕地の境界や入会地の権利等をめぐって、隣接する村々

写真１　相馬と伊達の藩境土塁（橋本・鈴木：1986による）（福島県文化財センター白河館提供）

写真２　藩境土塁の発掘調査（同右）（同右提供）

や所有者等の争い（山論・境界争い）が多かった。近世には藩や代官所等に訴え、指導仲介を得て解決に至ることが通例であった。関係者の合議により確定した境界を明示するために、境界の地に土を盛り上げた塚（壇）を造って証しとすることもあった。境界を視覚的に明示して確定することによって、後世に再度争いが生じないように努めた。一方、このような塚（壇）は、各種の供養や祭祀等のために造られることもあったため、判別が困難な場合も多々ある。

そこで、境界を定めた境壇という塚群の性格が発掘調査によって判明した貴重な例を幾つか紹介しておきたい。

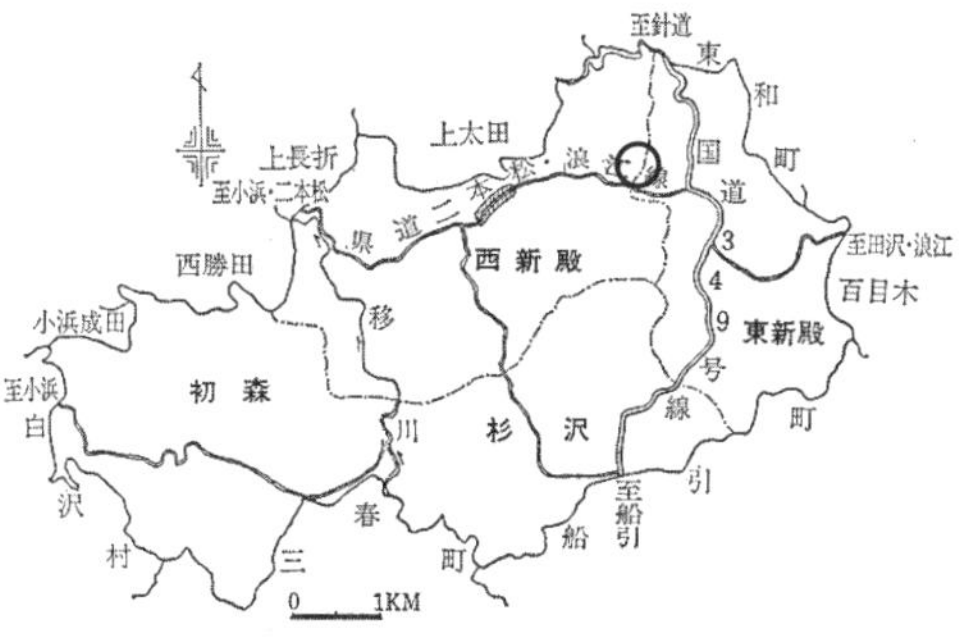

第１図　村境と境壇の位置（〇印）（『岩代町史』４：1986に加筆）

二本松市指定文化財の天然記念物「合戦場のしだれ桜」は、二本松市東新殿字大林に所在している。所有者の永年にわたる保護・管理によって毎年美しく咲き誇り、県内はもとより遠く国内各地から多くの観賞者が訪れている日本の桜の名所である。

国道三四九号線を挟んで、このしだれ桜の北側の標高約四二二mの小高い丘陵に土饅頭形（半円球形）の塚群が存在する。

これらは、二本松市西新殿字杢少内地内に所在し、調査の結果、直径六m前後、高さ一m程度の四基の塚群であり、このうち1号塚から3号塚は、丘陵の尾根部に南北方向に一列に並んで構築されていることが判明した。3号塚の東に隣接する4号塚は最大で、直径約九・五m、高さ〇・七mを測る。二基の発掘調査が実施されたが、1号塚は、直径約六・五m、高さ〇・九四mで鉄釘が出土した。2号塚は、直径五・一m、高さ〇・六mで、付近から文久永寶等が出土している。塚の構築にあたっては旧表土に手を加えず周囲の土を掘ってその上に盛り上げている。江戸時代以降の遺構と考えられている。

この地点は二本松市西新殿地区（旧西新殿村）と東新殿地区（旧東新殿村）との境界に位置していることから、旧村の境界を明示するための塚（壇）、即ち「境壇」「境塚」であると考えられている。[2]

この他、二本松市西高に所在する中ノ内塚群は、五基の半球状の塚が南北一列に配置されている。発掘調査によって十七世紀以降に構築された境壇と考えられている。[3] これらは、性格が判明した塚群として貴重である。

なお、これらと同様の塚群が、福島市と安達町（現二本松市）の境界付近、安達町米沢字田向地内にかつて存在した。四基以上の堀込塚群（堀込遺跡）である。発掘調査によって塚は土饅頭形（半球形）で、直径四・五～六・七m、高さ〇・四～一・二mほどで、二つの塚からは永楽通宝合わせて二一枚が出土した。塚構築にあたっては、その基底部（旧表土面）で何らかの祭祀の行為が行われたことを示している。構築の時期は出土古銭の使用年代から十五世紀～近世以降と考えられている。[4] 遺物の少ない塚群の用途の確定は難しいが堀込塚群は、「ぶい壇」や「ぶへい壇」と地元では呼ばれている。また旧村境付近に造られた塚群でもあることから、境界に造られた祭祀を伴う壇ともいえる。

(3) 野馬土手　放牧エリアの境界線1

国指定重要無形民俗文化財「相馬野馬追」の神旗争奪戦や野馬掛け（野馬取り）で有名な南相馬市原町区を中心に一部は小高区に跨る地域に、広範囲の牧野を取り囲む長大な高土堤（土塁）が存在する。

これは「野馬土堤」「野馬土手」と呼ばれ、自然繁殖していた野馬の放牧・保護育成のために、相馬中村藩によって構築された。東西三里、南北一里の野馬原（牧野）を囲う施設で、農作物を荒らす野馬を野馬原外の村里や耕作地へ逸出させないための境界土塁（土堤）である。

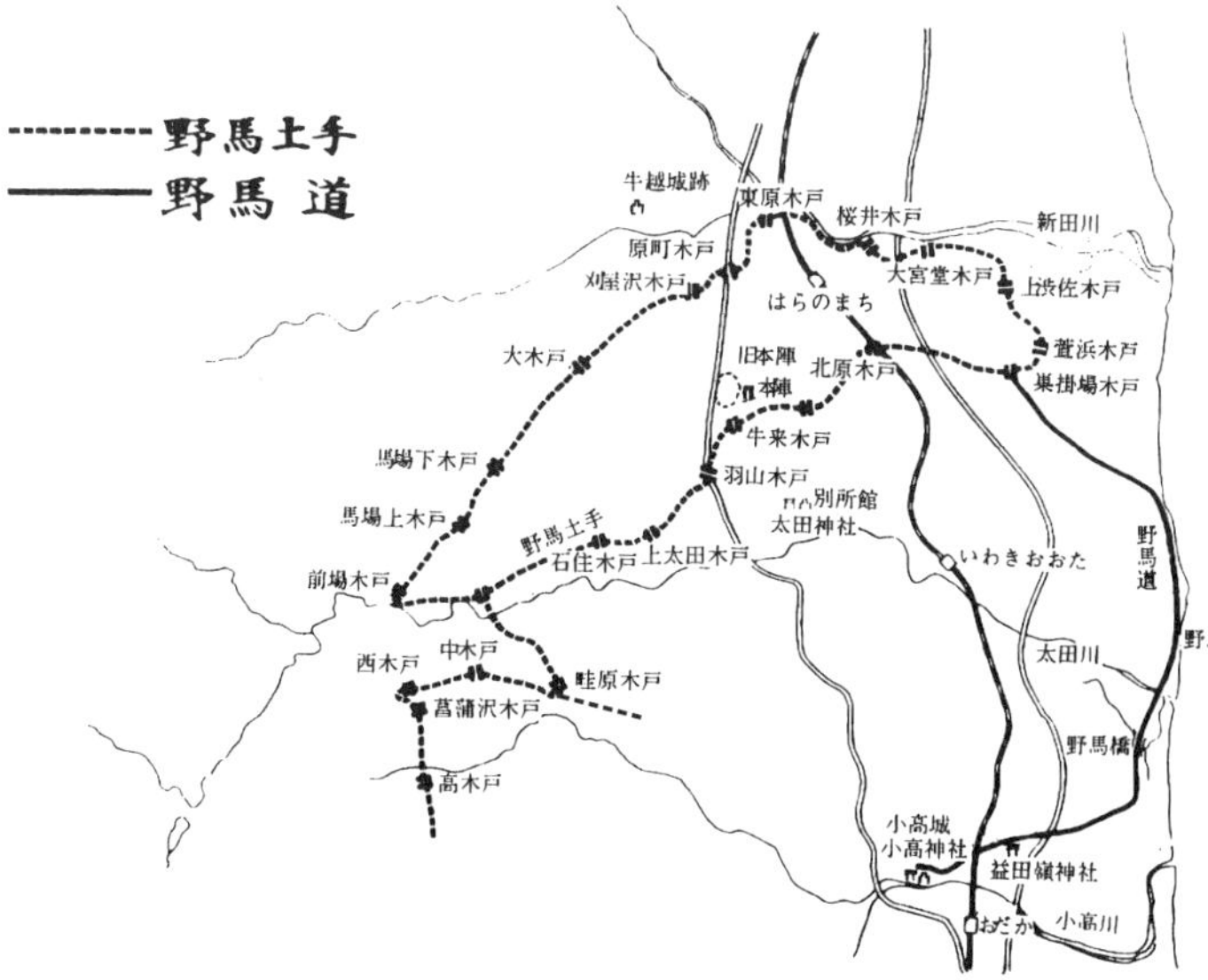

第２図　野馬土手や柵門の位置（『原町市の文化財』１：1987に加筆）

野馬土手には土手奉行を置き、見回り・修理等を担当させた。また、官道はもちろん小径に至るまで、多数の道に木戸柵を築造し、開閉を監視する木戸守を配置して通行人の監視と野馬の保護監視を行った(5)。

寛文六年（一六六六）から三か年を掛けて相馬藩が高土堤を築き、寛文九年（一六六九）に完成した。東西一二km、南北四kmの楕円形の牧場とした。この土手（土塁）の規模は、頂部の幅六尺（約一・八m）、基部の幅一八尺（約五・四m）、高さ七尺（約二・一m）である。市指定文化財（史跡）の「羽山岳の木戸跡」は寛文六年に完成した(6)。

人夫六万人、相馬郡内一六か村、標葉郡内二か村の領民が土手築造にあたった(7)。

現在南相馬市博物館敷地内の施設を始め、南相

第１表　相馬中郷の野馬土手と野馬原（牛越原）と柵門

相馬中郷の村名	野馬原の呼名	野馬土手の呼名	柵門・木戸名	備　考
大木戸村	野馬逐原	野馬防の高堤	大木戸	広原あり
馬場村	野馬原	野馬防ぎの土垣	下中内、中内、羽前場	柵門三所にあり
上太田村	野馬原	散馬防堤	葉山の木戸	柵門あり
中太田村	原		葉山の木戸	柵門あり
南新田村	原	高堤上に並杉あり		
桜井村	散馬逐原	野馬除けの堤		曠原あり
上渋佐村		野馬除の堤	（桜井木戸）	原畑に柵門
萱原村		野馬防の南北の堤	単掛場の木戸	柵門あり
牛来村		野馬防堤	牛来の木戸	柵門を設く
北原村	原野	東西の野馬防堤	北原木戸	柵門を設け

（『相馬市史』４〈「奥相志」〉：1969 から作成）
（注）原畑の柵門は、桜井の木戸を示すと考えられる。

写真３　野馬土手の断面（『原町市の文化財指定外文化財』：1988による）

馬市原町区・小高区の各地に土塁や木戸の石垣等が現存している。原町区と小高区の境界にある畦原の木戸付近には長大な野馬土手が良好な形で残存する。是非将来に引き継ぎたい貴重な相馬野馬追の原点というべき遺構である。

「奥相志」の各村の記録(8)から野馬土手の記述を抜粋したのが第１表である。各村での野馬原（牛越原、雲雀が原）や野馬土手の呼び方、柵門の位置や名称の一端を知ることができる。

過年、国史跡桜井古墳の隣接地、原町市上渋佐字原畑地内で野馬土手の発掘調査が行われた。この地点は、第２図にあるように、北辺を区画する野馬土手の一部となる。調査の結果、土塁の基部幅は五・四ｍつまり一八尺であることが確認された。また、土手の内側には溝跡が検出され、すでに指摘されていたように土手には堀（空堀）も並行していたことが確認された(9)。

(4) 茂原牧野土塁　放牧エリアの境界線2

安達郡旭村（現二本松市）茂原字川口地内の茂原牧野にも同様の土塁が構築されている。茂原放牧採草組合の管理によるものである(10)。

昭和二十一年度茂原放牧採草組合牧野改良事業の結果について記した昭和二十二年四月の資料「馬事振興補助規程ニ依ル補助金交付請求書」によると、組合員五〇名で、牛馬別飼養頭数は牛一〇頭、馬四五頭、放牧馬四五頭で、放牧期間は、六月五日～七月十日の三五日間であった。放牧地は茂原字川口に所在し、面積は三町歩である。

なお、昭和二十一年の調査では旭村（百目木・田沢・茂原）の馬の頭数は二四三頭であり、極めて多くの馬が飼育されていた。近隣の新殿村等の馬の飼育頭数はそれぞれ第2表のとおりで

第2表　二本松市東部の旧町村の馬の飼育頭数（昭和21年）

	旭　村	新殿村	太田村	小浜町	備考
馬頭数	243	96	57	49	

（『岩代町史』 3：1983 から作成）

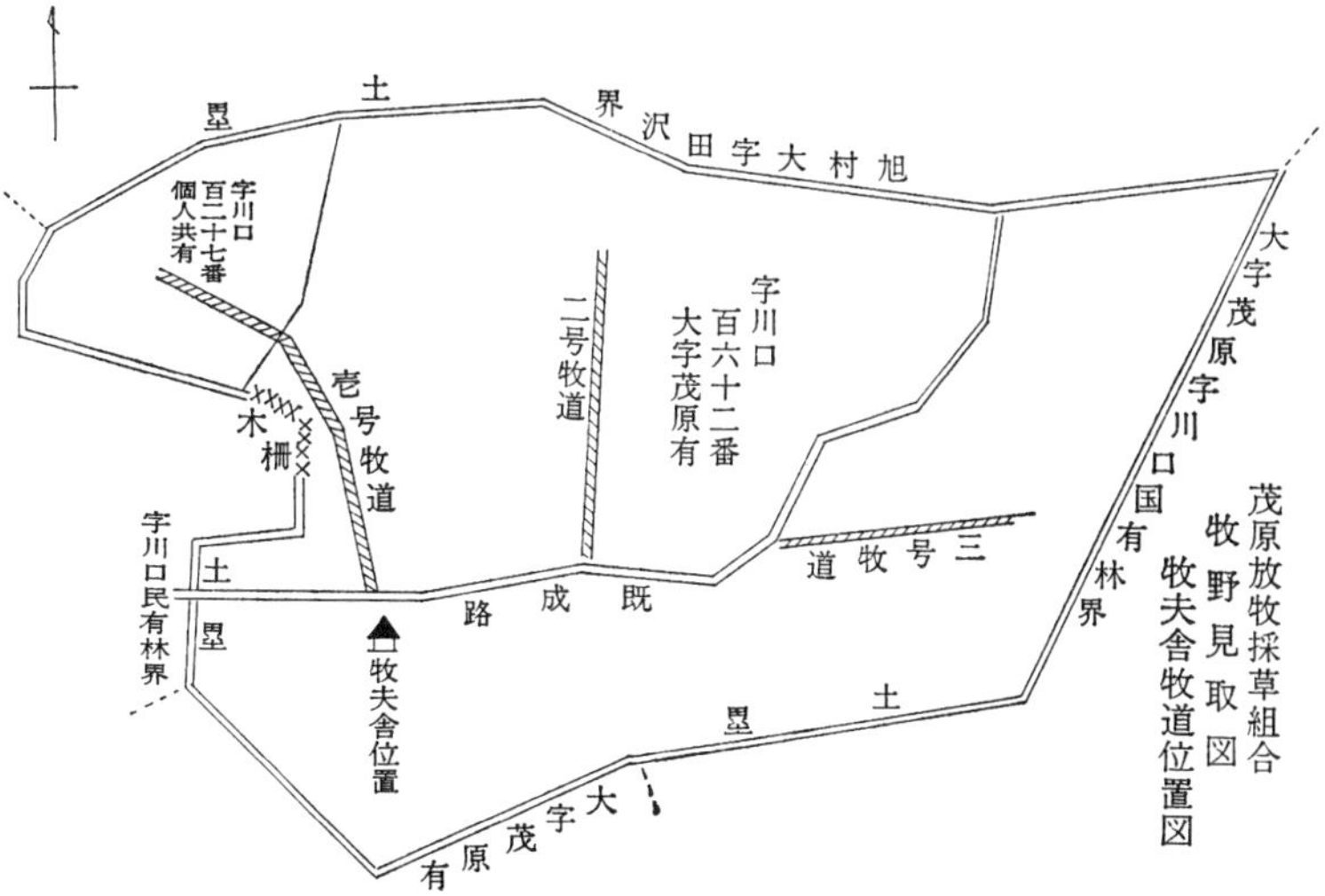

〔『昭和六年～二十四年牧野関係書類　茂原共同放牧採草組合』　茂原区蔵〕

第3図　茂原牧野の範囲図（『岩代町史』 3：1893による）

あった。[11]

牧野見取図によると、牧野のまわりは土塁によって囲まれ、一部開放部があり、そこには木柵が設置されている。内部には既存の道路の他、一号から三号の三本の牧道や牧夫舎が新設されている。

茂原牧野の土塁は、馬を放牧飼育するために馬を外部に出さないための施設である。規模は違うが相馬の野馬土手と同様の役割を有していた、一種の境界土塁である。

写真４　官有地引戻記念碑

昭和二十六年の福島県安達郡旭村茂原牧野管理規程[12]によれば、茂原字川口・同字夏井地内の茂原牧野は、総面積一〇九町八反九畝歩あり、放牧地（六三町三反六畝歩・混放林地）と採草地等がある。

なお、当地は、江戸時代の正徳年間（一七一一～一六）から茂原村の共有地であったが、明治十一年（一八七八）、明治新政府によって国有地（官有地）とされた。そこで明治から大正年間にかけて茂原地区四九戸は団結して当地の村所有権を主張して「官有地返還運動」（陳情・請願及び訴訟）を行った。その結果、大正元年（一九一二）に裁判に勝訴し、国から返還されたのがこの土地である。

昭和三十一年、その運動の経過と先人たちの郷土愛を後世に伝えるために「官有地引戻記念碑」が茂原の日山一の鳥居（日山〈天王山〉の茂原側登山口）に建立された。

その碑文は以下のとおりである。[13]

大正元年十月十六日

官　有　地　引　戻　記　念　碑

岱苑安田栄三郎書

夏井七十六番外三筆　十三町五段七畝十歩
川口百四十一番外四筆　六十五町三段三畝十歩
右の林野は古来旧茂原村の所有なりしが明治十一年官地に編入せらる　茲に於て茂原住民一丸となり農商務大臣宛之が下戻を請願再三追願に及びたるも明治三十七年十月空しく却下せらる　翌三十八年二月辯護士宮古啓三郎氏訴訟代理人として行政裁判に托す　審理の結果当該林野は正徳年間より旧茂原村の所有明白なること立証せられ大正元年十月十六日遂に勝訴の判決を得たり　其の間代表委員組世話人等の献身努力もさることながら長期に亘り訴訟費用を分担せる住民が克く困苦に堪え忍びたる更に特筆すべきは茂原住民永遠の福祉を慮る熱烈なる愛郷心は之を記名として私するを潔とせず挙げて茂原共有となし共存共栄の基盤を築き郷党団結の核となす　父祖の偉業亭けて深く肝銘し茲に刻して永劫顕頌せむ

昭和三十一年十月十六日

岩代町大字茂原　当時戸名（以下略）

(5) 境の神・仏　村境で悪霊を防ぐ

地域の境界は、河川等による境界を除けば、ほとんどは目に見えない。従って境界線付近には、境目を明示し、それを守る様々な仕掛けが設定されている。

それは、悪人の侵入を防ぐ、敵軍の来襲を防ぐ、悪霊の侵入を阻止する、伝染病の感染を防ぐなどのためにである。

村々やその境界を守るのは、一般には、「境の明神」を始めとする「境の神」や「境の仏」等である[14]。

村境には秋葉山・大黒天・月山・湯殿山・皇大神宮・庚申塔・己巳侍塔等が祀られる。

時には田村市船引町芦沢朴橋地区等の「お人形様」のように、街道の往来に睨みをきかす巨大な造作物のこともある[15]。これは、磐城街道（三春―門沢線）沿いの林の中に立っており、異郷から侵入して村人を苦しめる悪霊を除去する、つまりはやり病等を防ぐ役目を担っている神である。「磐城街道沿いのオニンギョウサマ制作の習俗」として県重要無形民俗文化財に指定されている。

写真5　芦沢（朴橋）のお人形様
（『船引町史』民俗編：1982による）

また、境目にある寺社仏閣境域や神仏の世界への入口、世俗と霊界・神域との境界に結界を張ることがある。例えば阿武隈高原の日山（天王山・旭岳）の茂原登山口の一の鳥居には多くの神仏・供養碑が祀られている。

村境に神仏の祈祷札をかざし、結界とすることもある。集落（地域社会）に出入りするためには、その境界線を通過することになる。それは、例えば渡船場、峠、谷底道、尾根道である。村人は、村に入る疫病、悪霊、悪人等を恐れ嫌う。それらの侵入を封じるために、折々に、村境に祈祷札を掲げて祈り、村や集落のまわりに結界を張る。これを境札という。

（注）

（1）橋本博幸・鈴木功「藩境土塁」『福島県文化財調査報告書』166　福島県教育委員会・㈶福島県文化センター　一九八六

（2）A吉田陽一『合戦場塚群発掘調査報告書』二本松市教育委員会・二本松市　二〇一〇
B吉田陽一『二本松市内遺跡の最新の発掘調査の成果』（塩松東物語二〇一九講演会要項）石川弾正顕彰会　二〇一九

（3）吉田陽一『中ノ内塚群発掘調査報告書』二本松市教育委員会・㈱マルコ物流　二〇一三

（4）寺島文隆・柴田俊彰・日下部善己・安田光二・佐藤耕三・鈴木真二『堀込遺跡発掘調査報告』安達町教育委員会　一九八〇

（5）今野美壽『相馬藩政史』下巻　相馬郷友会　一九四一

（6）A宝玉義信「羽山岳の木戸跡」『原町市の文化財』1　原町市教育委員会　一九八七
B宝玉義信「野馬土手」『原町市の文化財　指定外文化財』原町市教育委員会　一九八八

（7）岩崎敏夫監修『小高町史』小高町　一九七五

（8）斎藤完隆「奥相志」一八七一『相馬市史』4資料編1　一九六九

（9）玉川一郎編『野馬土手跡範囲確認調査報告書』原町市教育委員会　一九八八

（10）「昭和二十一年茂原放牧採草組合牧野改良事業」『岩代町史』3資料編2近代・現代　岩代町　一九八三

（11）「昭和二十一年小浜町外三か村畜産頭数調べ」『岩代町史』3資料編2近代・現代　岩代町　一九八三

（12）「昭和二十六年茂原牧野管理規定」『岩代町史』3資料編2近代・現代　岩代町　一九八三

（13）百目木小学校ＰＴＡ教養部編『わたしたちの郷土－百目木－』百目木小学校ＰＴＡ　一九八四

（14）神野善治・菊池健策・佐々木長生・若林伸亮・佐治靖『境の神・風の神』福島県立博物館　一九八八

(15) 鹿野正男「民間信仰－祭りと共同祈願」『船引町史』民俗編　船引町・船引町教育委員会・船引町史編さん委員会　一九八二

第四節　地域社会を記録する

1　地域史と地域学

地域社会には、その歴史や風土を記録した簿冊、地誌等がある。その前提としては地域史の調査・記録の実施がある。ここでは地域史と地域史研究者について整理しておく。

(1) 郷土史・地方史・地域史

郷土史は、「主に戦前において地方出身者ないし地方在住者が、自ら郷土と考える地域に展開する歴史事象を研究し記述しようとした営為（いとなみ）」と由谷裕哉氏は定義して、その地方とは東京を中心とする東西の大都市圏以外の場所であり、また、その郷土史の研究・記述者である郷土史家が、官学アカデミズムとは直接係わらない、つまり在野性も特徴である、と述べている(1)。

その在野性や学術性の点で、太平洋戦争前の郷土史は、戦後になるとお国自慢偏重と非歴史科学性等が特に批判され、地方史と名を変えることが多かった。

一方で、その在野性と郷土愛は、従前の活動を踏まえながら、地域に根ざした新たな地域密着重視型となり、各地の郷土歴史研究会等の活動をさらに活発化させた。それは我が国の高度成長期に顕著となったが、教科書に記載された日本の歴史と共に、自分の生まれ育ったところや自分たちの地域の先人の歴史と誇りを明らかにするためのものである。

ところで、一般的には中央の歴史に対する各地方の歴史、それが我が国の地方史である。日本の歴史に対する福島の歴史といった分類になる。もちろん日本史に係わらない福島県史はない。

越智武臣氏は、戦前の郷土史から戦後の地方史に転換した地域研究の経緯や理由を述べた後、世界史的観点から、日本地方史について記している。日本語の「地方史」は、外国語では、英語の「ローカル・ヒストリー」（Local history）等である。しかしこれは「中央」の対語ではない。また、日本の場合「中央」「地方」というと、ある価値意識が伴うが、外国語ではただの「場処」（locus）に係わる形容詞に過ぎず、反意語としての「中央」を予想しない。首都ロンドンもローカルである。従って価値観念が付着しない「地域史」という言葉が適当であろうとしている[2]。

筆者も同様の趣旨で述べたことがあるが、この説明は、何故「地方史」ではなく「地域史」かという答えの一つを分かり易く述べている。また「地方史」研究から「地域史」研究に変換した近年の地域史研究と地域史研究者の動向をも示している。

これまで、郷土史研究会、地方史研究会、地域史研究会、各種顕彰会、郷土史家、地方史研究者、地域史研究者等によって地域社会研究と地域史の調査研究、公開活用が進められてきた。近年は、歴史への高い関心を背景に、歴史検定、歴男・歴女の活動、城郭散策（お城ブーム）、そして東北学・福島学・おおたま学…等の地域学が盛んである。

⑵ 地域学

そういった趨勢《すうせい》を踏まえて、ここでは地域を学ぶ地域学とは何かを考えておきたい。

地域学に携わる人びとが共通して理解していることについて、中路正恒氏は、「地域を、中央との係わりにおいてではなく、むしろ地域に根をおいた仕方で明らかにしてゆこうということです。地域に根をおいた研究のためには歴史学とか民俗学とかの特定の学問だけでは不十分で、そのためにそれぞれの諸学の成果を総合してゆかなければならないということも大体共通して理解されます。従って『地域学』とは地域を地域に根をおいた仕方で明らかにしてゆこうという総合的な研究の試みだということは言えるでしょう」と整理して一般的理解について述べている。最終的には、「この列島の諸地域の縄文時代からの生き方のつながりの中で、今日生きることの意義を探求する学問」としている(3)。

筆者自身も基本的に諸先学の考察・定義を継承しているが、現在は以下のように考えている。

地域学とは、

1　地域社会の住民自身が
2　地域固有の自然と文化に根ざし
3　自らの地域の先人が育んできた
4　地域の歴史と誇りを知り、活かし、伝えつつ
6　そこから地域の今日を考え、地域の明日を創るための総合的な学問

とする。

住民とは、その地域に生まれ、育ち、あるいは今住んでいる人びとであり、当然ながら、地域外の多くの歴史等の研究者・識者の指導支援を受け、時にはその地の自然や文化について彼らと共同研究をす

る人びとである。

その成果は、究極的には地形・地質・生物・地理・歴史・考古・民俗・建築・絵画等多くの学術・芸術分野の研究を集約した学際的な地域史（誌）となる。

なお、ふるさと（古里・故郷）は、地理的には一定の領域を示すが、個人的・心情的な意味を含む言葉である。郷愁に満ちているので地域社会等、地域を論ずるときの学術的用語ではないとされる場合がある。一般には、「自分の生まれ育った地域」「自分の日常の生活圏」「懐かしい地域（自然の風景も含む）」の代名詞である。

大きくは旧国、県、郡域ほどであり、小さくは大字（近世の村）領域ほどの範囲を意味する。それがふるさとであり、地域社会そして地域史を語るときには、地域住民にとっては重要な語彙の一つとなる。本書ではふるさとという言葉が各所に出てくる。できるだけその時点で語彙の意味する範囲を示すように努めているが、大雑把には右のような意味で使用している。

2　地域誌と地域の物知り

(1)　古代の歴史書・地誌

これまで、地域社会の歴史や文化を記録した書籍は多数存在する。地域社会の特性を探るためにその幾つかを概観しておきたい。

東アジア全体から見れば、日本列島は一つの地方・地域圏であり、中国大陸から見ると東方にある一地域となる。日本（倭）に関連する記述は、周知のように中国の正史に登場する倭人伝である。当時の日本を知る文献史料として貴重である『漢書地理志』『後漢書東夷伝』『魏志倭人伝』（「三国志」魏書東夷伝倭人条）、そして『宋書倭国伝』がある。その他一〜二世紀に成立したとされる地理書『山海経』にも触れられているという(4)。

では日本国内の諸事象の記述・記録はいつ頃から始まったのだろうか。

史料一　『続日本紀』和銅六年（七一三）五月二日の条(5)

五月甲子。畿内七道諸國郡郷名著好字。其郡内所生。銀胴彩色草木禽獣魚虫等物。具録色目及土地沃瘠。山川原野名号所由。又古老相傳舊聞異事。載干史籍言上。

この和銅六年五月二日の記事は、国家が全国的規模で各地の経済産業、動植物、地勢、事物の名前の由来、古老が伝承する旧聞異事等の総合的調査とその報告を命じたことを示している。具体的には、以下の内容を網羅する文書の提出を指示したものである(6)。

1　郡郷の名に好字を著ける。
2　郡内の銀胴草木禽獣魚虫などの色目（品目）を記録する。
3　土地の地味肥瘠の状況を報告する。
4　山川原野の名称の由来を記す。
5　古老の伝承する旧聞異事を記載する。

この命令によって、この後全国から提出された公式文書が、国内各地の状況を記録した最初のものとなる。これらを元に、後年、「風土記」と呼ばれる地誌が生まれることになる。

(2) 藩誌・郡誌・県史・市町村史・社史・団体史

これに類したものを身の回りや地域社会から探索すると、身近なところで、近世の村書上や地誌類、近代の郷土史編纂、そして現代の全国的な修史事業が思い当たる。

村書上や大概録は、各村から提出された村誌（村政要覧）である。これらを検討・考察・補遺・編集して藩誌ができる。『新編会津風土記』（会津藩）『相生集』（二本松藩）等である。(7)

明治以降の地誌の編纂については以下のような状況であった。(8)

明治七年（一八七四）十一月十日、太政官達第一四七号で、新政府が各府県の沿革、実態調査（いわば県史編纂）を各府県に、本県内では当時の福島・若松・岩前各県に命じた。これは明治八年（一八七五）六月に完成とみられる。

これに先立ち明治五年（一八七二）九月には、太政官達第二九〇号で各府県に「皇国地誌」の編纂を命じた。これに基づき編纂された県内の地誌は、『磐城郡誌』（明治十一年）『信夫郡誌』（明治十二年）『伊達郡誌』（明治十五年）『宇多郡誌』（明治十四～十七年）等である。この後、これら以外にも地方教育会や郡教育会においては、郷土誌編纂が計画され、その事業が進められていた。

折しも、明治四十四年（一九一一）六月三十日、西久保弘道福島県知事から福島県訓令第三四号が県内小学校・町村役場・郡市役所に発せられ、「郷土誌編纂要項」が示された。郡役所はさっそく地方教育会・郡教育会等と協力して編纂事業を開始した。これらの経過の中で『田村郡郷土誌』（田村郡教育会・明治三十七年）『双葉郡誌』（福島県教育会双葉部会・明治四十二年）『安達郡案内』（安達郡役所・明治四十四年）『南会津郡誌』（南会津郡役所・大正三年）を始め、西白河・北会津・東白川・耶麻・磐城・伊達・岩瀬・石川・大沼の各郡誌等、大正十二年刊の『信夫郡小誌』まで十四郡誌が刊行された。

その他に『安積郡誌抄』が大正五年に安積教育部会から発刊された。編者は「本書は後日郡誌を編纂するの前提として約略を記述したものなれば簡に失し隔靴掻痒の感あるは止むなき所なり」[9]、つまり今回は、内容の概略を記し核心には触れていないので歯がゆい感じがするのはやむを得ないが、後日に定本を刊行する予定であると決意を述べている。この明治四十四年の県訓令によって編纂されたものに後にふれる『旭村郷土誌』もあることを付記しておく。

当時の尋常高等小学校校長や県下各郡教育会・郡役所は、高い見識と強い編纂意欲にあふれており、お上の命令とはいいながら学区内・地域住民の積極的協力と郷土史家の支援があったと想像される。

なお、『福島県郡誌集成』の編者が記すように、当時の大日本帝国憲法下の政治体制や社会状況を勘案すれば、当然郡誌の内容の全てをそのまま受容することはできない。しかし、地誌・統計・史料や文化財等に当時の実情・実況を反映している部分も数多く、今日にも多くの知見を与える地域史の一つである。

太平洋戦争後、新しい日本・文化国家建設の躍動の中で、新しい日本歴史の構築が進められ、考古学や歴史学の研究が大変進み、一方では郷土史研究から地方史研究へと変化する中で、多くの地方史研究者によって各地に地方史研究会や郷土歴史研究会が組織されていった。

この趨勢の中、昭和三十年代以降都道府県、そして市町村の修史事業が各自治体の重点事業として全国的に開始された。一部は現在も続いており、概要版の目で見るビジュアル版自治体史の刊行や戦後第二回目の編纂事業を行っている自治体もある。

『福島県史』は東北地方南部の一県の正史であったが、中央・地方、官学アカデミズム・在野の地方史研究者、郷土史家等が多数参画した。新たな資料・史料を数多く掘り起こした空前の研究・大編纂事業であり、学術的にも高い評価が与えられ、当時の自治体史編纂事業の一つの到達点ともされた[10]。

これらの成果は、地域の貴重な宝となって伝えられ、活用されて、各市町村史編纂事業に連続すると共に、今日の歴史ブームを創出しその活動を支えている。

古代以降、様々な時代の様々な政治体制下で実施された風土記や藩誌等の編纂は、多くの知見を今日に遺しており、先人の大いなる知の遺産といえる。

この他、公共機関や民間の組織・団体の記念誌等にも、地域社会の詳細な情報が掲載されている。その最大のものは、小学校創立百周年記念誌、そして郷土学習資料集であろう。さらに、学校・会社・工場・奉仕団体、文化団体、スポーツ団体、戦没者遺族団体・戦友会等の記念誌、博物館・歴史民俗資料館・（埋蔵）文化財センター・風土記の丘資料館等の研究紀要や年報、文化財調査委員会や自治体の地域史調査研究報告、歴史・文化・芸術・スポーツ関係団体の会報や年報等にも地域誌と同様の重要な価値を有するものが多いことを忘れてはならない。

⑶ 郷土史家・地域の物知り

地域の自然や歴史について話し出すとなかなか止まらないので、やや敬遠される場合もあるが、住民から大変尊敬されている地域の物知りが昔は近所に住んでいた。歴史、地理、地形・地質、月や星、動植物、寺社、文化財、農林業・産業・流通、何でもＯＫだった。歩く地域百科事典のような人であり、その話を聞きたくて、その人が自宅前の道路を通るのをお茶と菓子を用意して待っている人たちもいた。

地域の事象事物について分からないことがあれば、また学校からの宿題があれば、そして夏休みの自由研究のときも「○○さんに聞いてきなさい」と親たちが子どもに言った。

その人は郷土史研究会の会員や役員となって歴史文化好きの会員と行動を共にし、時には会員を束ねた。一方では大学の先生等へ研究資料を提供するなど、交流があり、学術的にも優れた地方史研究者でもあった。

小・中・高校の教員はその重要な構成員であった。教員が自ら赴任先の県市町村や勤務校学区等の自然や歴史・文化や地域史を学び、児童・生徒に地域の先人の尊い苦労や努力・工夫を教え伝えるのが当然という時代が、戦前から戦後も長くあった。教え子の中にはやがて地方史研究者へと成長する者も多数いた。

また、県や市町村教育委員会及び関係機関の社会教育・文化振興・文化財保護・自然保護等の担当職員は、在職中も、またその職を離れても貴重な知識と経験を活かして地域の自然、歴史や文化の調査・研究のリーダーとなって後継者を育てた。

福島県、いや全国の各地域の歴史学、考古学、民俗学、生物学、地理学、郷土史・地方史・地域史の文化団体や郷土史研究団体はこういう人びとの熱気と使命感とで運営されてきた。

しかし今は、地域史を調べ、記し、住民に語る在地の地域史研究者の数が少ない。社会経済状況や少子高齢化の影響もあって、新たにはなかなか生まれないし育たない。歴史・文化のクラブやサークル等に加入する青壮年層が少ない。つまり、市町村の大規模広域合併の影で、各地域社会の中に身近な郷土史家がいなくなってしまうかも知れないという危機的状況にある。

令和の今も、地域の物知りが少なく、その地域史研究者が少ない。昔よりずっと少ないといえる。各地で何らかの工夫が必要である。これまで開催されていた歴史や文化の体験学習会・見学会・講演会・研究会、先人や名所旧跡の顕彰会、名勝の観賞会等をさらに充実すると共に、学校教育・社会教育での学習支援等の強化、官民共にアイデアを出し、強く意識し合っていかなければならない時代である。

それは、青少年が将来を展望するときに必ず発する「私はどこから来たのか？　私は何者なのか？」という彼らの人生の課題・疑問に応えるために、そして人びと個々のふるさとが喪失しないために、地域社会が消滅しないために、是非とも必要である。

（注）

（1）由谷裕哉・時枝務『郷土史と近代日本』角川学芸出版　二〇一〇

（2）越智武臣「地方史研究の過去と現在」『岩波講座世界歴史』30（別巻）一九七一

（3）京都造形藝術大学（中路正恒）編『地域学への招待』（改定新版）角川学芸出版　二〇一〇

（4）馬場英明「中国人の見た倭国」『卑弥呼誕生』大阪府立弥生文化博物館　一九九七

（5）黒板勝美・國史大系編纂會『續日本紀』（前篇）吉川弘文館　一九七六

（6）上田正昭「風土記の世界」『日本古代文化の探求　風土記』社会思想社　一九七五

（7）庄司吉之助・小林清治・誉田宏『福島県の地名』平凡社　一九九三

（8）「安達郡案内」・「安積郡誌抄」『福島県郡誌集成』2　福島県史料叢書刊行会　一九六六

（9）安積郡教育会「安積郡誌抄」『福島県郡誌集成』2　福島県史料叢書刊行会　一九六六

（10）福島県文書学事課『福島県史編纂記録』福島県　一九七二

第二章　地域社会の領域と境界

―個性が区画する地域社会―

第一節　縄文時代の地域圏と境界線

1　縄文土器文様と地域圏

(1)　縄文時代の成立と地域圏

今から一万二〇〇〇年ほど前、地球の温暖化によって日本列島周辺の自然環境は極めて大きく変化した。氷河時代の終了、旧石器時代の終焉である。

この温暖化によって極地や高山の氷雪が融けて海面が上昇すると、大陸と列島を繋いでいた北と南の陸橋等が海中に没した。ここに現在までも続く我が国の地形的特徴、日本海と日本列島が誕生した。日本列島独自の環境・文化の成立である。

気候の変化は植物相にも変化をもたらし、針葉樹林の森が北方に後退したため、ブナ、カシ、トチ、ナラ、クヌギ等の落葉広葉樹林や照葉樹林が拡大し、広く列島を覆うようになった。その結果、トチやドングリ等の堅果類や山菜類が山野に生息し、人や動物へ豊かな食料を提供した。

また、それまで生息していたオオツノジカやナウマンゾウ等の大型動物が絶滅し、ニホンジカやイノシシ等、動きの素早い中小動物が増加する。これによって人間の狩猟用具はヤリ（石槍）から弓（石鏃）へと変化し、敏速な中小動物捕獲に適した狩猟法が採用された。

さらには土器が使用され始め、これまでの「焼く」が中心だった調理法に、「煮る（炊く）」が加わった。煮沸具である縄文土器は、日本列島における鍋・釜の使用開始を意味している。つまり肉や山菜や堅果類を同じ土器の中で一緒に煮るという調理が可能となって、料理メニューの多様化や味の向上、煮沸による食物の殺菌効果もあり、健康・安全にとっても大きな進歩となった。まさに食と調理の革命といえる。

この土器には、表面に縄の回転や押圧による文様が施されているため縄文土器と呼ばれ、その土器が使用された時代を縄文時代と呼ぶ。人びとはそれまでの狩猟採集中心で、キャンプサイト的な住居を転々とする移動生活から、竪穴住居に住み、集落を形成して同一地に一定期間定着して生活をするようになった。やがて堅果類の貯蔵法も編み出され、冬期の食料供給の安定化に繋がった。

ここに、石鏃・石斧等の石器や釣り針・銛等の骨角器を生産用具とし、狩猟採集漁撈を生業とし、煮沸用具等として縄文土器を使用する縄文時代という時代が形成された。日本列島に縄文土器を使う人びとの地域圏、いわば「縄文文化圏」が生まれ、日本列島は独自・固有の歴史を歩み始めた。

この縄文時代の遺跡や遺構・遺物を時間的・空間的に分析していくと、この時代は多くの地域圏を生み出したことが分かる。これを文化圏と呼ぶこともある。

ここでは、遺物（縄文土器・石器・骨角器）と遺構（竪穴住居内の大型炉）から、縄文時代の地域圏と人間の営みを考えていく。

なお、縄文時代は古い順に、「草創期・早期、前期、中期、後期、晩期」の六時期とするが早期に草創期を含む場合がある。その各時期を三分割する場合は「前葉・中葉・後葉」、例えば中期後葉とし、二分割するときは「前半、後半」、例えば中期後半、最初と真ん中と最後の時期を示す場合は、各々「始め、半ば、末」、例えば中期末とする。また、後葉の後半期末期を「末葉」とする場合がある。

⑵ 縄文土器の文様・器形と分布圏

縄文土器は、日本列島で初めての煮沸具である。また、貯蔵具として使用され、時には埋葬用として利用されることにもなる。

この縄文土器の表面の文様や器形、そして器種構成は時期によって、地域によって変化する。ある地域のある時期には、ある一定の文様が使用されるという特色がある。その文様の地域的特色と時間的変化を利用して、時期と地域を特定する標識（メルクマール）として活用することができる。山内清男博士によって提唱されたこの考えは、我が国の考古学上の不朽不滅の研究業績である[1]。

例えば、宮城県大木《だいぎ》囲《がこい》貝塚出土の土器群は、東北地方南部を中心とした縄文時代前期や中期の時期を示すものとして「大木式土器」と呼ばれる。中期の前葉は「大木7a式土器」「大木7b式土器」、中葉は「大木8a式土器」「大木8b式土器」、後葉は「大木9式土器」「大木10式土器」という区分も使用されることになる。

ここでは、日本の原始時代のうち、縄文時代中期の土器分布圏について以下に述べる。これらの中期土器分布圏は、前期のそれを基礎に形成されている。

中期という時期には、各地の独自の土器文様等から次の九つの分布圏・文化圏に分けられる[2]。（第1図）

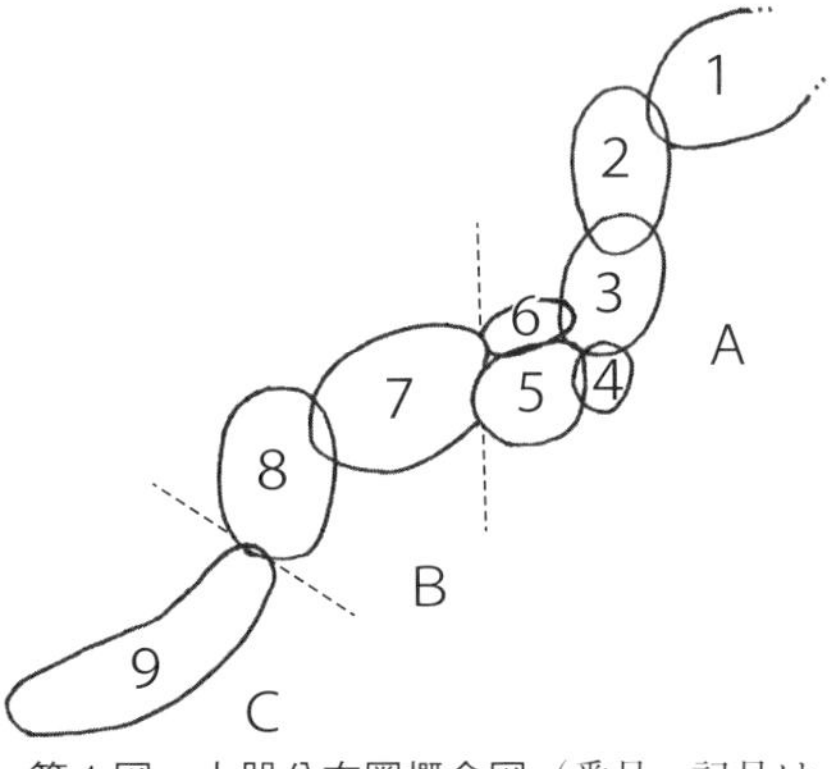

第1図　土器分布圏概念図（番号・記号は土器分布圏）

1　北海道の中央部や北東部等には、独自性の強い北筒式土器分布圏がある。

2　北海道西部から東北北部には円筒上層式土器分布圏がある。
3　東北南部から北関東の一部には大木式土器分布圏がある。
4　関東東部には阿玉台式土器分布圏がある。
5　中部山岳・東海から関東西部には勝坂式土器分布圏がある。
6　北陸、越後には長者ヶ原（馬高）式土器分布圏がある。
7　近畿・中国・四国には船元式土器分布圏がある
8　九州には阿高式土器分布圏がある。
また、
9　沖縄等の南島系の文化圏もある。

この北海道から中部地方付近までは共通性も有する大きなまとまりであり、東・北日本土器分布圏（A圏）とも呼べる。さらに、この7・8の二者は、まとめて西日本土器分布圏（B圏）ともいえる。そして南島系の独自の文化圏（C圏）もあり、日本列島は三つの地区に大別される。

これらのAとBの分布圏は、縄文時代晩期になると各々明確に区画された分布圏となり、東・北日本の亀ヶ岡式土器分布圏と西日本の無紋土器分布圏となる。縄文時代の最後の時期に日本列島はこの二つの大きな分布圏に集約される。A圏は縄文文化の到達点であり、B圏は弥生文化の当初の受容圏でもある。

縄文時代の遺跡数（人口）は、東・北日本に大変多く、西日本は少ないことも知られている(3)。遺構・遺物の種類や数も同様である。

やがて、稲作文化を能動的に受容することになる日本列島は、その社会のあり方が、この二つの文化圏で大きな差異が生まれることになる。弥生時代になると遺跡数（人口）等は西日本が増加することになる。その差異が今日の地域性にも繋がっていく。

2　石器群組成（生業活動）から見た地域圏

(1)　石器群の組成パターン

縄文時代の主たる生産用具である石器群や骨角器群の時間的空間的分布の様相から、北海道を除く東日本各地、各地域の生産活動（狩猟・採集・漁撈）の特色、地域圏を考える。[4] これには、次に示すように土器の分布圏に共通する部分と異なる部分がある。

環境としての自然に対する人間の対応のあり方を探るために、生産用具の組合せ（石器組成）の特色を考えていく。筆者はかつて生産用具のあり方を地域的に検討し、その特色を明らかにするために、次の方法を用いたので紹介する。

各遺跡毎の石器の総量に対する各石器個別の出現割合を算出する。その中から、特色ある石器については、機能的観点からⅠ～Ⅳ群に分けて各群の割合を算出する。

第Ⅰ群石器は、植物質「食料採集活動」の反映（堅果類等の調理用具）として「凹石、敲石、磨石、石皿」を取り上げる。前者の「凹石、敲石」は「たたく・たたき潰す」機能を示すものとしてA類、後者の「磨石、石皿」は「磨る・磨り潰す」機能としてB類とする。

第Ⅱ群石器は、主に「狩猟活動」を担ったと考えられる刺突具の「石鏃・石槍・尖頭石器（ポイント）」であり、基本的には「弓と槍」による作業の投影と考える。

第Ⅲ群石器は、「土掘り具」の機能を有する「打製石斧」である。これも第Ⅰ群と同様に植物質「食

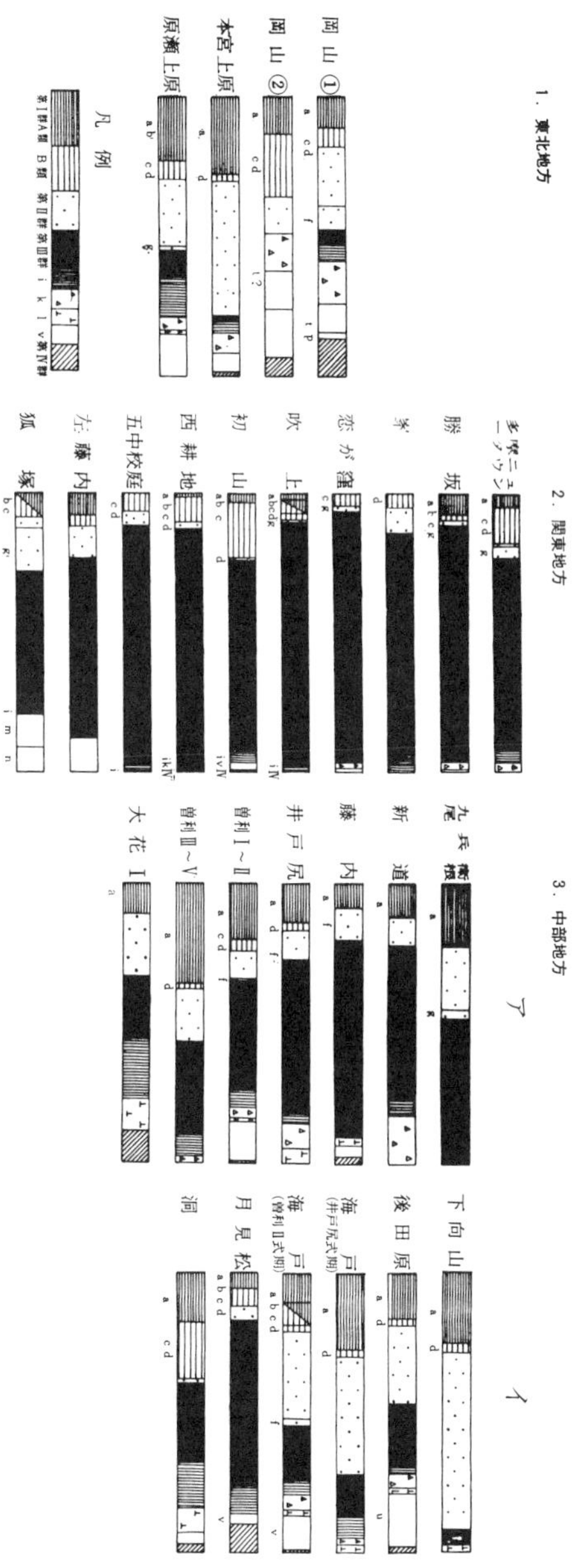

第２図１　縄文中期の地方・遺跡毎の石器群の割合（東北、関東、中部ア・イ）

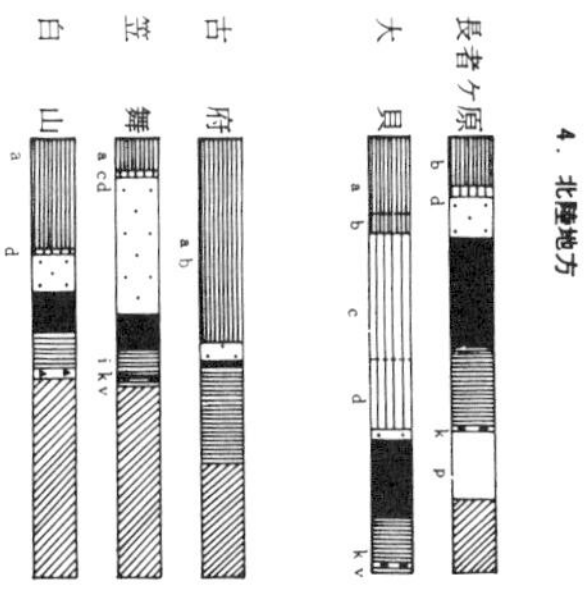

第２図２　同（北陸）

料採集活動」（自然薯等の採集用具）の反映とみられるが、第Ⅰ群と第Ⅲ群が相関関係を有するか否かは別問題であるので、ここでは第Ⅲ群として独立させる。

第Ⅳ群石器は、「漁撈活動」の反映としての「石錘」で、これは「網漁撈の錘」として使用されたものである。特に内陸部遺跡が狩猟採集に限定されない場合（河川・湖沼等での漁撈活動）等を考えるものである。

これらの各石器群の各遺跡出土石器総量に対する割合（％）を見ると、遺跡の特色のみならず、究極的には同様の特色を有する広域的な石器分布圏が現れる。第2図の石器の割合の棒グラフを見ると、各々の表示（図柄）の違いが明瞭であり、その差が各地の生業活動の差（特色）を示している。

この分析から、石器群の組合せ（石器群パターン）による差異、即ち生産活動の地域毎の違いが明らかになり、縄文社会の地域的個性や時代的特性（石器群パターン圏）が抽出される。（第2図、第3図）

ここでは縄文時代の中心地域である東日本（A圏）、主に中期の各地域の様相を見ていく。

A－1パターン圏（⁘・▤）

第Ⅱ群石器（石鏃・石槍・尖頭石器〈ポイント〉等）と第Ⅰ群石器（凹石・敲石、石皿・磨石）が主体となり、第Ⅲ群石器（打製石斧）は一〇％程度と少なく、その割合が磨製石斧と同等か、それ以下、つまり狩猟と採集（調理用具）活動が主体のパターンである。

東北地方にこの中心がある。条件によっては他地域にも一部存在する。土器分布圏でいえば円筒上層式土器分布圏（一部に特有の石器があるが）や大木式土器分布圏の範囲である。

A－2パターン圏（■・▤）

第Ⅲ群石器（打製石斧）が大多数で、第Ⅰ群石器（凹石、石皿等）と併せると七〇～八〇％を占める。

第Ⅱ群石器（石鏃等）は少ない。つまり採集活動が主体のパターンである。土器分布圏でいえば八ヶ岳山麓から関東西部の勝坂式土器分布圏である。関東地方・中部地方・北陸地方にその中心を持つが、東北地方では見られない。

A－3パターン圏（■・⁚⁚・⊞）

第Ⅲ群石器（打製石斧）と第Ⅱ群石器（石鏃等）の組み合わせによって特徴づけられるが、第Ⅰ群石器（凹石、石皿等）の存在も軽視できない。つまり採集と狩猟活動が主体のパターンである。諏訪湖周辺等、前記以外の勝坂式土器分布圏である。基本的にA－2パターンに近い形なので、その主要分布は関東・中部の中期にある。晩期には北陸・東海にも存在する。

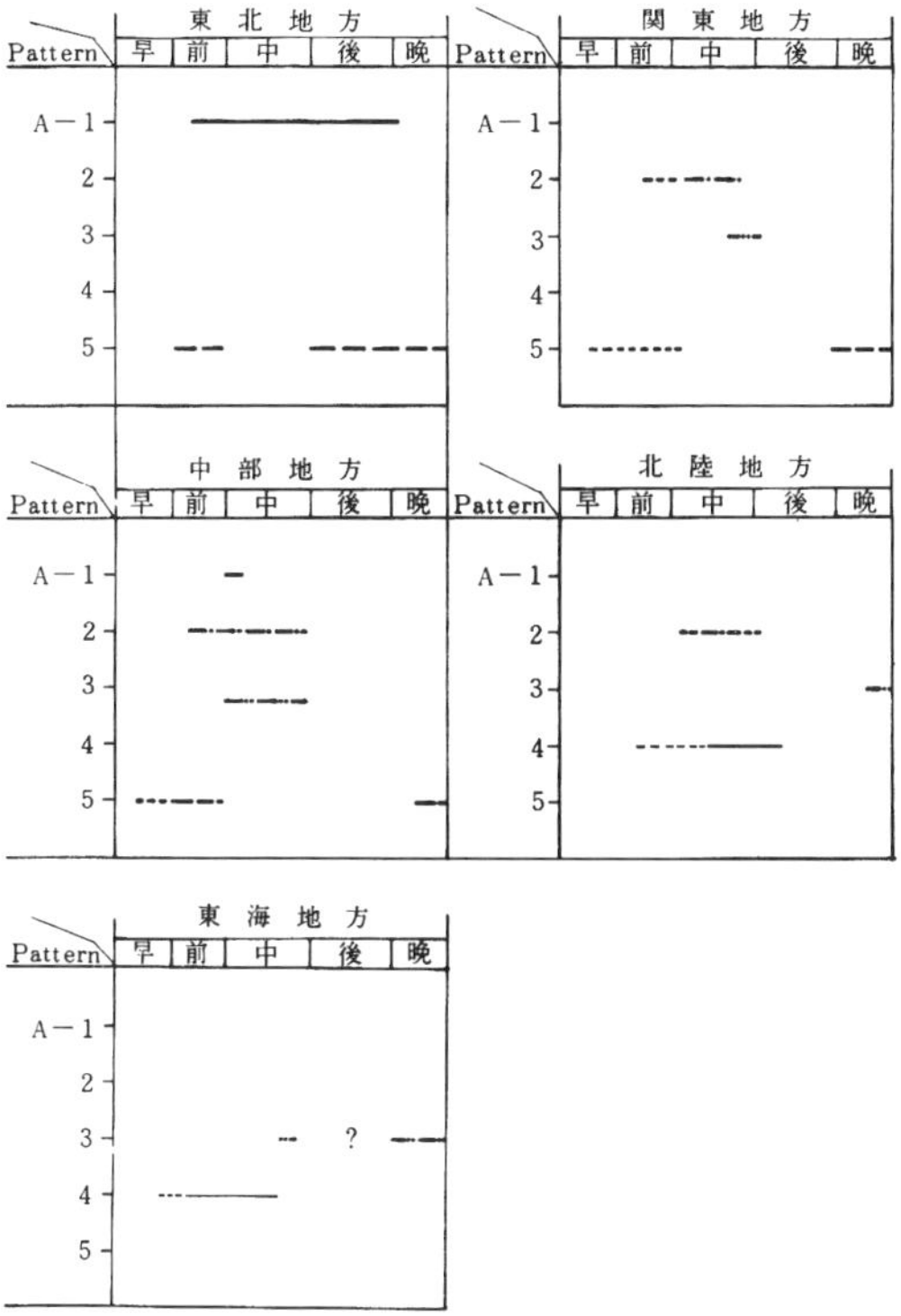

第３図　各地方の時期別のパターンのあり方

A－4パターン圏（▨・⊞・⁚⁚）

第Ⅳ群石器(石錘)が二四～四〇%と卓越し、次に第Ⅰ群石器（凹石、石皿等）や第Ⅱ群石器（石鏃等）が続くもの。第Ⅲ群石器（打製石斧）はあまり大きな位置を占めない。つまり網による漁撈が一定の割合を占めるパターンである。北陸中枢部等、長者ケ原土器分布圏にある。北陸地方西部にその中心を持っている。東

第1表　石器群から見た縄文時代中期の各地方の生業活動

生業 / 石器群パターン / 石器 ＼ 地方・地区別	採集活動（地上堅果類等）第Ⅰ群 凹石・敲石、石皿・磨石	狩猟活動（中小動物）第Ⅱ群 石鏃・石槍・尖頭石器	採集活動（地下自然薯等）第Ⅲ群 打製石斧（土掘り具）	漁撈活動（魚貝類）第Ⅳ群 石　錘（土錘も加味）
東北地方	◎	◎		
関東地方　西部	◎		◎	
関東地方　東部				◎
中部地方八ヶ岳周辺	◎		◎	
中部地方諏訪湖周辺	○	○	◎	
北陸地方		○	○	◎
東海地方		○	◎	○

（日下部：1972から作成）

海地方の河川流域にもこの傾向が若干見られる。

A－5パターン圏（⁘）

第Ⅱ群石器（石鏃等）が主体を占め、次に石匕、ドリル（石錐）、磨製石斧等が続くものである。つまり狩猟活動が優先するパターンである。東北・関東・中部にその中心を持つ。中期以外の主として前期以前や後・晩期に出現する。

(2) 石器群組成と生業活動

縄文時代中期に限定してまとめてみると、縄文時代の主たる石器である第Ⅱ群石器（石鏃等）、つまり狩猟活動主体の東日本社会を一時大変革するような動きが、各地域の社会にはある。それは、

1　関東西部・中部における第Ⅲ群石器（土掘り具）中心の採集社会

2　東北における第Ⅱ群石器（弓と槍）と第Ⅰ群石器（調理用具）中心の狩猟・採集調理社会

3　北陸の第Ⅳ群石器（石錘）中心に第Ⅰ群（調理用具）・第Ⅱ群（弓と槍）石器が付加した漁撈と狩猟・採集の社会

4　関東東部の骨角器（釣針、銛、ヤス）や第Ⅳ群石器等（網

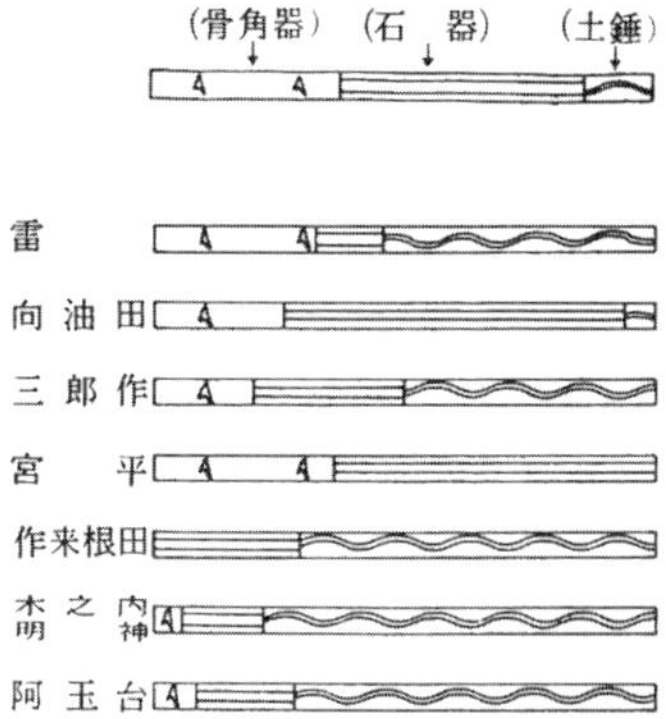

第４図　東関東海岸部の網漁撈
（土錘の出現率）

漁）を多用する漁撈の社会であり、自然環境に最大限に対応し、それを巧みに活用した縄文人が創出した社会である。

石器群等生産用具の量的構成の変化は、生業の対象や活動内容の変化である。狩猟中心の社会が山菜や堅果類等植物質食料の食用化を可能とする技術の確立によって、それらを主食化した結果であろう。中期は内陸部遺跡の極盛期にあたる。

一方、東日本海岸部にあっては、骨角器や石錘・土錘という生産用具によって内陸部とは異なった展開がある。東北から関東海岸部における漁撈活動の発展である。中期後半から後・晩期には、釣針や離頭銛等の使用と改良が行われる。関東東部にあっては、土錘の増加が見られ独自の網漁撈が行われた。

これが、東日本の縄文時代中期における地域社会の範囲と特性、地域圏である。それは、自然との対話・共生・同化、そして自然への畏怖に支えられた地方の時代・地方分権・地域主権の創出である。

なお、このような石器組成や遺跡分布の観点から戸沢充則氏は八ヶ岳山南西麓を例にして詳細に分析している。(5)

３　狩猟・漁撈活動と地域圏

東北・北海道地方に基盤をおきながら日本の縄文時代研究を長く牽引した林謙作氏は、生産用具（骨角製漁撈具）と狩猟漁撈対象動物・魚介類等の分析から、縄文時代の地域性の課題に極めて大きな回答を与えた。それは、東北地方南部（仙台湾周辺）という縄文時代の中心地を対象として、その時代の東・西日本の地域性・生業を分析した[6]研究である。

まず林氏は銛とヤスの分布状況から、北海道・東北・関東の東日本と中部・東海以西の西日本の二つの地域圏を示し、生業活動、即ち自然と人間の関係を広域的に把握した。さらに東西の差を分布図において視覚的にも明らかにしている。一方で地域圏内部の各領域における生業形態の各個性も顕在化してみせた。

具体的には、動物遺存体や骨角製漁具等を個別具体的に分析し、狩猟・漁撈活動等から仙台湾周辺の生業活動の地域性をⅠ丘陵型、Ⅱ湖沼型、Ⅲ内湾型、Ⅳ湾口／河口型の四つに分けた。

Ⅰ丘陵型

シカ・イノシシの狩猟に圧倒的な比重がおかれる。ガン・カモ科鳥類や淡水魚の漁撈の占める割合は極めて低い。骨角製漁具の組合せはⅡと共通すると推定される。貝塚で確認された例は浅部だけであるが、北上山地等の洞窟遺跡の動物遺存体の組成は浅部と類似する。

Ⅱ湖沼型

シカ・イノシシ、次いでヒクシイ・ハクチョウを中心とするガン・カモ科鳥類の狩猟が主要な位置を占める。フナ・ウナギ等淡水魚の漁撈も行われる。骨角製漁具はヤス（単式）を主体とし、これに少量の fish gouge（喉針《のどばり》）が加わる。簗・魞《えり》等の施設と網・筌《うけ》・ヤス等の器具を併用する。迫川水系貝塚群を典型的な例とする。

Ⅲ内湾型

マダイ・クロダイ・スズキ等の漁撈が大きな比重を占め、シカ・イノシシやカモ類（小型）の狩猟は

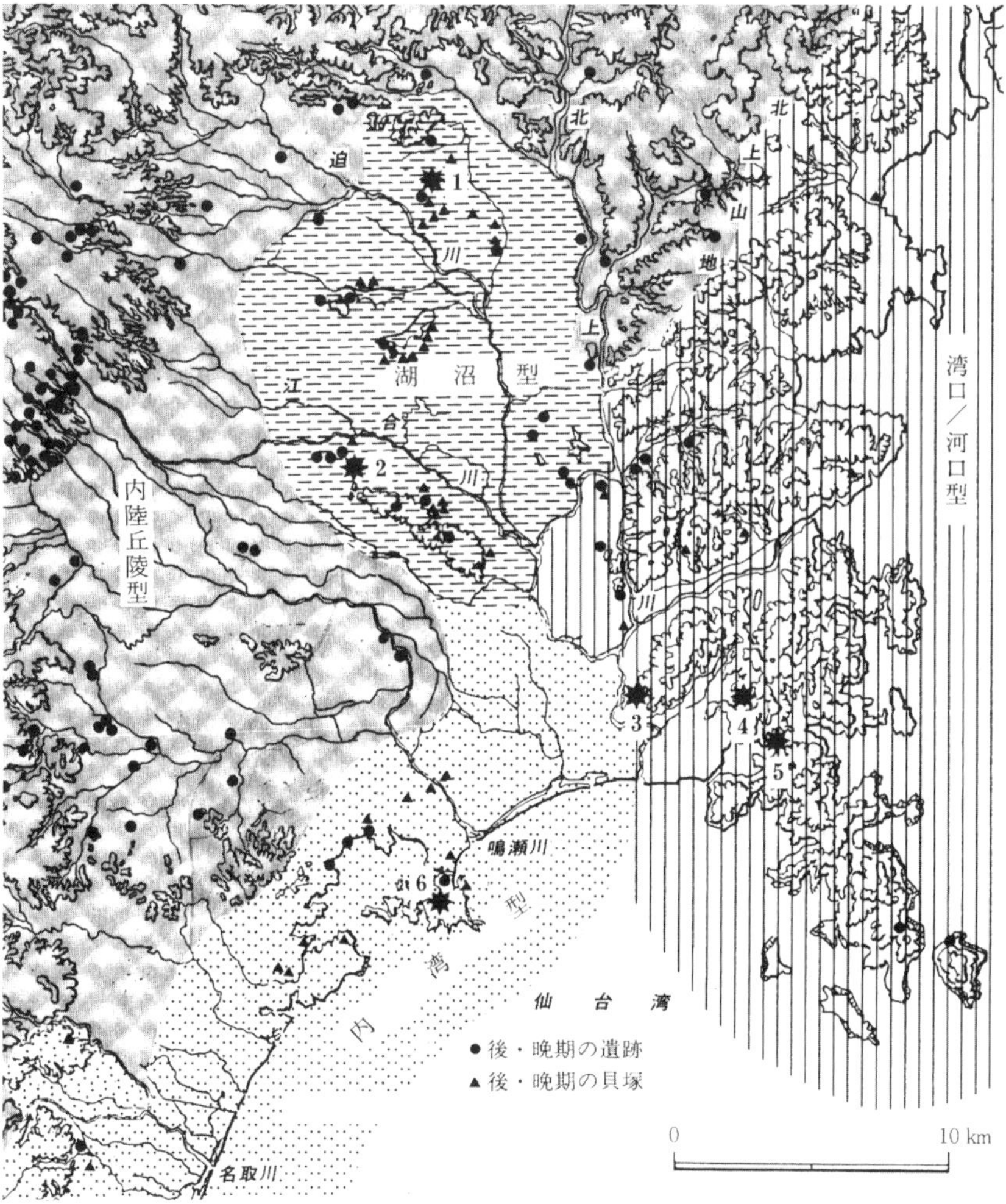

1：貝鳥，2：中沢目，3：南境，4：沼津，5：尾田峯，6：里浜

第５図　仙台湾周辺地の個別の生業形態（林：1986による）

補助的、あるいは儀礼的な役割に留まる。骨角製漁具は、ハナレ銛・複式ヤスに釣針（一本作り・組合せ）・ヤス（単式）が加わる。松島湾沿岸に典型的例が見られる。

シカ・イノシシの狩猟と並んで、漁撈も活発に行われる。また中・大形のカモ類の狩猟も無視できない。内湾の場合よりは、マグロ・カツオ・イルカ等外洋と結び付く要素が顕著に見られるが、入江や河口の追い込み漁を想定すべきである。骨角製漁具の組成はⅢと一致する。南三陸貝塚群が典型的な例である。（第5図）

Ⅳ湾口／河口型

このように迫川水系や北上川下流・河口域等で行われた活動は当地の固有の条件の下で成立していることを、他地方のあり方と比較しながら明らかにした。

氏の研究は、全国を包括する大きな地域圏の研究・分析と共に、このような一地域圏内部の動態の分析も地域圏の研究には重要であり、これらが基礎となって縄文時代の生業のあり方と日本の広域地域圏の研究が完成することを示し、考古学はもちろん地域史の研究についても大きな足跡を残している。

さて、これらの四つの類型については、土器や石器の分布では、先述のとおり、全て大木式土器分布圏であり、石器群ではA－1パターン圏のエリア内に存在する。土器や石器の分布圏という大枠の地域圏ではとうてい把握できない各地の個性ある固有の生業・地域圏と生活圏である。

大枠として石器や土器の構成は同じでも、その個別の社会の構造（生産）は地域の様々な条件によって差異が生まれることをこの例は如実に示している。

なお、このような縄文時代を含む原始時代の地域社会構造や生活圏の分析については、すでに向坂鋼二氏が中部日本を例にして広域圏と地域圏、そして生活圏という視点で論じた先駆的業績[7]がある。

4　堅果類（採集活動）と複式炉から見た地域圏

縄文時代の初めの頃は、竪穴住居外の炉（屋外炉）で煮炊きをしていたが、前期になると竪穴内に炉が構築され、屋内炉で調理等が行われた。最初は床で直に火を焚く地床炉である。やがて長い石を方形に組んだ約〇・五m四方の石囲炉が使われ、炉としての位置・範囲が、竪穴の床面中央等、住居内で明確になる。人びとはその竪穴住居に暮らし一〇戸程度で集落を構成していた。

⑴　大型炉と地域圏

①　中部山岳型大型炉

今から五〇〇〇年前～四〇〇〇年前までの一〇〇〇年間にわたって続く縄文時代中期の中葉頃になると、この石囲炉が長方形になり、長大化する。火を焚く部分の面積の拡大である。また、土器を石組炉内に埋めて使用することもある。

この長方形大型炉はこの時期に、中部山岳地域とその隣接地域（長野・山梨・新潟西部等）を中心として分布する。土器分布でいえば、「勝坂式土器分布圏」とそれに続く中期後半の「曽利式土器分布圏」である。ここでは、この大型炉を「中部山岳型大型炉」と呼ぶ。しかし、この大型炉は特に中部八ヶ岳山麓地域では中期後葉になると、急に衰退してしまう[8]。

写真１　曽利18号住居炉阯
（桐原：1965による）

②　東北型複式炉

縄文時代の中期後葉になると、複式炉と呼ばれる住居内の大型炉が出現する。

「土器を埋設し周囲に石を敷き詰めた炉」と「石敷きの石囲炉」を連結したような形態の大型炉を、梅宮茂先生は白山遺跡（後の福島県史跡）の調査報告の中で正式に「複式炉」[9]と呼んだ。その基本形は、ア放物線型[11]とイだるま型[12]の二者がある。その後、複式炉の集落としてのあり方が原瀬上原遺跡（福島県史跡）の調査によって目黒吉明先生によって明らかにされた[10]。

その後、この炉は福島県を中心に山形・宮城・新潟から数多く発見され、岩手・秋田・青森、そして栃木・茨城・埼玉・富山・石川の各県からも発見された。形態的には地域的特色もあるが、炉構成の基本的意識（ビジョン）、即ち複式炉設計の基本コンセプトや造炉の技術は同一である。これを「東北型複式炉」と呼ぶ。

土器分布圏から見ると、その分布の中心は「大木式土器分布圏」と「馬

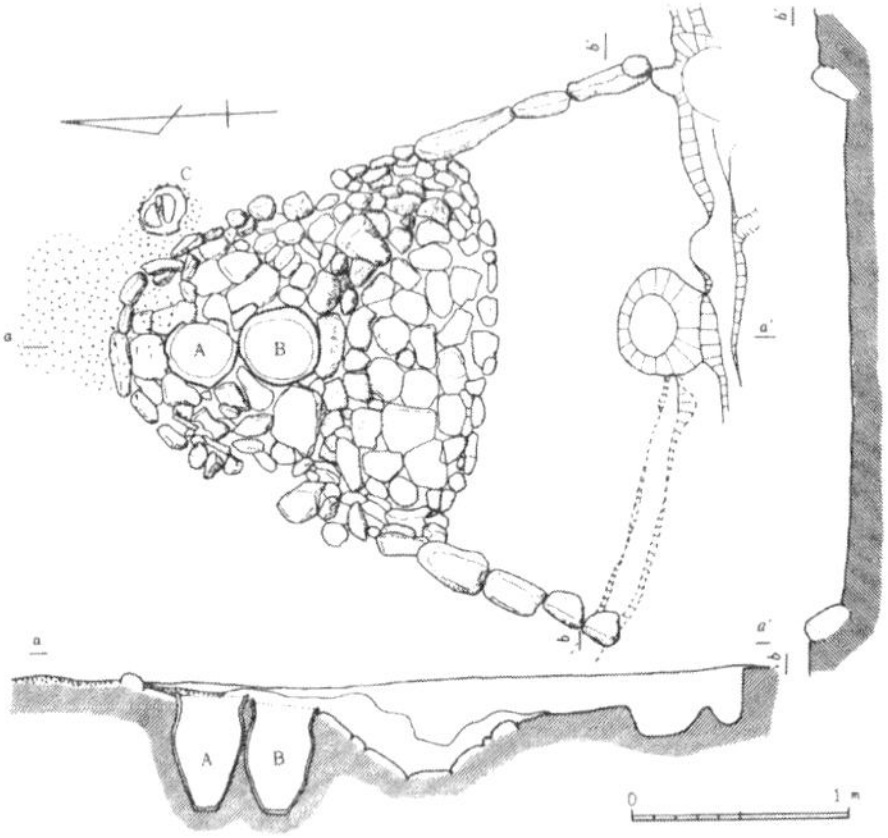

第６図　塩沢上原Ａ遺跡Ⅰ区11号炉跡
（目黒他：1975による）（福島県文化財センター白河館提供）

写真２　東北型複式炉ア　塩沢上原Ａ遺跡
（目黒他：1972による）（同上提供）

写真３　同右イ　高稲場遺跡
（日下部他：1981による）

高式土器分布圏」である。複式炉分布圏は、地形・気象条件も動植物相も類似する地域で、後の奥羽越列藩同盟の領域や新潟を含めて東北七県と呼ばれたかつての領域にほぼ相当している。なお一部は関東の中期後半「加曽利E式土器分布圏」や「馬高式土器分布圏」以西にも及ぶが、中部山岳や関東の大部分は含まない。

ここに東北・北陸・北関東に及ぶ縄文時代中期後葉の大規模地域圏が出来上がった[13]。いわば「東日本複式炉文化圏」である。

③ 北陸・飛騨型複式炉

一方、もう一つの「複式炉」が存在する。「方形炉」と「方形炉」を二つ連結したような形態、あるいは長方形石囲炉を二つに区画した形態の炉である。これは、岐阜県の国史跡堂之上遺跡[14]に代表される。縄文時代中期後葉に出現するこの炉は、石川・富山・新潟、そして飛騨に分布している。土器分布圏でいえば広義の「長者ケ原式土器分布圏」に後続する中期後半の「古府式土器分布圏」である。これを、「北陸・飛騨型複式炉」と呼ぶことにする。

このもう一つの複式炉は、面積の大きい主炉とやや小振りな副炉で構成される。基本的に敷石を伴う。堂之上遺跡での出現時期は縄文時代中期最末である。当地域では

写真４　堂之上遺跡第19号住居址複式炉
（戸田：1978による）（高山市教育委員会蔵）

写真５　堂之上遺跡第12号住居址（同上）
（同上蔵）

中期後葉曽利Ⅲ式期（大木9a式期並行）は石囲炉が構築されるが、中期の終末期（大木10式期並行）には、北陸的な複式炉が造られる。文化の影響・交流がそれまでの信州方面から北陸方面へと大きく変化したことを物語っている。長方形大型炉の衰退と共に信州方面の文化圏が縮小したことを意味する。いわば主役の交代であり、北陸地域圏の自立ともいえる出来事である。

一方、北陸地方の金沢市東市瀬遺跡の所見によると、縄文時代中期の炉は、「単式炉→大型長方形炉→複式炉（北陸・飛騨型：筆者注記）→単式炉」と変化することが知られている。[15]

この北陸・飛騨型複式炉を使用する北陸圏では、第1項で述べた生業活動（石器群）でいうと第Ⅰ群・第Ⅲ群・第Ⅳ群石器群が卓越する。

なお、北陸地方の中期炉の変遷は、東北地方南部の中期の炉の「方形炉・長方形炉→複式炉（東北型）→方形炉」という変化に似た動態を示す。これは単なる偶然の一致ではなく、時代の趨勢である。しかし、東北南部の石器群は第Ⅰ群と第Ⅱ群が卓越しており、両者の生業活動基盤は必ずしも同一ではなく、それぞれ地域の個性（多様性）、つまり地域性を映し出している。

東日本大型炉の分布は、「中部山岳型大型炉」が先行しながら、「東北型複式炉」、そして「北陸・飛騨型複式炉」が後続で、ここに地域性を有する三つの分布圏が前後して存在している。これらは境界付近にあっては相互にその境界を越えて交流している。

いずれにしても、中期中葉、あるいは後葉や末葉という時期差はあるが、中部山岳から東北、北陸・飛騨地方を網羅する「東日本大型炉分布圏」という地域圏を創り上げた。

この地域は、植生からいえば、本州の落葉広葉樹林帯とほぼ一致しており、中山間地・積雪地帯であるこの地の自然環境、植物相、そして動物相がこの地域圏に大きな影響を及ぼしたこと、根幹をなすことも読み取れる。

この大型炉の系譜は中部山岳から東に継承されてさらに緻密に造作された東北型へ、また西に継承され、シンプルで機能的な北陸・飛騨型へと展開し、二つの複式炉分布圏を包括する広域圏「東日本複式炉文化圏」が成立した。

④ 大型炉

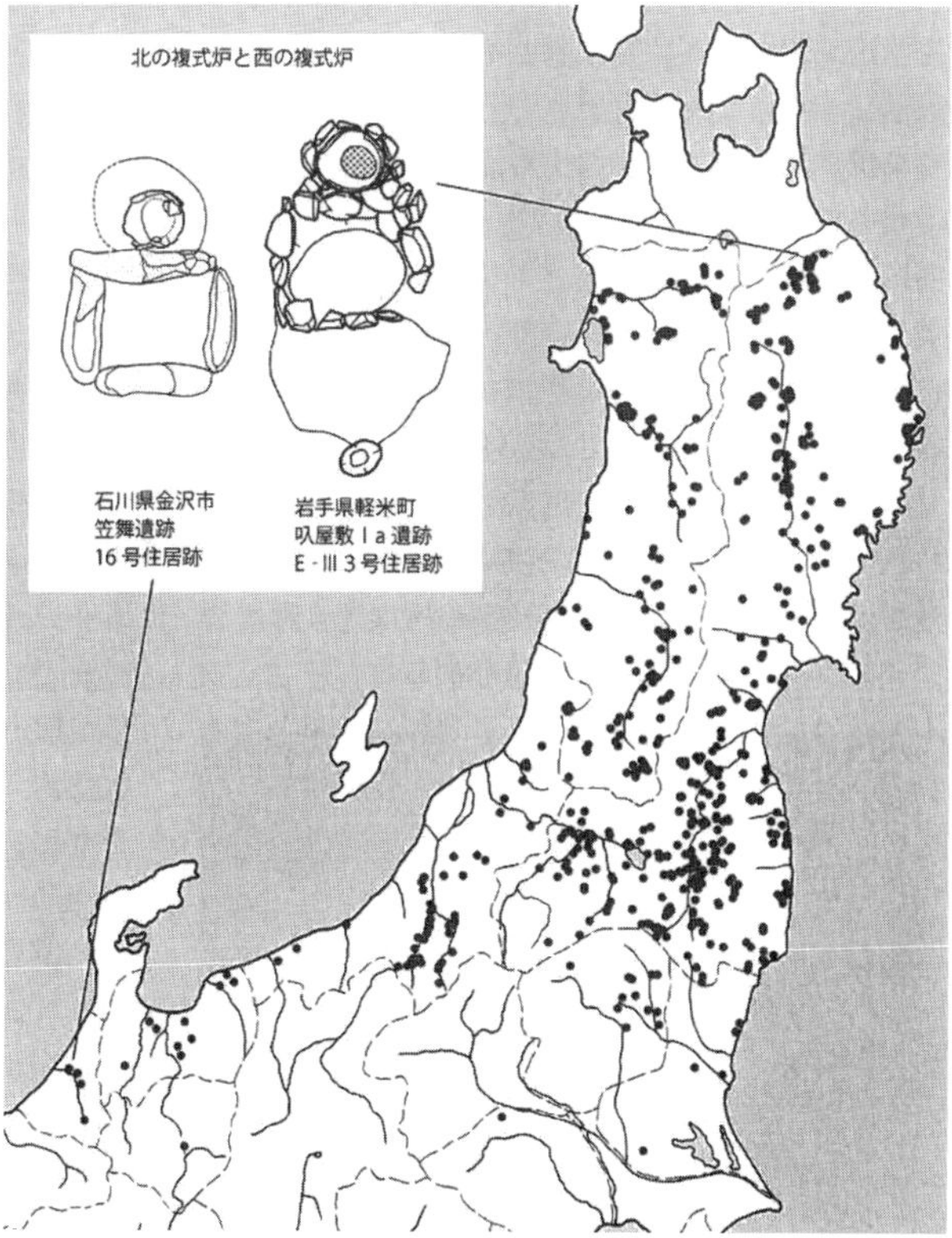

第７図　東北型複式炉の分布（森：2017による）（『発掘ふくしま』4より　福島県立博物館）

では大型炉は、何に使用したのだろうか。大型であることは、炉の面積・容積が大きい。多くの薪を焚き、ある程度火力の強い大きな炎を出して調理に大いに役立ち、結果として大量の灰を生み出す。

この灰に注目して、筆者は大型炉の主たる機能を灰の量産と考えた。以前から考えていたことに確信を持ったのは、金山町本名三条地区等での体験である。この地でトチのアク(灰汁)抜き技法に出合い、その聞き取り調査を行った。この内容についてはすでに報告したとおりである。(16) トチのアク抜きには、「とち一升、灰《あく》一升」というほど、多くの灰を必要とする。五人家族が冬期間にトチを主食にするとすれば、秋に最低でも六俵ほど採集しなければならないが、このことは十分可能であるという。一俵は四斗で四〇升となる量である。

なお、東北型複式炉の分布圏外と目される関東東部の千葉県佐倉市寺崎一本松遺跡においても、複式炉を意識した炉が発見されている。この炉は楕円形で、長軸方向に傾斜を持たせて船底状に掘り窪め、その穴の中央より上手に土器を斜位に埋設している。この穴の中で火を焚いている。土器を囲う石や敷き石は施されていないが、形態的には複式炉をモデルとしていることが明確である。「斜位埋設土器炉」と呼ばれている。千葉県内ではその他七市町で同様の炉が確認され、特に酒々井町墨木戸遺跡からは九例も確認されている。この地方においても複式炉のコンセプトが活かされており、その強い影響力を感じることができる例である。(17)

⑤ 堅果類（トチの実やドングリ）の栄養価

ところで、主食となった堅果類は、縄文人の日常生活を維持するだけの栄養価があったのだろうか。米や小麦やジャガイモと比較していかがなものなのだろうか。

かつて渡辺誠氏は、縄文時代の堅果類とその出土遺跡について、全国集成及び分析、さらに野生堅果類利用技術伝承に関する事例調査等を行うことによって、縄文人の堅果類食用化の実態を解明して、その後の植物質食料採集活動の研究を始め、縄文時代研究を牽引した。(18) 松山利夫氏は木の実の総合的な研究を深める中で、トチやドングリ等の堅果類は、精白米等と同様に栄養成分（デンプン質）が高いことを指摘し、堅果類食用化の意義を明らかにした。(19)

第２表　堅果類や穀物類の成分　（可食部100ｇ当たりのｇ）

品　名	カロリー（kcal）	水 分	タンパク質	脂　質	炭水化物	灰　分
くり：日本くり：生	164	58.8	2.8	0.5	36.9	1.0
くるみ：いり	674	3.1	14.6	68.8	11.7	1.8
とち：蒸し	161	58.0	1.7	1.9	34.2	4.2
しい：生	252	37.3	3.2	0.8	57.6	1.1
じねんじょ：塊根：生	121	68.8	2.8	0.7	26.7	1.0
米:水稲穀粒：精白米	358	14.9	6.1	0.9	77.6	0.4
小麦：玄穀：国産：普通	337	12.5	10.8	3.1	72.1	1.6
じゃがいも：塊茎：生	76	79.8	1.8	0.1	17.3	1.0

（注）１文部科学省「日本食品標準成分表2015版（七訂）」（20）による。
２この他に「トチノミ」100ｇ当たり、カロリーは369kcal、炭水化物は75.4％というデータもある（19）。

なお、「日本食品標準成分表２０１５版（七訂）」[20]によれば、小論に関する主な堅果類や穀類の成分は第2表のとおりである。これを参考までに掲げておくが、前農耕社会はもちろん、その後の時代にあっても、炭水化物を多く含み栄養価の高い堅果類の採集活動・食用化技術は、地域社会の人びとにとって、保存食・救荒食として重要な生命維持装置であったことを再認識しておきたい。有史以来「かて食」としての緊急性・重要性を含めて、堅果類や山菜類は日本列島の人びとの最後の命綱でもあった[21]。

⑵　東日本複式炉分布圏（地域圏）の成立

前項までの概要と補足を含めて以下に整理しておきたい。

①　東日本複式炉分布圏の時代時期・期間

縄文時代中期後葉を中心とした時期。

②　分布領域

東北型複式炉や北陸・飛騨型複式炉が分布する東北、越後、北関東、北陸、飛騨の各地方。分布の中心地は福島県を始めとする東北地方南部地域。

③　複式炉の基本構造と竪穴住居内の位置

ア　東北型複式炉：土器埋設石囲炉と敷石石組炉が合体した

ような形で木尻部が付く。平面形は放物線型とだるま型（箱形を含む）に大別できる。

イ　北陸・飛騨型複式炉：方形敷石石囲炉二つ（主炉と副炉）が合体したような形で主炉の面積が大きい（方形炉にコの字形炉が付加されたような炉、長方形炉を二分割したような炉）。

形態的には前記の構造を完全には満たさない炉もあるが、基本的には炉が二つの部分に区分けできる（二つの機能を持つ）構造である。

複式炉は基本的に炉が二つの部分でできており、これに燃料の薪を炉の燃焼部に差し入れる場所が付随する。囲炉裏を持つ伝統家屋でいえば「木尻」の部分である。つまり、薪の先の方が炉の中で燃える部分であり、その木の最後（尻）の方という意味である。炉の構造としてこの部分が明確な意図を持って構築されている複式炉もあるが、その有無に拘わらず木尻部は当然存在したのであろう。

一般に竪穴住居跡内の炉は、基本的にはその中央部に設置される。しかし、東北型複式炉は土器埋設の部分を住居中央に置き、敷石石組部や木尻部（木の焚口）は住居の壁際方向に向かって構築される。また木尻部は住居の入口部に隣接することが多い。多くの薪の搬入、木灰の搬出等に便利である。堂之上遺跡でも、北陸・飛騨型複式炉は住居中央からやや壁際方向に配置される傾向がある。

このように複式炉では以前と違い、住居内炉設置場所に大きな変化が見られる。

④　複式炉の機能

住居内炉の一般的機能は、調理・暖房・照明であり、これに木灰製造が加わる。ここでは東北型複式炉を例にして木灰量産について考えて行きたい。

ア　土器埋設石囲炉部分（熾き火の利用や木灰管理）

イ　敷石石組炉部分（薪の燃焼、木灰の量産）

ウ　木尻部（焚口部・前庭部）（薪の保管、薪を燃焼部分に差し入れる焚口、火の番人の居所）

木尻部が住居構造上も明確に存在することは、燃料の保管場所の確保、火の番人的役割の強化・固定化が、つまり調理はもちろん木灰生産・管理の定形化が図られたといえる。換言すれば社会的な規制（意識形態の統一・共有）強化である。

一方、機能していたとしても木尻部を占有空間として構造上明確化しない場合は、その空間が他の機能にも使用可能、つまりワンルームマンション的な多面的・多機能型の利用空間であることをも示している。

⑤　複式炉の出現の歴史的意義

以上を踏まえて、「複式炉時代」ともいえる縄文時代中期後葉の地域圏「東日本複式炉分布圏」についてまとめておくことにする。

縄文時代のアク抜き技術に必須である木灰の大量生産を可能にしたのが複式炉である。アク抜き技法の確立によって、狩猟・採集・漁撈を社会の生業基盤とする縄文時代の中で、採集物であるトチ・ドングリ等の堅果類の植物質食料が主食になった。

それによって、縄文人の生命維持装置である堅果類の森林と複式炉を有する集落（社会）が増大、つまり人口が膨張し、縄文社会の一大発展期が創出された。それは東日本各地の地域社会を大きく変革していく。

複式炉の登場によって、具体的には以下のような状況が縄文時代中期の人びとの身辺に起こった。その地域社会（地域圏）の変化を整理しながら再度追ってみる。

落葉広葉樹林の広域展開によって東日本の縄文人たちは、春から秋の豊かな自然の実りを手中にすると共に、積雪（豪雪）地帯での厳しい冬をも生き抜く知恵と技術を会得することになる。

先ず食糧資源の安定的確保が可能となったことが重大な画期となる。集落や生業活動に係わる縄文時代地域社会の構造的変化である。

ア　堅果類の食用化技術（アク抜き・水晒し）の確立

イ　冬期間の保存食ともなるトチやドングリ等の堅果類の森林（樹木）管理強化

ウ　堅果類採集活動の強化、そして貯蔵穴等による貯蔵技術の向上

エ　森林管理等にも適した見晴らしのよい台地や丘陵先端部に主たる集落を形成、時には低地を望む高台（微高地）等に分村集落を造営

オ　複式炉（大型炉）の機能と設置場所を重視した竪穴住居建築構造・間取りの変化

カ　複式炉によるアク抜き用の木灰の量産・管理体制の整備

キ　縄文土器（アク抜き加熱用鍋）や凹石・敲石・石皿・磨石（調理関係用具）の量産・充実

ク　森や原野等での狩猟活動や河川・湖沼、海での漁撈活動は従前通り継続

これらのことが縄文中期集落（社会）の共通認識や行動基準となることにより、動物の狩猟活動等より比較的容易に安定して採集できるトチやドングリ等の堅果類は、縄文人の日常を支える主食の位置を占めることになる。さらに、食料確保の安定化は、人口増を引き起こし、新たな集落が各地に分散拡大（遺跡数増大）する。縄文時代中期はいわばニュータウンラッシュであり、高度成長期である。

つまり、東日本（東北・越後・北関東、北陸・飛騨）に広域的な地域交流圏、東日本複式炉分布地域交流圏（文化交流圏）が成立し、それは日本縄文時代中期社会の中心地帯を形成した。

当時の環境としての自然に積極的に働きかけ（対話・共生・同化・畏敬）、能動的に生き抜いた縄文

時代中期の人びとの優れた知恵と高度な技術の結晶が、この複式炉の登場といえる。

しかし、縄文時代中期の終末期頃になると、自然環境が冷涼化し、植物相等の自然環境に大きな変化が起きた。一方ではこれまで集落数が増大して人口が膨張しており、それを支える食料を獲得するための森林・生業活動エリア（テリトリー）が不足する事態が生じたと考えられる。この自然環境の冷涼化と社会環境の人口膨張は、結果として食料不足・生活維持困難状態を引き起こした。自然依存段階における外圧・内圧による縄文バブル社会の崩壊である。

縄文時代中期後半の生命維持装置ともいうべき複式炉を利活用し、広域的な東日本複式炉地域圏を構成していた多くの人びとは、生命維持困難というこの大きな時代変化に対応する必要に迫られた。そこで、これまでの居住地を離れてよりよい生業活動が可能な新天地を求めて移動していったと考えられる。

複式炉分布圏では、縄文時代中期末から後期初頭には遺跡数の大幅減少（人口減）が起こり、住居内炉も大型炉（複式炉）から方形炉や円形炉に縮小してしまう。つまり複式炉時代、東日本複式炉分布・交流圏は完全に終わりを告げることになる。

なお、蛇足ながら、大型炉（長方形大型炉）から方形炉等への炉の規模・機能の縮小変化、つまり遺跡数（人口）の激減という社会構造変化については、中部山岳地方（八ヶ岳山麓等）では、中期後葉の曽利Ⅱ・Ⅲ式期（東北南部の中期後半大木８ｂ・９ａ式期並行）頃から起こった。

一方、この現象と入れ替わるように中期後葉に成立する東日本複式炉分布圏は一大発展期を迎え、東日本縄文時代の中心地帯になっていくのである。中部山岳地域から越後・東北南部へ、あるいは北陸・飛騨への日本縄文時代中期社会の「中心帯（中心地域）の移動」である。[13B][22]

なお、中部山岳地域社会が歴史的個性を踏まえて創造した多くの事象・事物の中には、東日本各地へ

「継承されるもの」と「継承されないもの」とがあることがすでに知られている。(13A・C)

（注）

（1）山内清男「日本遠古之文化」・「縄紋土器型式の大別と細別」『山内清男・先史考古学論文集』第一冊 先史考古学会 一九六七

（2）A鎌木義昌「縄文文化の概観」『日本の考古学』Ⅱ（縄文時代）河出書房 一九六五

B渡辺誠「列島の多様な環境と縄文文化」『週刊朝日百科 日本の歴史』36 朝日新聞社 一九八六

（3）小山修三『縄文時代』中央公論社 一九八四

（4）日下部善己「縄文時代の東日本における生産用具の時間的空間的様相－東北地方南部について－」『福島考古』13 一九七二

（5）A戸沢充則「縄文時代の遺跡・遺物と歴史構成」『郷土史研究と考古学』（郷土史研究講座1）朝倉書店 一九七〇

B戸沢充則「縄文時代の地域と文化－八ヶ岳山麓の縄文文化を例に－」『岩波講座日本考古学』5（文化と地域性）岩波書店 一九八六

（6）A林謙作「縄文文化の発展と地域性－東北－」『日本の考古学』Ⅱ（縄文時代）河出書房 一九六五

B林謙作「亀ヶ岡と遠賀川」『岩波講座日本考古学』5（文化と地域性）岩波書店 一九八六

（7）A向坂鋼二「土器型式の分布圏」『考古学手帖』2 塚田光刊 一九五八

B向坂鋼二「原始時代郷土の生活圏」『郷土史研究と考古学』（郷土史研究講座1）朝倉書店 一九七〇

（8）A藤森栄一「池袋・曽利遺跡」『井戸尻』中央公論美術出版 一九六五

B桐原健「住居と集落の変遷」『井戸尻』中央公論美術出版　一九六五
(9) 梅宮茂「飯野白山住居跡調査報告」『福島県文化財調査報告』8　福島県教育委員会　一九六〇
(10) A目黒吉明編『上原遺跡概報』二本松市教育委員会　一九六九
B目黒吉明「住居の炉」『縄文文化の研究』8　雄山閣　一九八二
(11) A目黒吉明・木本元治・一条孝夫・日下部善己・越田和夫他「塩沢上原A遺跡」『東北縦貫自動車道埋蔵文化財調査概報』3（福島県文化財調査報告36）福島県教育委員会　一九七二
B目黒吉明他『東北自動車道遺跡調査報告』（福島県文化財調査報告書47）福島県教育委員会・日本道路公団　一九七五
(12) 日下部善己・松本誠一『高稲場遺跡』岩代町教育委員会　一九八一
(13) A日下部善己「縄文時代中期社会の研究に関する若干の覚書（上）」『福島大学考古学研究会月報』3－5　福島大学考古学研究会　一九七〇
B丹羽茂「縄文時代における中期社会の崩壊と後期社会の成立に関する試論」『福島大学考古学研究会研究紀要』1　福島大学考古学研究会　一九七一
C日下部善己「縄文時代中期における社会の発展の契機に関する研究－東北地方南部について－」『福島大学考古学研究会研究紀要』2　福島大学考古学研究会　一九七二
D梅宮茂「複式炉文化論」『福島考古』15　福島県考古学会　一九七四
E日下部善己編『夏窪遺跡』梁川町教育委員会　一九七八（一部は同『縄文時代の基礎的構造－東北地方南部の歴史的個性－』二〇一〇に所収）
F梅原猛他『ブナ帯文化』新思索社　一九九五
G阿部昭典「複式炉の研究－複式炉の成立について－」『新潟考古学談話会会報』20　同談話会　一九九九

H安斎正人・阿部昭典・佐々木雅裕・吉川耕太郎・星雅之・須原拓・菅原啓文・菅野智則・国木田大『東北地方における中期／後期変動期　4・3kaイベントに関する考古学現象①』同実行委員会　二〇一二
I森幸彦「複式炉文化論を検証する」『発掘ふくしま』4　福島県立博物館　二〇一七
(14)戸田哲也編『堂之上遺跡　第1～5次調査概報』岐阜県大野郡久々之町（現高山市）教育委員会　一九七八
(15)石川県立歴史博物館「大型石組炉」『展示案内』同歴史博物館　一九九八
(16)A日下部善己「食用としてのトチの実－堅果類の食用化1－」『TIME&SPACE』1－1　福島第四紀研究グループ　一九七三
B日下部善己「食料獲得の技術－環境との共生－」『縄文時代の基礎的構造－東北地方南部の歴史的個性－』二〇一〇
(17)堀越正行「縄文時代」『佐倉市史』考古編（本編）佐倉市　二〇一四
(18)渡辺誠『縄文時代の植物食』雄山閣　一九七五
(19)松山利夫『木の実』法政大学出版局　一九八二
(20)文部科学省「日本食品標準成分表2015版（七訂）」同省HP　二〇二〇
(21)中條・莅戸『かてもの』（一八〇二・市立米沢図書館蔵）タカノ印刷　一九七四復刻
(22)日下部善己「縄文時代における「中心帯（中心地域）移動」論の周辺」『福島大学考古学研究会月報』4－2福島大学考古学研究会　一九七一

第二節　古代から近世の地域圏と境界線

1　日本文化圏と金箔瓦分布圏

(1)　三つの日本文化圏

先にも触れたように日本列島は気候区分でいえば亜寒帯・温帯・亜熱帯の三つの気候帯に跨る南北に長大な地域である。森林帯は針葉樹林帯、落葉広葉樹林帯、照葉樹林帯が広がっている。

かつて、藤本強先生は、日本列島における本土中心の日本文化史とは違う、「もう二つの日本文化史」(1)の存在の再認識とその研究の深化の必要性を訴えた。それがあってこそ総合的な日本史・日本文化史の構築が可能であるとし、その探究は現代人の使命であると考えた。

それは、次のようなものであった。縄文時代まではおおよそ同一歩調を見せた日本列島であるが、稲作農耕が日本列島に導入され、九州・本州・四国に展開する弥生時代になると、その足並みが大きく変化し、おおよそ三つの文化圏に別れる。

それは、「北の文化」（北海道：続縄文文化→擦文《さつもん》文化→アイヌ文化）と、「中の文化」（本州・四国・九州：弥生文化→古墳文化）と「南の文化」（沖縄等の南島：南島文化）である。

その境界には中間地帯があり、東北北部と南九州がそれにあたる。これを「ボカシ」と称した。この地域は古墳時代では辺境地域（前方後円墳の分布圏外）にあたるが、時代や時期によってその境界線が

第１表　「北（北海道）の文化」「中（本州・四国・九州）の文化」「南（南西諸島・先島諸島）の文化」対照表（藤本：1988による）

	北海道	南島	本州・四国・九州
前1000			
前 500	縄文文化	貝塚時代前期の文化（縄文文化）	縄文文化
1			弥生文化
500	続縄文文化	貝塚時代後期の文化	古墳文化
1000	擦文文化　オホーツク文化		奈良・平安時代
1500	アイヌ文化（内耳土器の時代／チャシの時代）	グスク時代	鎌倉・室町時代
			江戸時代

常に一定ではない。

これらの区分のキーワードは、稲作農業の導入、即ち「農耕社会の発展」である。それが三つの地域を分け、次第に農業生産経済を社会の基盤とした中の文化の圧力が時代と共に強まっていくことになる。そして中の文化が他を凌駕する結果に繋がるのである。

また、「日本列島の三つの大きな文化領域」として、「北部日本」と「中部日本」と「南部日本」に区分したのは阿部義平氏である。(2)

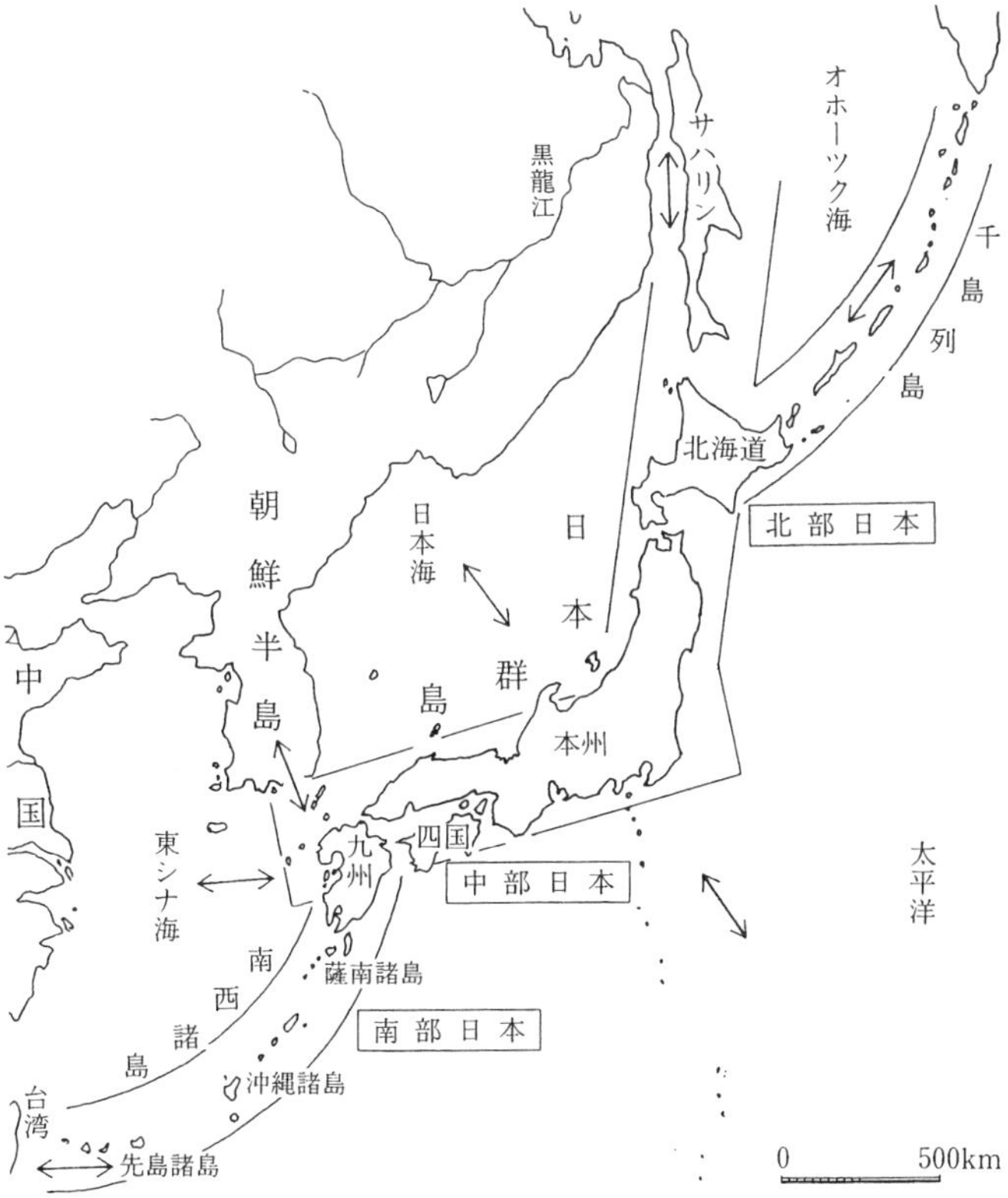

第１図　日本列島の概念図（阿部：1999による）

北部日本は、東北地方から北海道（そしてサハリン・千島）、中部日本は、関東地方から九州地方北部、南部日本は九州地方の中ほどから南西諸島・先島諸島である。これらは相互間や対外交流も盛んであった。その窓口は黒龍江河口付近からサハリン島、朝鮮半島、台湾島から東南アジアに続く文化交流の道であり、そして千島列島あるいは日本海や東シナ海や太平洋を横断する政治・文化交流の海上の道でもある。

両氏のいう文化領域の区分には差異があるが、基本的にはそれぞれ（北と南）の歴史も中との相互関係史も、これからさらに解明していかねばならないと研究者の危機感を記している。

ところで、これらの三つの地区を今日の日本人は意識してはいるが、世間の情報量は中の文化・中部日本の文化領域に集中する。またこれらの境界の地域、藤本先生のいう「ボカシ」地域が、歴史上どのような自立と従属と協調の地域社会を形成するのかの解明も、大きな課題であると考える。

(2) 金箔瓦分布圏

中世戦国期には全国各地、津々浦々に無数の城館が築かれる。それは主として土塁や掘切、堀（空堀・水堀）等で防御される、いわゆる「土の城」がほとんどである。[3] しかし安土桃山時代に入ると、高い石垣を組み、天守閣を造り、瓦葺きとする城郭等が登場する。その代表的城郭が天正四年（一五七六）の安土城である。

さらにこの天守には、日本史上初めて金箔瓦が出現する。天下人織田信長の強い権力と権威を象徴するものである。同様の例は信長の子どもの城に見られるが、極めて限定的に使用されている。

やがて、この金箔瓦は全国各地に拡散出現する。それは豊臣秀吉の時代である。天正十一年（一五八三）の大坂城築城や聚楽第等を始め、豊臣縁故や子飼いの大名の城や屋敷に使われており、慶長三年（一五九八）の秀吉逝去までの一七年間の出来事である。それは天下人秀吉の支配領域の拡大に従って東日本や西日本に拡散する。前代と比較すると、極めて開放的に多数使用された。平成八年（一九九六）段階で確認されている主な城を上げると、会津若松城を始め、沼田、甲府、上田、松本、小諸、駿府、名古屋、清須、近江八幡、大津、聚楽第、和歌山、岡山、広島、小倉、肥前名護屋、熊本の各城である。[4]

豊臣政権の出先機関、今風にいえば、奥羽管理局（東北南部）の蒲生氏郷局長の役所から九州管理局

（九州中部）加藤清正局長の役所にまで及ぶものである。

これは、秀吉の支配力が及ぶ範囲を視覚的に明確に示す秀吉らしい方法であり、まさに支配権力と権威の象徴であった。これら、「点」としての事象を地域社会、あるいは地域の領域、そして境界線と関連づけてとらえることはいささか行き過ぎかも知れないが、一つの強力な地域社会（面）の拡大がもたらす結果、即ち他の地域主権の破壊・吸収・合併が、やがて強大な政治権力（中央主権）を生み、その境界線を東西南北に広げて移動させることを示している。

あたかも、古代の律令国家が陸奥・出羽等へ侵攻し、壮大な多賀城、払田柵や秋田城等を構築して支配領域を拡大していったことと、この金箔瓦の拡散現象は同じように見える。

2　五畿七道と東山道

(1)　五畿（畿内）・七道

日本の古代律令国家は、行政単位・区画として五畿・七道さらに全国に国を配置し統治した。各国内は、郡－郷－里という行政単位とした。これらが当時の地域圏となるが、人為的に創られた地域の区画である。もちろん地域の自然条件やそれ以前の歴史的変遷・特性を踏まえた区画ではあろうが、古代の中央政権が引いた線である。

五畿は、畿内とも呼ばれ、古代の都の周辺の国々である。七道は、東海道・東山道・北陸道・山陰道・山陽道・南海道・西海道で官道が通じていた。

五畿（畿内）は、山城・大和・河内・和泉・摂津の五国であり、畿内の住民には租税上の優遇措置が執られたという(5)。

また、『角川日本史辞典』によれば七道の国は次のとおりである。[6] 東海道は、志摩・伊賀・伊勢・尾張・三河・遠江・伊豆・駿河・甲斐・相模・武蔵・安房・上総・下総・常陸の一五国。東山道は、近江・美濃・飛驒・信濃・上野・下野・陸奥・出羽の八国、北陸道は、若狭・越前・加賀・能登・越中・佐渡・越後の七国、山陰道は、丹波・丹後・但馬・因幡・伯耆・出雲・石見・隠岐の八国、山陽道は、播磨・美作・備前・備中・備後・安芸・周防・長門の八国、南海道は、紀伊・淡路・阿波・讃岐・伊予・土佐の六国、西海道は、筑前・筑後・豊前・豊後・肥前・肥後・日向・薩摩・大隅・壱岐・対馬の一一国、である。これらの国は、六三か国あり、大国、上国、中国、下国に区分される。

東北地方を含む東山道[7]には、幾つかの国の追加や除外等変更があったが、最終的には、右記の八国が該当する。近江を最西端とし、東日本の内陸中央部から北日本へと至る海に面しない山間地域を主に通過して、北の海に至る陸奥を最北・東端とする。これは奥羽開拓の重要通路でもあった。

このような畿内と七道は、古代日本の広域行政区、広域圏であり、各国は大小の地域圏といえる。

陸奥・出羽（東北地方）は、近代には、陸奥は磐城・岩代・陸前・陸中・陸奥に五分、出羽は羽前・羽後に二分された。これらを基礎にして、やがて、陸奥は、福島・宮城・岩手・青森と秋田の一部、出羽は、秋田・山形の各県となる。

当地域がかつて奥羽地方と呼ばれたのは、陸奥国と出羽国の領域だったためである。陸奥・出羽は、他の国々と比較するとエリアは広大である。

この奥羽、特に本県を含む陸奥については高橋崇氏[8]の説くところに依拠しながら次に述べる。

陸奥・出羽両国は、常陸・下野・上野・越後と境界を接し、それらと区画する境界線に、菊多（勿来）、白河、念珠の三関が置かれた。

古代の国の中で陸奥・出羽両国は、本州の面積の三割弱を占め、西国諸国と比較すると異常なほど大きく広い。古代律令国家の外形は大和政権の東・北進（武力侵攻）によってその範囲を広げてきた。その状況を氏は「拡張する国」と呼んでいる。

当時の両国の田積は約九万二二八六haである。昭和五十年のデータでは、約六九万七八〇〇haであり、この時点での田積は、平安時代九世紀末頃に比べて約七・六倍に増加しているという。

陸奥は、一三国ある大国の一つである。域内の郡は三五、郷は一八五、田積は五万一四四〇町三段九九歩あり、大国中第一位である。日本一の巨大国であるが、一郡当たりの郷数平均は五・三で大国中最低である。つまり人口密度が低く、さらには郷の数が一から五の郡が二二郡あり、小規模な郡が多いことになる。

陸奥南部の本県域の郡を見ると、白河、磐瀬、会津、耶麻、安積、安達、信夫、菊多、磐城、標葉、行方、宇多がある。当時の郡域・地域圏といえる。白河は一七郷、磐城は一二郷と比較的郷数が多く、陸奥の国の中では大きな郡である。

さて、このように、これらの郡にも郷の数等地域的差異があるが、当時の地域圏と考えられる。また地元住民からすれば、陸奥は外圧によって「縮小する領域（国）」ということになる。その実態は、征夷・征東（武力侵攻）による地域住民の苦難・避難・移住、新規移住者の支配、そして移住者との確執・協調という地域社会の崩壊・復興・再生の歴史となる。

なお、白河関は別名「奥州の関門」と呼ばれるが、これを境に、陸奥は「白河以北一山百文」と後年一括され、歴史的個性や価値のあまりない地域とされた時代もある。

しかし各地域社会は、その伝統を育みながら、住民の地道な努力によって活性化が図られ、現在は東北地方と呼ばれる自然豊かで人情に厚い広域圏に変貌した。

3　近世の藩と藩領

室町幕府の弱体化と守護大名の台頭、そして下克上の展開により、時代は乱世になる。この戦国時代になると全国各地に北条・上杉（長尾）・武田・今川・織田・斎藤・朝倉・浅井・毛利・長宗我部、大友、島津、遅れて伊達等の各氏が登場し、群雄が割拠する展開となる。この各地の戦国大名は、特色ある分国法による領地支配と領域の拡大を図る。これらは、この時期の広域圏といえる。

東北地方にあっては、南部・最上・伊達・蘆名・相馬・磐城等が割拠した。やがて天正十七年（一五八九）末、伊達氏が奥羽南部の覇者となり、伊達政権下の地方支配体制が出来上がる。本県域は、会津黒川城（伊達政宗）、大森城（城代片倉景綱）、二本松城（伊達成実）、塩松城（白石宗実）、百目木城（茂庭綱元）、三春城（小梁川盛宗）、石川城（石川昭光）等が地域支配の拠点となり、伊達政権下の地域圏を構成した。[9] しかし、天正十八年（一五九〇）には豊臣秀吉に平定される。戦国大名統治下の地域権力分散割拠の時代から統一日本の時代へと収束する。

やがて、江戸時代になると、本県域は、多くの藩が置かれる。封建社会の幕藩体制下で、地方の時代・地方主権へと移行する。

慶長八年（一六〇三）の再蒲生時代の本県域は、若松に本城、支城として塩川・津川・南山・伊南・猪苗代・二本松西・二本松東・四本松西（小浜）・四本松東（百目木）・守山・長沼・白川が置かれ、米沢上杉氏の支城として福島・梁川に城代が置かれた。県南には棚倉藩、浜通りには相馬（中村）藩と磐城平藩が置かれている。[10]

また、幕末慶応四年（一八六八）には、福島藩・下手渡藩・二本松藩（白河藩を預かり）・三春藩・守山藩・長沼藩・棚倉藩、会津藩（南山御蔵入を含む）、相馬藩・磐城平藩・泉藩・湯長谷藩、そして

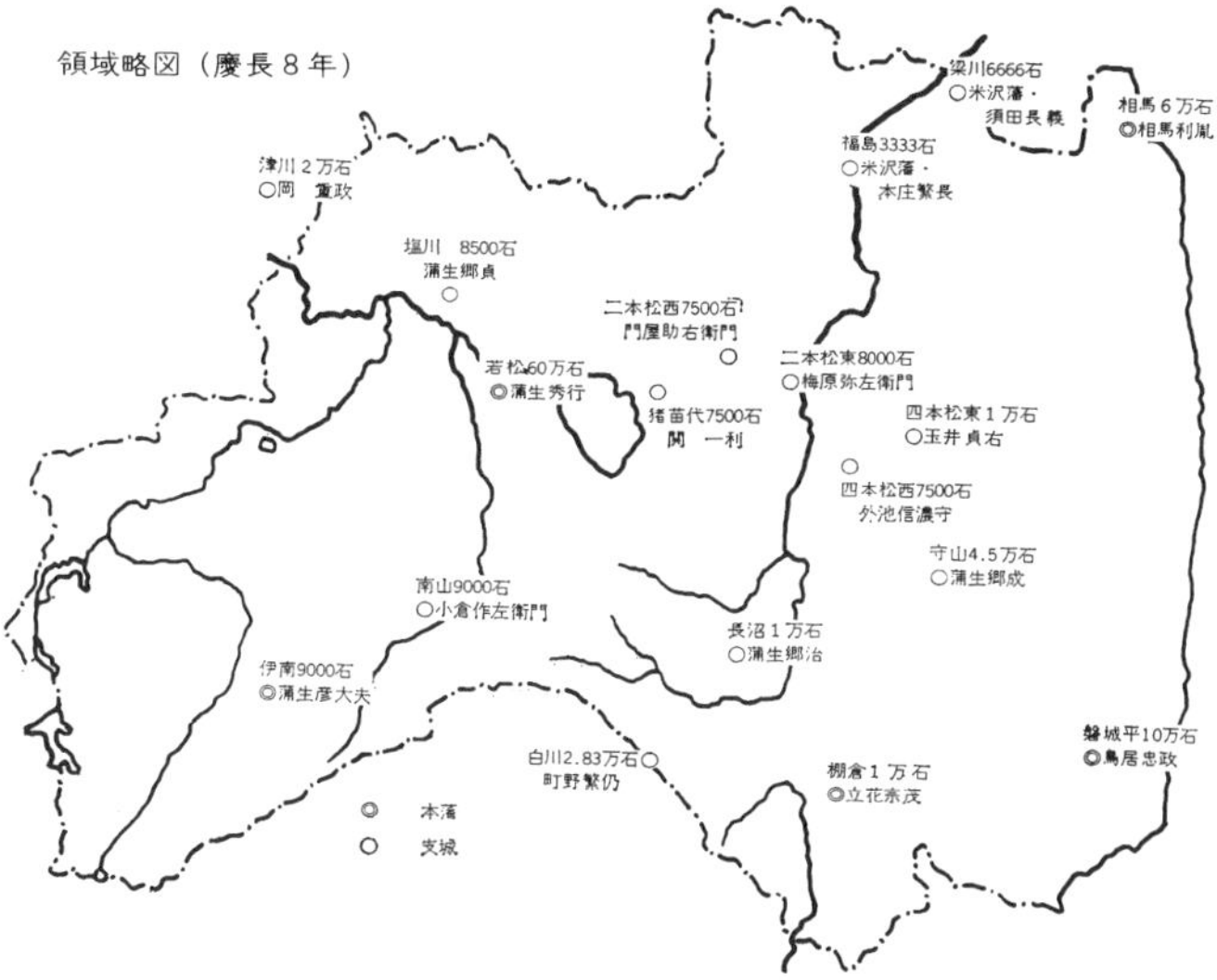

第２図　江戸初期の大名配置（『図説福島県史』：1972による）

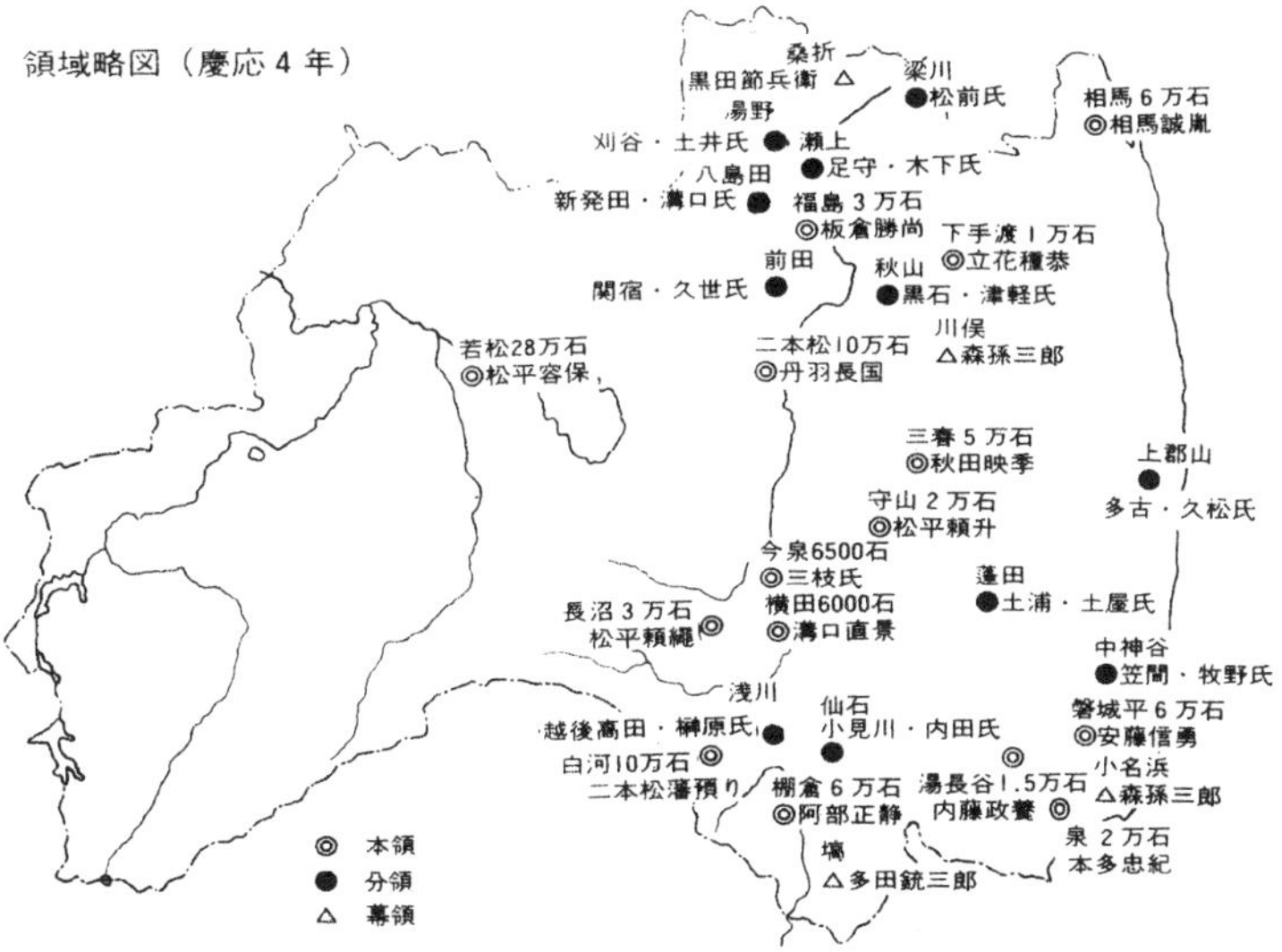

第３図　江戸末期の大名配置（『福島県史』２：1971による）

第２表　福島県の藩（本領）の分布

	慶長８年 1603	寛文10年 1670	正徳５年 1715	文化５年 1808	慶応４年 1868	備考
桑折藩			○			中通り
梁川藩			○			
福島藩			○	○	○	
下村藩				○		
下手渡藩				○	○	
二本松藩		○	○	○	○	
三春藩		○	○	○	○	
守山藩			○	○	○	
長沼藩			○	○	○	
白河藩		○	○	○		
棚倉藩	○	○	○	○	○	
相馬藩	○	○	○	○	○	浜通り
磐城平藩	○	○	○	○	○	
湯長谷藩		○	○	○	○	
泉藩		○	○	○	○	
会津藩	○	○	○	○	○	会津

（『福島県史』２：1971から作成）

天領や分領が置かれ、代官所や陣屋等も配置されていた[11]。

本県内の江戸時代初期から幕末にかけての各藩の配置状況を示したのが第2表である。江戸期の当該年次に存在した一万石以上の藩（本領）を示しているが、各時期の領主が同一家とは限らない。また、必ずしも各藩の始期や終期を示してはいない。なお、上記の外に長沼藩を割いて大久保藩（一万石・岩瀬村大久保）が天和二年（一六八二）～元禄六年（一六九三）の一二年間置かれていた[12]。

これらから、今日に至る本県地域社会の祖型、というより確定型が明確に分かる。幕末慶応四年の中通りには7藩、浜通りには4藩、そして会津には1藩のみである。

注目すべきはこの時の会津藩には、それまでは幕府からの預かり領であった南山御蔵入領も再び含まれており、越後小川庄を含む会津藩二八万石は名実共に「会津の国」になっていたことである。蘆名氏支配以来すでに実質的に存在した「会津の国」・「我が会津」のまとまり感は、この時に形式的にも完成したと思われる。

第三節　現代地域社会と将来像の境界線

ここでは現代の地域圏・地域社会である各道府県庁のＨＰ（令和元年末～二年始）から、各自治体が総合計画等に示している、その将来像について見ておくことにする。

その目標は当該地域社会の歴史や地域的特色を背景としながら設定されたものであるので、文言表現の方法が違い、計画立案・実行期間等の年次も異なる。

そのため、同じ基準で一体として扱ったり、比較したりすることはできない。しかし、各地の個性（多様性）がよく表現されているものである。

1　北海道・大阪・沖縄

（1）北海道『輝きつづける北海道　北海道総合計画　二〇一六年度～二〇二五年度（平成二十八年度～平成三十七年度）』平成二十八年

北海道がめざす姿

「輝きつづける北海道」

めざす姿が実現する七つの将来像
1　地域全体で支える子育て環境・最適地
2　北国で心豊かに暮らせる安全・安心社会
3　豊かな自然と共生する環境先進モデル・北海道
4　世界に広がる〝憧れのくに〟北海道ブランド
5　北海道の潜在力を活かす地域経済の循環
6　北の大地を力強く切り拓く豊かな人材
7　北海道ならではの個性あふれる地域

(2)　大阪府『将来ビジョン・大阪』平成二十年十二月

大阪がめざす姿　明るく笑顔あふれる大阪
視点
オンリー1・ナンバー1
関西の中での重点化
分権・民主導
　大阪府の将来像
1　世界をリードする大阪産業
2　水とみどり豊かな新エネルギー都市　大阪
3　ミュージアム都市　大阪

4　子どもからお年寄りまでだれもが安全・安心ナンバー1　大阪
5　教育・日本一　大阪

(3) 沖縄県『沖縄二十一世紀ビジョン基本計画【改定計画】』（沖縄振興計画平成二十四年度～平成三十三年度）平成二十九年五月

基本的指針　自立・交流・貢献
基軸的な考え
1　沖縄らしい優しい社会の構築
2　強くしなやかな自立型経済の構築
五つの将来像
1　沖縄らしい自然と歴史、伝統、文化を大切にする島
2　心豊かで、安全・安心に暮らせる島
3　希望と活力にあふれる豊かな島
4　世界に開かれた交流と共生の島
5　多様な能力を発揮し、未来を拓く島
四つの固有課題の克服
1　基地問題の解決と駐留軍用地跡地利用
2　離島の条件不利性克服と国益貢献
3　海洋島しょ圏　沖縄を結ぶ交通ネットワークの構築

4　地方自治拡大への対応

2　福島・長野・島根・鹿児島

(1) 福島県『福島県総合計画　ふくしま新生プラン　夢・希望・笑顔に満ちた〝新生ふくしま〟』平成二十四年十二月

基本目標　夢・希望・笑顔に満ちた〝新生ふくしま〟

全ての県民が夢や希望を持ち、原子力に依存しない、安全で安心な笑顔に満ちあふれた社会をめざします。

ふくしまの礎　人と地域　人と地域が輝く「ふくしま」

ふくしまを支える三本の柱

1　活力　いきいきとして活力に満ちた「ふくしま」

2　安全と安心　安全と安心に支えられた「ふくしま」

3　思いやり　人にも自然にも思いやりにあふれた「ふくしま」

(2) 長野県『しあわせ信州創造プラン二・〇～学びと自治の力で拓く新時代～　長野県総合五か年計画』二〇一八～二〇二二

基本目標

確かな暮らしが営まれる美しい信州　～学びと自治の力で拓く新時代～

政策推進の六つの基本方針

1　学びの県づくり
2　産業の生産性が高い県づくり
3　人をひきつける快適な県づくり
4　いのちを守り育む県づくり
5　誰にでも居場所と出番がある県づくり
6　自治の力みなぎる県づくり

(3)　島根県A『島根県総合発展計画第三次実施計画（平成二十八年度～平成三十一年度）住みやすく
活力ある　地方の先進県　しまね　をめざして』平成二十八年三月
島根の将来像
住みやすく　活力ある　地方の先進県　しまね
基本目標
1　活力あるしまね
2　安心して暮らせるしまね
3　心豊かなしまね
B『島根県総合発展計画』平成二十年三月策定
めざすべき将来像
「自立的に発展できる快適で活力のある島根」
五つの〝国造り〟

1　活力と働きの場を生み出す産業が力強く発展する島根の国造り
2　それぞれの地域で安全安心な生活ができる島根の国造り
3　豊かな環境のもとに快適な生活ができる島根の国造り
4　新しい時代を切り拓く人材を育む島根の国造り
5　産業・交通・連携を支える島根の国造り
なお、島根県は、表現が異なる新旧の二つを取り上げた。

⑷　鹿児島県『かごしま未来創造ビジョン　～生まれてよかった　住んでよかった鹿児島づくり～』
平成三十年三月
鹿児島のめざす姿
「鹿児島に生まれてよかった。鹿児島に住んでよかった」と実感できる鹿児島
三つの鹿児島
1　ひとが輝く鹿児島～地域に誇りを持ち多彩な個性と能力を発揮～
2　ひとが潤う鹿児島～どこよりも幸せを実感～
3　ひとを魅了する鹿児島～元気な産業と世界に選ばれる逸品を創出～

3　将来像と個性

これらの目標や将来像を示す文言の中で、筆者は、地域社会の個性と自治を示す言葉として、「自然・世界・交流・個性・誇り・自治・自立・分権」の八つに注目した。その言葉が使用されているビジョン

は次のとおりである。
○自然（北海道・福島・沖縄）
○世界（北海道・大阪・鹿児島・沖縄）
○交流（沖縄）
○個性・誇り（北海道・鹿児島）
○自治・自立・分権（長野・島根・大阪・沖縄）

ビジョンや将来像は、抽象的・感性的な言葉で述べ、具体的内容は、細目で述べる総合計画も多くあるので、統一的には扱えないのはすでに述べたとおりである。しかし、区画された地域社会である道府県の将来ビジョン等にも、その地が歩んできた結果としての歴史性や地域性、つまり地域社会の個性が強く反映されることを知り得たし、またそうあるのが本来の、そして理想の姿であると思われる。

（注）
（1）A藤本強「総論」『縄文文化の研究』6（続縄文・南島文化）雄山閣出版　一九八二
B藤本強『もう二つの日本文化　北海道と南島の文化』東京大学出版会　一九八八
（2）阿部義平『蝦夷と倭人』青木書店　一九九九
（3）日下部善己『ふるさと福島の歴史と文化』歴史春秋社　二〇一八
（4）A中村博司「金箔瓦と信長・秀吉の時代」『金箔瓦の城』上田市博物館　一九九六
B寺島隆史編著『金箔瓦の城』上田市博物館　一九九六

（5）「畿内」『角川日本史辞典』角川書店　一九九五
（6）高柳光寿・竹内理三編『角川日本史事典』角川書店　一九九五
（7）田名網宏「東山道」『國史大辭典』10　吉川弘文館　一九八九
（8）A高橋崇「総説―古代の特別なる地域・奥羽―」『古代の地方史』6（奥羽編）朝倉書店　一九七八
　B高橋崇「陸奥国」『國史大辭典』13　吉川弘文館　一九九二
（9）渡辺信夫監修『図説伊達政宗』仙台市博物館　一九八六
（10）大竹正三郎・田中正能・編さん事務局編「巻頭図版」『福島県史』2近世1　福島県　一九七一
（11）大竹正三郎監修『図説福島県史』福島県　一九七二
（12）鈴木安信「大久保藩」『福島県史』3近世2　福島県　一九七〇

第三章　地域社会の発展と選択

―自立と協調の地域社会―

第一節　地域社会の形成と岐路

すでに幾つかの例を示したように、国や地域・地域社会には歴史的な産物として、その境界線と領域範囲がある。それを創造・形成し、発展・継続していくためには地域社会全体のたゆまぬ歩み、換言すれば、これまでどおりの日常を確実に継続するという一見何ともないような努力と工夫が求められる。大きな地域社会がそれを怠れば社会は衰退し、やがて崩壊する。個々のレベルでは〝子孫に「美田を残す」「家門を残す」〟等ということになるが、基本は国の生き方と同じである。

その決定的判断を下すのが、家臣・領民（国民）から負託を受けている領主（首長）であり、もちろんその基本は自立である。国・地域社会を発展させるというその基本施策・ビジョンの実現のためには、他から自立して、歴史を踏まえて特色ある地域を造ることが重要である。

逆に、他領と一体化してしまう対等合併、吸収合併という選択肢もある。

一方、それが叶わない場合、十分機能しない場合は、他と共同・協同し、協働することになる。相互扶助を通して、例えば1＋1＝2ではなく3以上の成果が上がれば成功である。この場合は、対等な連合や同盟、または上下関係とはなるが、主権を保持しながら帰属する形態の両属や旗下・傘下等の手法がある。〝寄らば大樹の陰〟的な選択である。

これ以外に、中立という選択肢・立場があり、大変理想的ではあるが、時代時期や周辺地域の状況によっては、不可能なことが多い。

これらを組み合わせたり、社会情勢により、その都度立ち位置を変えて強い方（利のある方）に味方したりしながら、地域社会は生き抜くことになる。

1　信濃真田氏の選択　強国の狭間を生き抜く

(1)　国衆（国人）たちの自立

戦国時代は、全国各地に戦国大名が割拠する。それを譜代の家臣団が支える。一方、その群雄の傘下には、国人・国衆・地侍・土豪等と呼ばれ、各地の村々や郡程度の領域を支配する外様の中・小領主もまた多数活動、割拠し、各自の利害に応じて戦国大名を支える構図となる。

十五世紀以降、北信濃の小県《ちいさがた》郡や上州北部一帯を支配した真田氏は、一般に国衆と呼ばれる小領主であった。ここでは、この真田氏とその領国の形成と選択を振り返ってみる。

先ず、戦国大名と信濃の国衆（国人）の関係について考えるが、丸島和洋氏が端的に解説しているので紹介する。(1)

国衆とは、戦国期に戦国大名ほど勢力は大きくないが、各地域の一円支配者として成長した中小の領域権力である。その特徴は、
①国衆の支配領域はどんなに大きくても数郡程度である。
②戦国大名には独力では対抗できないので、周辺の戦国大名に従属する。
③その場合、国衆は自己の領国の自治権は保持したままである。
④戦国大名に対し軍事力を提供し、税の一部や役割・負担にも応じる。

⑤戦国大名から軍事的保護を得る。
⑥戦国大名と双務的契約を結ぶが、その家臣ではなく、あくまで外様の存在であるため、譜代の家臣とは主君との関係が全く違う。
よって、
⑦国衆が戦国大名に従うのは、自己の領国の維持を図るためにすぎない。
ということになる。

このような前提を理解した上で、戦国大名の狭間の中で領国と領民、即ち地域社会を守り抜いた戦国期真田氏の動向を見ていきたい。

応永七年（一四〇〇）、権力を拡大しようとした新任の信濃国守護小笠原長秀と、その圧力を受けた北信濃の村上満信の呼びかけに応じた在地の国人たちの大反乱である「大塔合戦」（長野市篠ノ井付近）が起こった。[2] 多くの国人が結集して大軍となった国人勢に対して、地域の政治情勢や権力構造に精通していなかった守護とその軍は完膚無きまで討ち破られた。やがて守護小笠原氏は京都に敗走したが、翌年には幕府から守護職を解任された。在地の領地と領民をしっかりと掌握し、他とも連携した国人層の自立した姿（中小地域政権）を改めて内外に示した戦いでもあった。

ところで、この合戦に参戦した国人勢の一人に禰津越後守遠光がいたが、その軍中に「実田」という武将がおり、「真田」氏が初めて登場するという。

天文十八年（一五四九）には、真田幸隆（幸綱）が甲斐の武田氏に属していたと考えられている。[3] 幸隆は天文二十年（一五五一）五月には、武田晴信の命により戸石城を攻略して、先に失っていた真田の地を再び手に入れ、武田氏の擁護もあって、当地での地位を確かなものにした。さらにその後の活躍に

第１表　地域社会を守る真田氏の岐路と選択

時期 事象 ／ 戦国大名	天正10年(1582)以前	同年 3月 武田氏滅亡	同年 6月 本能寺の変	同年 7月	同年 9月末	天正13年(1585) 7月	天正15年(1587) 2月 昌幸上洛	慶長5年(1600) 関ヶ原の合戦	慶長19・元和元年(1614·15) 大坂冬・夏の陣
武田氏	○								
織田氏		○							
上杉氏			○			○			
北条氏				○					
徳川氏					○			○	○
豊臣氏 西軍方							○	○	○

（注）丸島和洋・寺島隆史・湯本軍一・笹本正治等の各氏の論文を基にして作成した。

より武田家臣団の重要な構成員となっていく。

元亀三年（一五七二）頃には、幸隆が上野国吾妻郡を、長男信綱が本拠地小県郡を治めていた。天正三年（一五七五）、長篠の戦いで戦死した長男信綱の跡を継いで三男昌幸が真田家を相続した。天正八年（一五八〇）五月には、上野国沼田城を攻略するなど、やがて、隣接する強国と対峙・協調しながら小県郡と上野国西部において独自の支配権（地域政権）を打ち立て、さらに強化していくことになる。[4]

(2) 真田の地を守り抜く

つまり、真田氏三代・大坂城真田丸・真田太平記（真田十勇士）等の言葉で著名な真田氏は、信濃国小県郡真田郷（長野県上田市真田町長《おさ》）の小豪族・国衆であったが、知略によって戦国期にこの名字の地とその周辺の地域（領国）を守り抜き、近世大名へと変貌を遂げた。

その真田幸隆（幸綱）・昌幸・信幸（信之）・信繁（幸村）の帰属した戦国大名は多数に及ぶ。時々の情勢を判断し、生き抜いた真田氏の帰属先とその経過を作成した第1表によって述べる。

写真１　信州上田城跡

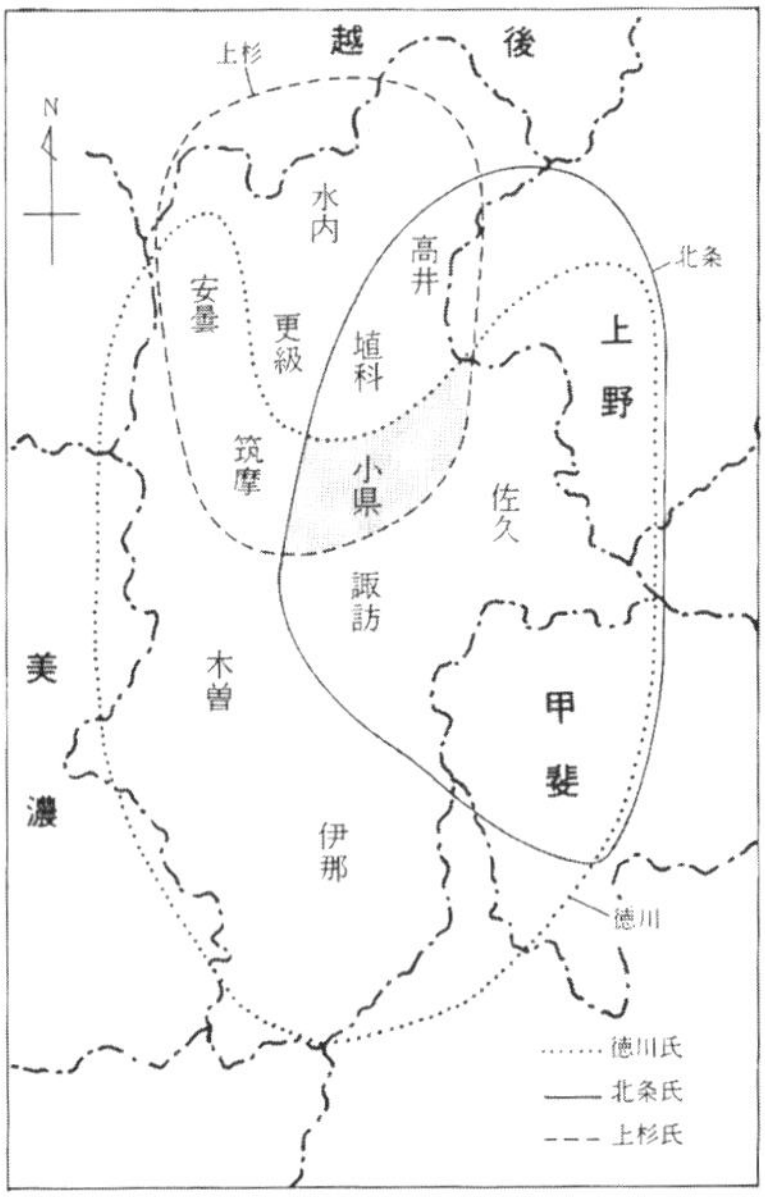

第１図　三強国と小県の位置（龍野：1987による）

なお、その都度、昌幸、昌幸母、信繁（幸村）等が、人質として帰属した戦国大名に送られていることも見逃せない[5]。

先ず、幸隆、そして昌幸は武田信玄・勝頼に仕え、天正十年（一五八二）三月の武田氏滅亡後、昌幸は織田信長に帰属した。同六月の本能寺の変後は一時上杉景勝に、同七月には北条氏直へと鞍替えし、同九月末には徳川家康に帰属した。ところが、徳川家康は対豊臣秀吉政策として北条氏と同盟をさらに強めて、真田領の沼田を北条氏に渡すことを昌幸に命じる。これに反発して、天正十三年（一五八五）七月には再び上杉景勝に帰属した。そこで、翌八月には徳川氏は昌幸の上田城を攻撃したが、地の利と戦略に優れた真田氏の勝利となった。同十月には昌幸は秀吉からその身を安堵され、その後、天正十五年（一五八七）二月には上洛し、秀吉に臣従した。

慶長五年（一六〇〇）、関ヶ原の合戦には、昌幸と二男信繁（妻は大谷吉継刑部女）は上田城を守り、西軍に味方する一方、東軍に長男信幸（妻は本多忠勝女）を配置して家康にも再度与するなど、東西両軍に真田氏一族を分割・帰属させた。これぞ両属の智将・勇将真田昌幸父子の本領発揮といえる。

この時、中山道を西上中の徳川本隊を率いる徳川秀忠は、敵側の上田城を激しく攻撃したが、真田昌幸と信繁の抵抗が強く落城させることができなかった。やむを得ず攻略を断念し関ヶ原に向かうが、ついには、その東西両軍の決戦の日に間に合わなかったのは周知のとおりである。

さらに慶長十九年（一六一四）と元和元年（一六一五）の大坂の冬・夏の陣でも、父死後の真田信幸と信繁は各々徳川方と豊臣方へと、真田氏はそれぞれの陣に属して戦った。

その後、長男信幸は沼田に加えて故地上田を領有し、やがて、川中島の戦いで著名な海津城跡に松代城を築城して松代藩を治める近世大名への道を歩んだ[6]。それは幕末まで続き、昌幸の思惑どおりに事は運んだ。

家康・秀忠との二度の上田合戦勝利を始め、多くの戦闘を経験し、武勇と知略に優れた真田氏、特に昌幸は、戦国大名の狭間で示した中小の地域権力である地域主権、地域国家の生き抜き方の典型的な例となる。それが信州真田氏上田の里である。

自立して小県郡等の領国経営を行う一方、自領と家門に有利に働くように、その都度隣接する大きな戦国大名の傘下に入り、時には二つの大名等に属するなど、両属の武将となる。

以上のように、真田氏父子は地域社会と人と真田の家系を守り抜いた。領国を守り、家名を残す、墓を守る、子孫に伝える、これこそ真田の将来を決める決断・選択であり、両属こそが領国・家臣・領民と

写真２　松代城跡

家門を守る究極の一手であった。

これらの経過は丸島和洋・寺島隆史両氏等の研究に詳しいが、真田氏は近隣の戦国大名との緊張関係を、知略を持って溶解しながら、時の情勢を素早く察知し、機敏に対応し、帰属先を次々に替えて、上田・沼田等の真田領国、つまり地域主権・地域国家を守り抜いた。

同様の例は、真田氏に限ったことではなく、同じ小県郡内の禰津昌綱の動静も次のとおりで、帰属する戦国大名を次々に替えた[7]。甲斐武田氏（天正十年三月武田氏滅亡以前）→徳川家康（天正十年七月）→北条氏直（同年十月）→徳川家康（天正十一年九月）→上杉景勝（天正十三年頃）→真田昌幸（天正十三年七月）と盟主を次々と替えて地域社会の維持発展にその意志と武力を尽くしている。

なお、笹本正治氏によれば、武田氏は侵略した土地の重要地点には新たに築城をした。その特色は、「丸馬出」を構築することである。これは、大手等の虎口（入口）の前面に円形の土塁と三日月形の堀を配置するもので、城の入口を守備すると共に、味方の先手の攻撃用陣地とするために設置したものである。甲斐では新府城に見られるが、多くは、武田氏の侵攻先の信濃、上野、駿河、遠江の各国内で見られるという[4]。

慶長十九年（一六一四）の大坂冬の陣における大坂城の「真田丸」は、かつての武田氏軍略の延長線上にあると考えられる。

2　出羽庄内藩百姓の選択　藩主の国替えを阻む一揆

(1)　三方領地替え

「本間様には及びもせぬが、せめてなりたや殿様に」と謳われた日本一の大地主とされる出羽酒田本間家と庄内藩主酒井氏、そしてこれに藩領内の大勢の百姓たちを加えて、全国にも希な大事件が起こった。

天保十一年（一八四〇）十一月一日、出羽国庄内藩主酒井忠器の世継ぎで、当時江戸在住の忠発は、突然、江戸城に呼び出され、幕府老中水野忠邦から、越後国長岡への国替え（転封）を命じられた。同時に、越後国長岡、武蔵国川越の二藩へも国替えが幕府から申し渡されており、いわゆる「三方領地替え」が発出された。

具体的には、出羽国庄内藩一四万石酒井忠器を越後国長岡藩へ、越後国長岡藩七万四〇〇〇石牧野忠雅を武蔵国川越藩へ、武蔵国川越藩一五万石松平斉典を出羽国庄内藩へ、それぞれ転封するというものであった。

庄内藩にとっては、この国替えによって領地が半減することとなり、また、一国一城が通例の時代に「鶴ヶ岡」と「亀ヶ崎」の二城の所有管理を認められた特別の藩でもあったが、それらに関する補填・代替え等については何の指示説明もなかった。(8)

右記のような事件の経緯を斎藤正一氏の研究に従って見ていくことにする。(9)

三方領地替えの原因は幾つか考えられているが、次のような事情のようである。川越藩松平家は、子だくさんで有名な十一代将軍徳川家斉の子、斉省《なりやす》を養子に迎えていた。また、同藩は大きな財政難に陥っていた。この財政難を解決するために、将軍家斉の力を背景として裕福な藩に領地替えを希望していたが、その白羽の矢が庄内藩に立った。また、長岡藩には当時、新潟湊の抜け荷問題があったとされ、これを解決するために、庄内酒井家の力が必要であったともされる。(8)

庄内藩にとっては正に青天の霹靂であったが、川越藩は念願が叶い、喜びに沸いたのであろう。

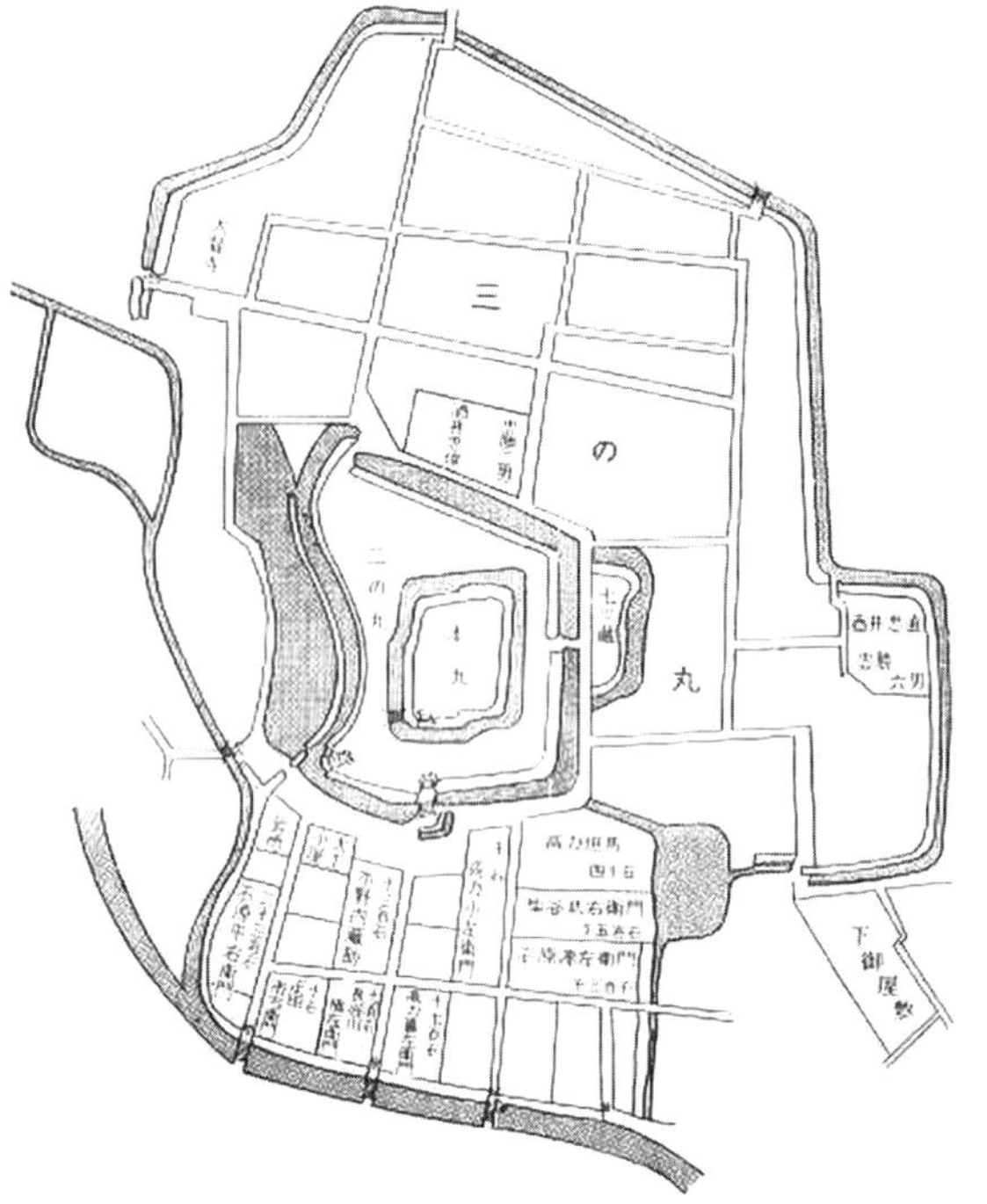

第２図　鶴ヶ岡城と武家屋敷（斎藤：1962による）

天保十一年（一八四〇）十一月七日、鶴ヶ岡城にこの国替え命令「三方領地替」が在国中の藩主忠器にもたらされた。庄内藩は表高一四万石であるが、実高二〇万石以上とされており、藩にとっては、先に述べた不利益の他、膨大な転封費用の負担も必要となり、まさに一人損の転封国替えであった。

大いに怒る藩士の不平・不満等をなだめながら、藩は転封予定の長岡に実情調査者を派遣したり、半減する石高をしっかりと補填するために加増（添地）を要望する活動をしたりし、また酒田の大地主（豪商・豪農）本間忠暉に対しては転封に必要な御用金調達を依頼して、準備を進めた。

一方藩内では、百姓・町人にも大きな衝撃と共に不安・不満が広がった。いずれも領主の変更、つまり税制・土地制度・農業生産・商品流通・既得権等に係るこれまでの慣行の変更と、それに伴って生ずるであろう経済的な不利益とその先行き不安である。

⑵ 百姓たりといえども二君に仕えず

このような情勢の中、百姓たちは藩主の現状維持を求めて反対運動（百姓一揆）の実施に踏み切った。それは幕府へ嘆願（越訴）であった。

十一月十五日、西郷組二六か村の大庄屋書役本間辰之助は、馬町村肝煎と密かに語らい、幕府要人への直訴のため農民一一人を江戸に派遣したが、藩江戸屋敷役人に発見され村に返された。この下旬頃には、藩内各地の神社仏閣での嘆願成就の祈祷も行われた。

十二月十三日にも江戸に向かったが、途中で発見されて一〇名が返された。しかし、天保十二年（一八四一）一月二十日、一一名が江戸へ到着し、幕府重臣に籠訴を決行し嘆願書を提出した。彼らは越訴を決行し、禁を犯したにも拘わらず、取り調べの幕府役人からは丁寧に取り扱われ、「庄内候はよい百姓を持って仕合だ」と賞賛されたと伝わる。藩江戸屋敷に引き渡されても、藩士から讃辞を贈られたという。

一月晦日、将軍家斉が病死し、家慶が第十二代将軍となったが、その後も嘆願活動は継続され、同三月三日、辰之助らリーダーを含む多くの百姓らが江戸へ出向き、水戸藩主等へも嘆願を行った。

一方地元では、各地で決起集会が開催されたが、百姓らは禁制を定めて整然と統一された行動をとった。天保十二年一月二十七日には一〇〇〇人が集合し、二月一日～十日には、一万人が集合し、さらに二月十五・十六日には一万五〇〇〇人が集合した。(10) 彼らのスローガンは、「百姓たりといえども二君に仕えず」であった。(11)

またその後、近隣の会津松平、仙台伊達、米沢上杉、久保田（秋田）佐竹等の諸藩にも庄内藩百姓の窮状を訴え嘆願を重ねた。

町人（商人）や地主たちの動向も百姓たちと同様であり、酒田の大地主本間外衛（五代光暉）始め、鶴岡の町人たちもこの転封阻止の百姓一揆を積極的に支援した。

ところが、天保十二年五月十七日、川越藩の養子斉省が病死するという思わぬ事態が発生した。同年七月十二日、ついに幕府は、三方領地替の中止を決定し、その知らせは、七月十六日鶴岡に到達した。藩士はもとより百姓たちの喜びはいかばかりであったろうか。[11]

出羽から雪道をかき分けて、命をかけて江戸幕府要人へ直訴した百姓たちの運動はこうして実を結んだ。この一件は、土に生き、米づくりに心血を注いできた百姓たちと農業を国（藩）の基礎と考え守り育ててきた藩主のあり方を示すもので、江戸期における政治の大きな一つの到達点を示していると庄内鶴岡では考えられている。

政治・外交にも優れた知恵を出し合って交渉し、あきらめない百姓たちは、大庄屋書役・寺住職・大組頭・肝煎・富商・地主等の指導・支援の下、幕府の決定を覆した。この成功の裏には、藩全体の好意的な対応と共に、明日は我が身と考えた当時の全国の多くの大名・藩の有形無形の支援もあったと考えられており、見逃せない事実である。

一方で、幕命であり、国替えという大権行使を中止させたことは、幕府の権威と権力が少なからず揺らいだことを天下に示す結果となった。[8]

このことを現代の地域社会（鶴岡・庄内地方）の人びとはどう評価し、どのように子孫に伝えようとしているかは前述のことを含めて、郷土読本である『わが郷土鶴岡』の記述によって窺い知ることができる。[10]

なお庄内藩について、先学の研究から抜き書き的にいくつか付け加えておきたい。酒田本間家三代光丘は、十分に取り立てられ藩政改革を主導した。藩士や領民の借財を藩が肩代わりして藩財政再建を推進していった。庄内藩は、戊辰戦争中、奥羽越列藩同盟の一員として新式の銃器を持って応戦した。自藩領域には西軍を侵入させず、かえって秋田方面にまで遠征出兵するなど、戦いでは西軍を圧倒した。その藩兵の内訳は藩士五二％、農兵四八％であったとのことである。[12] また、庄内藩は、慶応三年（一八六七）幕命により江戸薩摩藩邸を攻撃して焼き討ちしたが、庄内戊辰戦争時、西郷隆盛は西軍兵士に対し、降伏・謝罪後の庄内藩への略奪行為等を許さなかったという。

3　越後長岡藩の選択　制度改革と武装中立で臨む

三河以来の徳川家家臣であり、老中等、江戸幕府の重職も務めた譜代大名である越後国長岡藩牧野家は、江戸時代初期の大坂の陣以後に長岡を領し、幕末まで約二五〇年間当地を治めた。

天正十八年（一五九〇）、小田原（北条氏）攻めの後、豊臣秀吉によって徳川家康が関東移封されたことに従って、牧野康成が三河牛久保から上野国勢多郡大胡二万石に移された。これを継いだ忠成が元和元年（一六一五）には越後国頸城郡長峰へ、さらに元和四年（一六一八）には長岡に封じられた。さらに加増があり元和六年（一六二〇）には七万四〇〇〇余石となった。[13]

この後、長岡藩が対外的に注目を浴びる事象は幾つもあったと考えられるが、寡聞にして筆者の目から特筆すべきは、天保十一年（一八四〇）の三方領地替え騒動と慶応四年（一八六八）の戊辰北越戦争である。

前者については、前項で庄内藩の立場で考えてみたので、ここでは後者を見ていきたい。河井継之助を藩の軍事総督として新政府軍と非戦交渉をし、やがては交戦に及んだ幕末長岡藩の選択と行動についてである。

長岡藩七万四〇〇〇石は、戊辰戦争において河井を軍事総督に抱いて、新政府軍と戦闘に及ぶ。戊辰戦争の中の北越戦争といわれ、奥羽越列藩同盟の主柱である会津・庄内藩の会津戦争や庄内戦争と共に、旧幕府軍側が戦った激戦地の一つである。

さて、初めに、長岡藩を率いた幕末期から明治時代初めの三人の藩主を紹介しておくことにする。

十一代牧野忠恭は、安政五年（一八五八）十月二十五日に先君忠雅の遺領を継ぎ、慶応三年（一八六七）七月十一日に隠居した。次の十二代の牧野忠訓は、慶応三年七月十一日に忠恭の家督を相続した。慶応四年五月十九日に官位が停められ、同年十二月七日に城地没収の上、謹慎を命じられた。

牧野忠毅は、忠恭の四男で、明治元年十二月二十二日旧領の内、長岡付近にて二万四〇〇〇石を与えられ、長岡城を預けられた。同二年（一八六九）六月二十二日長岡藩知事となり、同三年（一八七〇）十月二十二日知事を免じられたという[14]。

ことは、慶応三年十月十四日、徳川慶喜が土佐藩の建議を受けて朝廷に大政奉還したことに始まる。剣持利夫・稲川明雄両氏の研究を中心にして考えていきたい。

同十二月二十二日　長岡藩主牧野忠訓は家老河井継之助らと共に上京し、大坂城の幕閣に建言書を披露し、その指導に従って太政官に「建言書」を提出（京都御所の議定所へ届出）した。その基本は公と武の調和、そして従来どおり万事徳川幕府に委任されるようにというものであった[15]。

慶応四年一月三日、鳥羽・伏見の戦いが始まり、四日新政府軍の勝利で終わると、江戸藩邸では河井らが不必要な家具調度品等は売り払い、その資金で数百挺もの新式銃や速射砲等を購入した。

この後、長岡藩では、西洋兵制を採用する兵制改革、禄高を一〇〇石を中心に平均化する禄高の改正、町・郷中役人等を一代限りにするなどの特権廃止・手当の減額を進め、これに、上層農民等から取り立てた御用金五万二五〇〇両を資金として使用し、来るべき戦争に備えた[16]。そのリーダーは家老上席、軍事総督（奥羽越列藩同盟に加盟後は軍務総督）の河井継之助であった。新政府の中核の薩摩・長州両藩等と同じく、上級とはいえない一二〇石の藩士が、藩家老・軍事総督となって変化の激しい幕末の藩を率いることとなった[17]。

長岡藩は領内各地に藩兵を配置して防備にあたらせる一方、河井は、新政府軍に嘆願のため小千谷の慈眼寺で、東山道軍軍監岩村精一郎と会見した。

すでに、西国諸藩を始めとして全国の各藩が新政府軍と旧幕府軍のどちらの側に付くか、その旗色を鮮明にしていく状況下であった。長岡藩は、当初、奥羽の列藩同盟には加盟せず、その基本方針は、藩の自立「武装中立」と両軍の仲介交渉役等を担うことであったとされる。

五月二日、次のような内容の嘆願書を差し出した[15]。

①新政府軍（北陸道鎮撫総督軍・西軍）から要求されていた石高に見合う出兵、あるいは軍資金三万両の現金、どちらにも応じなかったことを謝罪。
②長岡藩には叛意はまったくないこと。
③会津藩・米沢藩等の藩兵が領内に来て新政府軍との抗戦を迫ってること。
④藩論の統一にしばらく時間がかかること。
⑤長岡藩は小藩であるが、今後会津藩・米沢藩等の説得に努めること。

しかし、新政府軍の若い軍監は即座にこれを却下した。武力討伐を使命とする西軍には、長岡藩の武装中立の立場と東・西両軍の軍事調停役を果たす、という、日本海側に位置する日本の先進藩長岡藩の

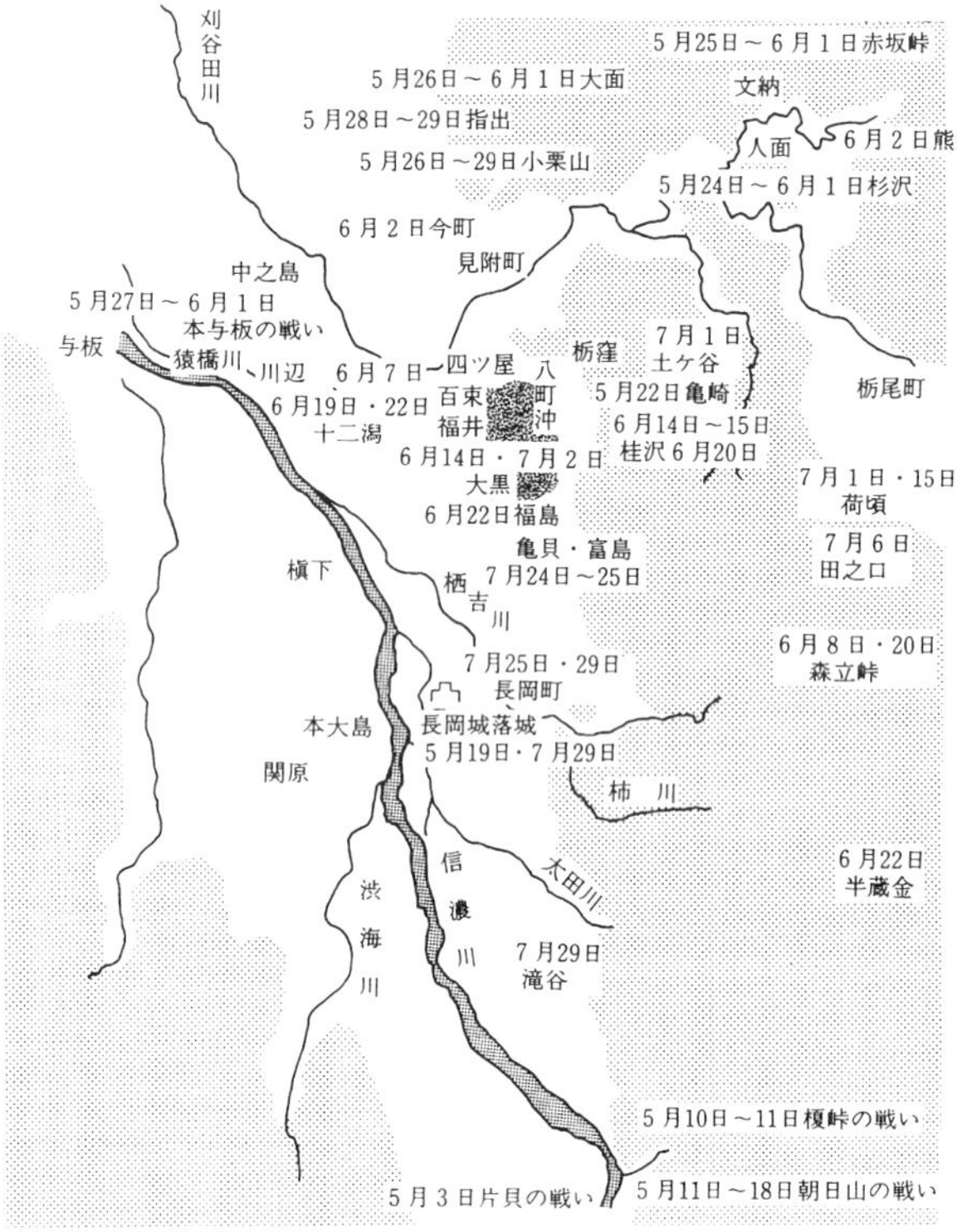

第３図　長岡戦争要図（稲川：1996による）

行おうとする極めて近代欧米的な提案を理解することはできず、また大きな政治判断をするにはあまりにも岩村軍監ら最前線の軍指導者層は下位の役職であったと思われる。

ここに長岡藩の歴史の不運があったともいえるが、そういう時代時期でもあった。

新政府軍が長岡藩の主張にまったく聞く耳を持たず、その交渉が決裂すると長岡藩は開戦を決意していくことになる。ここに以前から要請されていた列藩同盟に加盟し、奥羽越列藩同盟の一員として北越戊辰戦争の最大の激戦、約三か月間の長期戦、長岡戦争を戦うことになる。

長岡藩にはすでに装備していた手動式の機関銃ガトリング砲、小銃ミニエー銃等の近代洋式銃砲を多用して西軍（新政府軍）と大激戦を展開した。一度奪われた長岡城の奪還に成功するなど、長期間にわたって藩士が善戦して果敢に戦ったが、最終的には長岡城が再落城して敗れることとなる。

ところで、長岡藩と河井継之助には、この時を大きく左右した大きな「もしも?」、つまり戊辰戦争を戦うことがなかったかも知れないという出来事がそれ以前にあった。

すでに前項で記述したように、天保十一年（一八四〇）十一月、幕府から出された「三方領地替」、長岡藩にとっては「川越藩へ移封」の命令のことである。しかし、それが庄内藩の百姓一揆によって翌年七月に中止となり、長岡藩は幕末までこの地を領することとなる。

文政十年（一八二七）に藩の中級武士の家に生まれた継之助は、この時まだ一四歳であった[18]。後年、戊辰長岡戦争では敗れて、八十里越をし会津城下をめざすが、その時「八十里腰抜け武士の越す峠」と詠んだ句には、長岡藩を率いた継之助の無念の心情が強烈に表現されている。

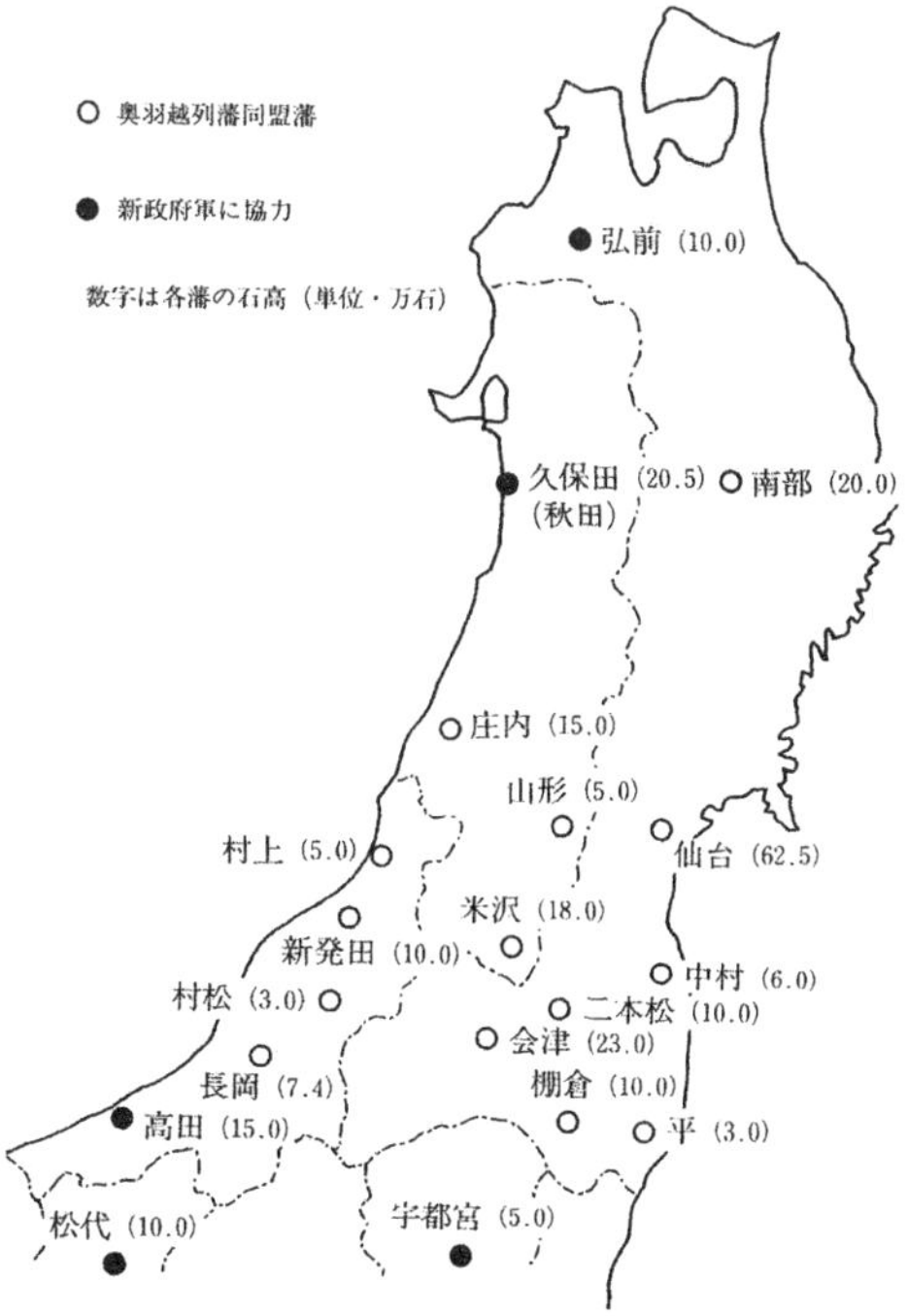

第４図　奥羽越列藩同盟への主な加盟藩（稲川：1996による）

戊辰戦争の奥羽越列藩同盟・旧幕府軍の中核を担い、激しく長期戦を戦い新政府軍を苦しめた長岡藩。同様に新政府軍を圧倒し藩外に転戦して領内に敵軍を入れなかった庄内藩。かつて三方国替えの当事者であった羽越二藩の、新政府軍を悩ませた激しい大きな動きであった。歴史の偶然とはいえ不思議な一致である。

ところで、あの時のもう一藩、川

越藩はこの時どう対応したのだろうか。その時川越の地域社会はどう反応したのであろうか。筆者の今後の研究課題である。

（注）

（1）丸島和洋「真田氏松代藩への道－国衆から近世大名へ－」『戦国の真田』長野市教育委員会文化財課・松代文化施設等管理事務所（真田宝物館）二〇一六

（2）湯本軍一「守護の支配と大塔合戦」『長野県史』通史編3中世二　長野県　一九八七

（3）丸島和洋・降幡浩樹・米澤愛・山中さゆり『戦国の真田』長野市教育委員会文化財課・松代文化施設等管理事務所（真田宝物館）二〇一六

（4）笹本正治「武田氏の信濃支配—領国支配の様相」『長野県史』通史編3中世二　長野県　一九八七

（5）寺島隆史編『秀吉と真田　抄録版』上田市立博物館　二〇一一

（6）山中さゆり・米澤愛他『戦国の真田』長野市教育委員会文化財課・松代文化施設等管理事務所（真田宝物館）二〇一六

（7）龍野敬一郎「武田氏の滅亡と真田氏」『長野県史』通史編3中世二　長野県　一九八七

（8）難波信雄「天保の国替え反対一揆」『山形県史』3近世編下　山形県　一九八七

（9）斎藤正一『鶴岡市史』上巻　鶴岡市役所　一九六二

（10）郷土読本をつくる会（山崎誠助監修）『わが郷土鶴岡』鶴岡市　二〇〇二

（11）本間勝喜『庄内藩』現代書館　二〇〇九

（12）酒井忠一他『致道博物館総合案内』致道博物館　一九九二

（13）丸田龜太郎編『長岡市史』長岡市役所　一九三一

(14) 斎藤秀平『新潟県史』江戸時代篇（上巻）　野島出版　一九六三
(15) 剣持利夫「越後攻防戦」『新潟県史』通史編6近代一　新潟県　一九八七
(16) 稲川明雄・剣持利夫「戊辰戦争」『長岡市史』通史編上巻　長岡市　一九九六
(17) 剣持利夫「河井継之助の登用」『長岡市史』通史編上巻　長岡市　一九九六
(18) 稲川明雄『河井継之助』恒文社　一九九九

第二節　越後東蒲原郡の進路　越後と会津の狭間を活かす

1　越後国小川庄の形成と発展

(1) 両属の地域

本節では、阿賀野川の豊かな水利によって結ばれた会津と越後両地方の狭間にあって、個性豊かな歴史と文化を培った小川庄（東蒲原郡）について考えていきたい。

明治十九年（一八八六）、越後国東蒲原郡は、福島県から新潟県に管轄替えになった。勅令第四十三号である。[1]

史料一　勅令第四十三号

朕福島縣下越後國東蒲原郡管轄替ノ件ヲ裁可シ茲ニ之ヲ公布セシム

御名　御璽

明治十九年五月十日　内閣總理大臣伯爵伊藤博文

勅令第四十三號　福島縣下越後國東蒲原郡ヲ新潟縣管轄トス

かつて、福島県（会津県）に、新潟県（越後）の東蒲原郡域が含まれていたことを知る人は少ない。正に明治は遠くなりにけりである。

承安二年（一一七二）、城四郎平長茂が会津慧日寺の乗丹坊に蒲原郡小川庄七五か村を寄進したことからそれは始まるという。古代末から近代初めまでの七〇〇余年間、東蒲原郡（小川庄）は、福島県（会津県）域の会津と共に生きてきた。

津川町文化財調査審議会委員長・新潟県史編さん参与・東蒲原郡史編さん委員会顧問の赤城源三郎先生は、ふるさと新潟県東蒲原郡を「両属の地域」と呼ぶ(2)。当郡は明治十九年（一八八六）五月十日に福島県から新潟県に管轄替えになった。同様の例は、明治二十六年（一八九三）に、神奈川県の西・南・北の三多摩郡が東京府に管轄替え（編入）になったこと以外にないとし、この東蒲原郡と三多摩郡の二つの地域を、強い思い入れを持って「両属の地域」としている。

旧制会津中学校を経て早稲田大学商学部に学んだ先生は、津川町助役に就任していた昭和二十六年、『東蒲原郡のなりたち』（津川町公民館刊）を著した。「我々は自分の郷土として、限りない愛着の念を持ち、またこの土地を立派な郷土社会に築き上げていく責任を持っているのである。そのためには、郷土をしっかり認識する事が必要である」。しかし、郷土の認識のための文献はとても少ないので、この郷土史を執筆したと述べている。戦後まもない時期、新しい文化国家日本の建設のために、全国的にその中心となった公民館活動の一環である、郷土教育や郷土史研究の貴重なテキストであったと思われる[3]。

近年、この地では、各町村史以外に『東蒲原郡史』全十二巻（資料編10、通史編2）が編纂・刊行されている。そのテーマは「会津と越後のはざまにあって　個性豊かな歴史と文化を育んだ東蒲を探る」である。長い間、共同・協同・協働の歩みを進めてきた東蒲原郡（小川庄）四町村が進めた一大プロジェクトである。通史・資料編の他に『阿賀の里－図説東蒲原郡史』や『東蒲原郡史資料目録』等も刊行されており、その編纂事業は、中小都市の自治体史編纂事業をはるかに超える規模と内容を備えている。

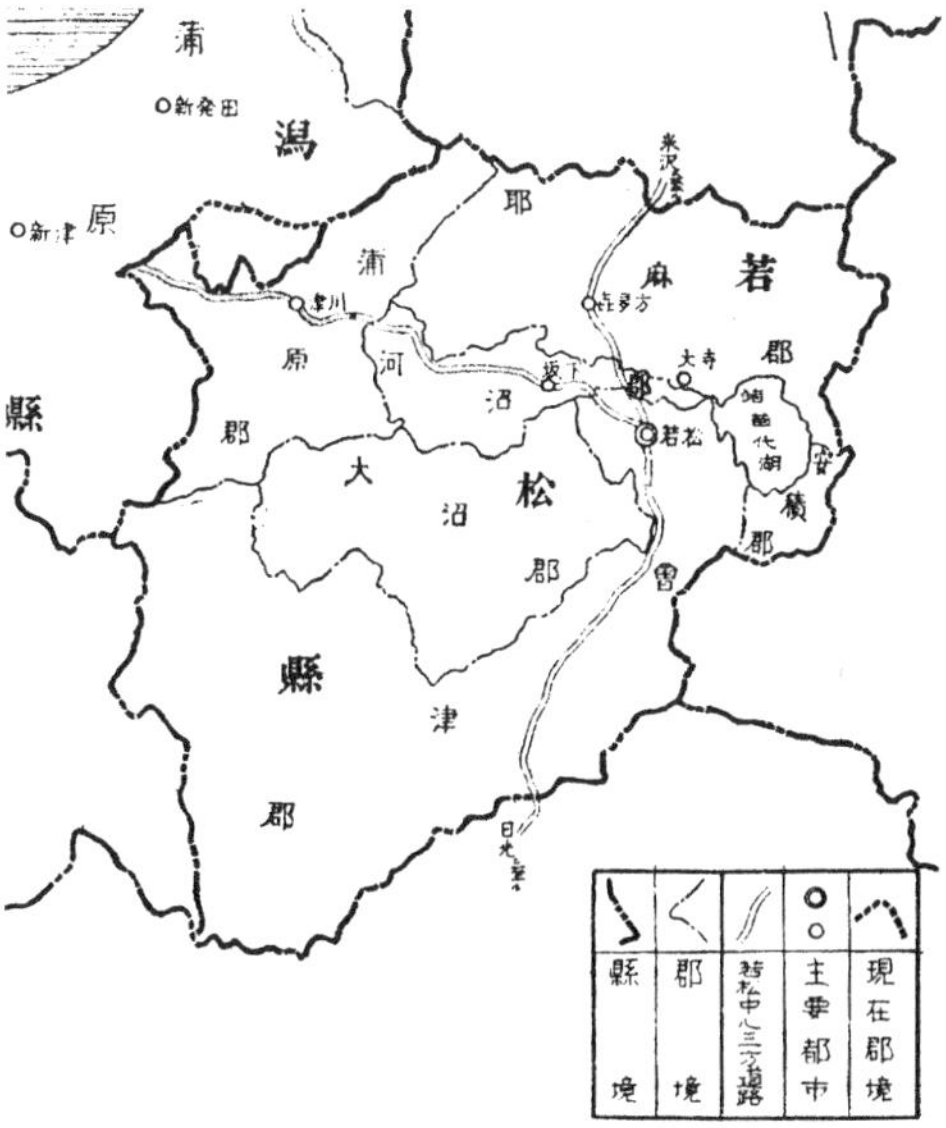

第１図　若松県と（東）蒲原郡（赤城：1951による）

そこには会津と越後の狭間にあって、独特の道を歩んだ東蒲原郡（小川庄）四町村（現阿賀町）の人びとの、ふるさと小川庄・東蒲原郡の長い歴史や文化に対する揺るぎない自負と強い誇りが感じられる[4]。

この地の姿は、地域社会の形成と岐路を考えるとき、数多くの示唆を与えてくれる。

⑵　小川庄の歩みと会津

東北地方南部（会津）と東蒲原は自然環境が大変類似し、地形、気候、植生そして生業、生活様

第１表　縄文時代中期における陸奥系土器と越後・北陸系土器の出現率

時期／地域	南陸奥系の土器（大木７ｂ・８ａ式土器）	越後・北陸系の土器（馬高式土器他）	備考
東蒲原郡内の遺跡	70 ～ 80％	20 ～ 30％	
越後平野部の遺跡（五泉市大蔵遺跡）	30 ～ 40％	60 ～ 70％	

（中島：2012等から作成）

式等が共通している。

会津と東蒲原の中央を東から西に流れる阿賀川（阿賀野川）は、両地域の文化交流の道である。それを通じて、新潟平野（平地）―東蒲原（山間地）―西会津（山間地）―会津盆地（低地）―南会津（山間地）等が連結される。仕事と暮らしの中で共通の生活文化を有していた。

以下、断続的ながら、幾つかの時代、時期における会津と東蒲原の関係を見ておきたい。

東蒲原の旧石器時代遺跡からは、杉久保型ナイフ形石器やそれに後続すると考えられている東山型ナイフ形石器が発見されている。前者は、東北地方から東蒲原・越後を含む中部地方北部、つまり日本海側の本州北部に分布の中心を持っている。また、後者は、石川県から東蒲原・新潟県及び東北地方全体に及び、北海道にも類似のものがある。前者の分布域に重なると共により広範囲な分布状況を示す[5]。

東蒲原からは、いずれのナイフ形石器も発見されており、旧石器時代にあっても当地は、東北地方を包括する東日本の地域圏に含まれていると考えられる[6]。

縄文時代中期になると、火焔型土器で有名な越後の馬高式土器は東蒲原を経て会津へ、一方、陸奥（東北）南部から一部北関東にかけて広く分布する大木式土器は、会津を経て東蒲原へ伝わった。

東蒲原においては、縄文時代中期前葉大木7b式期以降になると遺跡数が増大し、拠点的な大きな集落も出現する。河川を仲介として、河岸段丘上の各集落を結んでいく。中期前葉から中葉の大木7b・8a式土器の時期には、会津（陸奥）に分布する土器群と文様等が類似し、それらが出土土器全体の七〇～八〇％を占める。対して越後・北陸系の土器は二〇～三〇％である（第1表）。中には両地域の土器の折衷形も現れる。さらに福島県（会津）に入るに従って大木式土器の割合が増加していく。(7)

一方、西方の越後平野部では、反対の状況が現れ、越後・北陸系（馬高式土器他）の土器の割合が大きくなる。中期初頭には、北陸系土器の影響があったが、この馬高式土器は中越地方、信濃川本流域・支流域を分布の中心として成立した地域性豊かな土器群であり、周辺地域の大木式（東北南部）・阿玉台式（東関東）、北陸系土器の影響下に独自の土器を生み出した。(8)

この東蒲原の地は、日本海側北陸と内陸側会津（南奥）、双方の縄文時代の地域文化が交差し、物資が交流する場所であった。

いずれにしても縄文時代中期のこの時期においては、東蒲原は、大木式土器分布圏、即ち東北（会津）文化圏に軸足を置いていることは明瞭である。

2　会津との共存共栄

(1) 古代の小川庄

東蒲原においても古代の日常生活用具は、土師器や須恵器である。当地の平安時代・九世紀後半～十世紀初頭には、佐渡の小泊窯で焼成された須恵器が使用されている。一方、会津の大戸窯で焼成された須恵器も流通していたことが知られている。

また、会津では、八世紀末頃には、煮炊き用として平底の土師器・長胴甕が使用されていたが、九世紀初頭になると、形態的には北陸タイプの丸底の長胴甕が見られるようになる。これは、九世紀初めに、越後平野の人びとが阿賀川を遡り、東蒲原を経て会津に足を踏み入れていたことを示していると考えられている(9)。

これらのことから、古代においても東蒲原は陸奥（会津）と越後平野の人びととの交流の拠点・交差点となり、オアシスとなる重要地域であったことが窺える。「越後と会津を結ぶ東蒲原」としての立ち位置である。

なお、東蒲原とその周辺の地域、現在の新潟県阿賀町・新発田市・五泉市・阿賀野市・福島県西会津町に跨る広大な小川荘（小川庄）は、付近の越後国白河荘（現阿賀野市）や豊田荘（現新発田市南部）と同様、十二世紀前半には成立したとみられている(10)。

(2) 越後城氏と会津慧日寺

この小川荘と会津との関係を示す記事が、内閣文庫所蔵「異本塔寺長帳」の承安二年壬辰（一一七二）の条にある。

史料二　『異本塔寺長帳』承安二壬辰年の条(11)

「越後國守城四郎平長茂領地ノ内蒲原郡小川庄七十五ヶ村ヲ會津恵日寺住僧乗丹坊寄附是長茂伯父也」

冒頭に述べた、越後国の城四郎平長茂が蒲原郡小川庄七五か村を会津慧日寺の僧乗丹坊に寄進した、との記載である。「異本塔寺長帳」は後世の編纂物であり、全てをにわかに信じることはできないが、この頃から小川荘は、会津と強い関係を結ぶことになるのであろう。この両者の関係は戊辰戦争後に一時断続があるが、基本的には明治前期まで続くことになる。

また、『吾妻鏡』は越後国城四郎永用（長茂）が小川庄赤谷に城郭を構え、あまつさえ妙見大明神をあがめて、源家を呪詛しているという話を聞いた、とのことを記している。

史料三　『吾妻鏡』　寿永元年（一一八二）九月二十八日の条[12]

「廿八日丙申。越後國城四郎永用於越後國小河庄赤谷搆城郭。剰奉崇妙見大菩薩奉咒詛源家由有其聞」

さらに、同年十月九日の条には、城四郎永用（長茂）が兄の跡を相続して源家を攻めようとしたので、木曽冠者義仲は北陸道の軍士等を率いて信濃国筑磨河（千曲川）辺りで合戦となり、永用は敗走した、ということが記されている。

史料四　『吾妻鏡』　寿永元年十月九日の条

「九日丙子。越後住人城四郎永用相-繼兄資元當國守。跡欲奉射源家。仍今日。木曽冠者義仲引-率北陸道軍士等。於信濃國筑磨河邊遂合戰。及晩永用敗走云々」

源氏追討の院宣を奉じ、出羽・越後・相津の一万余騎とされるこの城四郎永用（長茂）軍の信濃国への侵攻は、実際は、『玉葉』等の研究から養和元年（一一八一）六月十三・十四日のことであり、この

第２表　越後国小川庄（東蒲原郡）の立ち位置・帰属

	縄文中期	平安時代	中世	近世	近代	現代	備考
越後国		○			○	○	
陸奥国（会津）	○	○	○	○	○		

横田河原の合戦も六月十四日頃と考えられている。敗戦後、越後へ退いた城四郎永用（長茂）は、本拠である阿賀北地域を遠く離れた「藍津之城」に引き籠もろうとした。[13]『玉葉』がいうこの藍津之城については、中村五郎先生によって早くから福島県会津坂下町南宇内の陣ヶ峰城跡に比定されていた。後年実施された会津坂下町教育委員会による陣ヶ峰城跡発掘調査によって、このことが実証されたことは周知のとおりである。[14]

さて、同年八月十五日、平氏政権は、城助職（長茂）を越後守に、奥州平泉の藤原秀衡を陸奥守に任じた。地方豪族を国司に任ずることは極めて異例の措置であったが、奥羽（藤原氏）・越後（城氏）・西国（平氏）等の武士団による東国源氏一党の包囲網構築を意図したものであったと考えられている。

なお、横田河原の合戦には、全盛期の会津慧日寺から衆徒頭の乗丹坊も相津四郡の兵を率い、城四郎永用（長茂）軍に加わって出陣した。木曾義仲と信濃国の千曲川西岸の横田河原（長野市篠ノ井横田）で合戦となったが、乗丹坊は戦死した。この時の同行の相津武者に河沼郡立河（会津坂下町立川）を名字の地とする立河次郎もいたとされる。[15]

ところで、先述のように慧日寺は、南都を去って会津に住んだ法相宗の僧徳一によって、大同二年（八〇七）に開かれたとされる。仏教教学に優れた徳一によって真の意味で奥羽に仏教文化が伝えられ、当時はその中核となり一大仏教勢力となった。[16] 徳一開基、慧日寺末寺等、両者と何らかの関連を有するとされる寺院は、福島・茨城両県を中心に、山形・栃木・群馬の各地に、おおよそ九〇か寺に及ぶことからその勢力の強大さが分かる。[17]

(3) 会津蘆名氏と小川庄

応永二十二年（一四一五）～二十七年（一四二〇）にかけて、会津蘆名氏（盛政）と新宮氏の攻防があり、新宮氏が滅亡する。両氏の激しい戦闘は、耶麻郡新宮城を始めとする会津地方の北部一円はもちろん遠く越後国小川庄にも及んだ[18]。

応永二十六年（一四一九）六月の小河城の合戦について『塔寺八幡宮長帳』は「六月廿九日夜小河城黒河方にて落ぬ」と記載し、小川庄の新宮方の小河城が会津黒河城の蘆名氏によって落城したこと、さらに、応永二十七年七月二日に新宮城が没落したことにも触れている[19]。

新宮氏はその後、越後へ逃れ、小川庄の北隣りに位置する加地庄の加地氏を頼った。しかし、永享五年（一四三三）十月に小川庄に侵入した新宮氏は蘆名方に大敗して滅亡した[20]。

なお、永享六年（一四三四）、蘆名盛政は盛久に家督を譲って隠居する。その譲り状（写し）には、「陸奥国会津郡守護識」や会津各郡・各庄等と共に「越後国小河庄」も含まれており、小川庄が会津蘆名氏に領有されていることが示されている。ただし、この譲り状の盛政花押が他の文書とは違うとのことで、慎重な史料批判の必要性が指摘されている[21]。

3　会津（福島県）から越後（新潟県）へ

慧日寺領となって以来、長く会津領域であった小川庄は、戊辰戦争後等、若干の異動はあったが、明治時代にも会津県そして福島県に包括されていた。その後の状況については、真水淳氏の研究によって見ていきたい。

明治十二年（一八七九）一月二十七日、福島県は、「越後ノ国蒲原郡ノ内、当県所轄ノ一部ヲ東蒲原郡ト称シ候」として、越後の蒲原郡のうち、福島県所轄の部分を「東蒲原郡」と名付けた。その後、明治十四年（一八八一）～十六年（一八八三）にかけて若松分県運動が展開されるが、全国各地の多くの分県運動と同様にこの願いは叶わなかった。

さらに、福島は県の北に偏し、若松・西白河・磐前等から遠く、様々な不都合があるため、福島県庁を福島から安積郡（郡山）に移すという「県庁ヲ安積郡ニ移スノ建議」が明治十六年に福島県議会に提出された。この建議は県内の多くの地域の賛同を得て、明治十八年（一八八五）三月二十八日、信達（福島・伊達）、相馬地区関係議員を除く賛成多数で可決された。しかし、その後、反対運動等があり、最終的にはこの件は、不成立ということになったが、その火種は現在も残ったままである。

ところが、このことが、東蒲原郡には青天の霹靂ともいえる思わぬ展開を見せた。東蒲原郡について福島県から新潟県への管轄替えが行われたのである。

県庁所在地福島から遠隔の地である東蒲原の人びとは管轄替えを望んでおり、先頃の福島県からの若松分県論の根拠の一つにもなった。東蒲原は元々越後国の一部であり、地勢上も行政上も新潟県帰属が適している、という理由であった。東蒲原郡の住民にとって県庁所在地福島はあまりに遠く、慧日寺領に属して以来七〇〇余年の長い付き合いの会津・若松ほど深いなじみもない土地でもあったのである。

明治十九年（一八八六）五月十日付けの勅令を持ってこの管轄替えは実行された。ここに東蒲原郡の新たな歴史がスタートした[22]。

しかし、一方で東蒲原が会津領や会津県（福島県）域であったときには大きく取り上げられなかった問題が、この地域社会において顕在化した例もある。例えば、福島県からの分割の後は、福島・新潟・山形県境の確定、特に、福島・新潟県境の飯豊山・同神社周辺の各村々による土地境界問題が起こった。

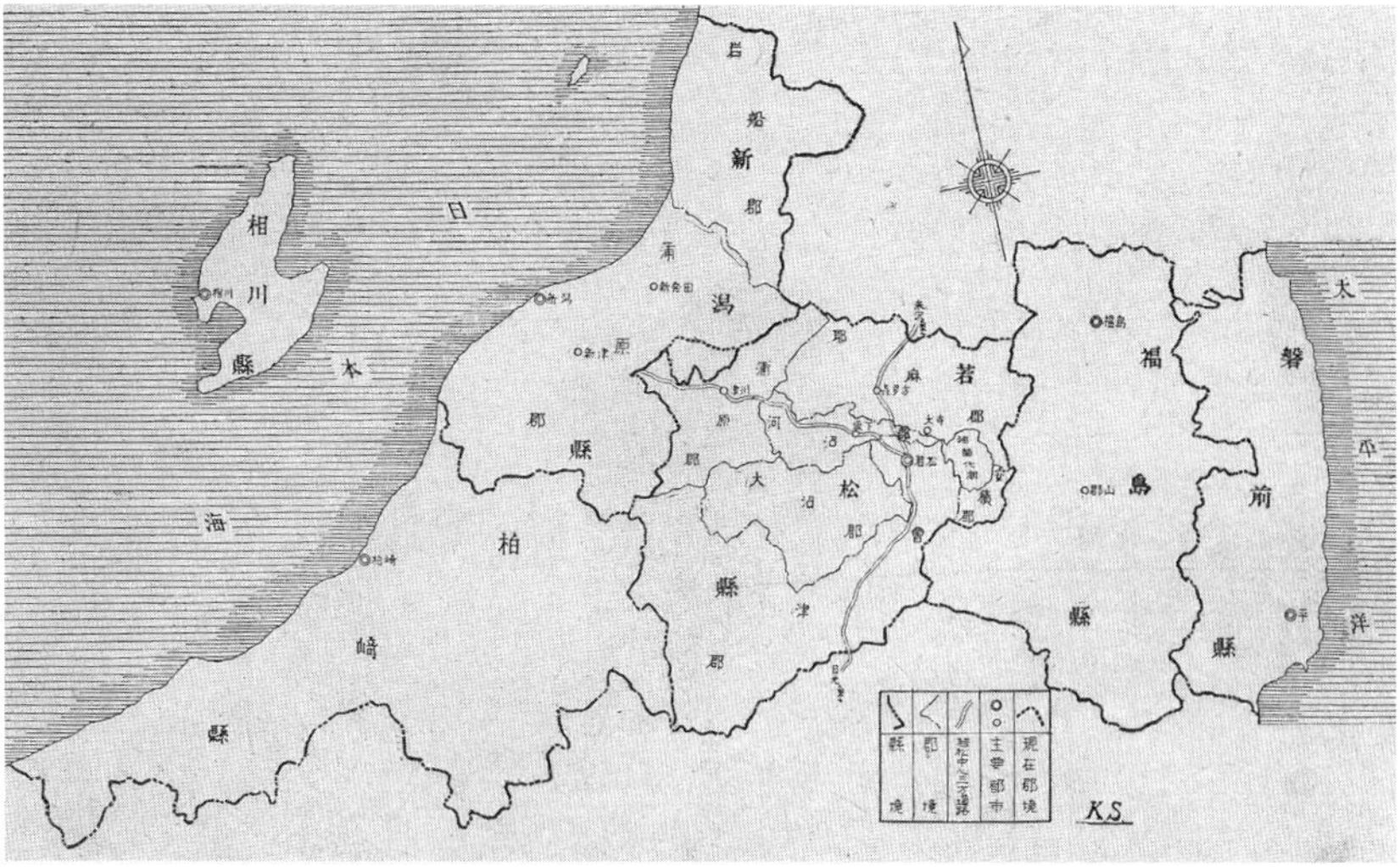

第２図　明治初期の新潟・福島の各県（赤城：1951による）

これら一連の福島県庁移転、東蒲原郡管轄替え、福島・新潟県境確定等の諸問題に関して、福島県民と新潟県民、そして当事者の東蒲原郡住民においては、その意識に様々な違いが見られるようである。

各自治体史が、即ち『福島県史』『新潟県史』、そして当事者の『東蒲原郡史』の各通史編[22][23]が、この東蒲原郡の福島県から新潟県への編入をどのように扱い、何を記述しているか、両県民には地域社会や地域史の観点から是非読み解いていただければ幸いである。

東蒲原郡は新潟県編入以来、令和二年（二〇二〇）までに、一三四年という長い年月を経過してきている。また、それ以前は、陸奥会津と七〇〇年間の長く強い交流があったし、さらに以前の縄文時代にも同様であった時期がある。

それらの総括は津川町・鹿瀬町・上川村・三川村の二町二村合同による『東蒲原郡史』編纂事業と四町村合併による阿賀町誕生の過程の中でも行われている[24]。

（注）

（1）「明治十九年五月　東蒲原郡管轄替の勅令」『東蒲原郡史』資料編6近現代・通史編2近現代　東蒲原郡史編さん委員会　二〇〇三・二〇一三

（2）赤城源三郎「明治十九年東蒲原郡の新潟県編入について」『新潟県史』しおり　通史編6近代一　新潟県総務部県史編さん室　一九八七

（3）赤城源三郎『東蒲原郡のなりたち』津川町公民館　一九五一

（4）本間恂一・大塚哲・真水淳・齋藤明『東蒲原郡史』通史編2近現代　東蒲原郡史編さん委員会　二〇一三

（5）小野昭「旧石器時代の社会と文化」『新潟県史』通史編1　新潟県　一九八六

（6）澤田敦・加藤学「旧石器時代の自然と人間活動」『東蒲原郡史』通史編1　東蒲原郡史編さん委員会　二〇一二

（7）中島栄一「東蒲原の特色―縄文時代の概要」『東蒲原郡史』通史編1　東蒲原郡史編さん委員会　二〇一二

（8）金子拓男他「縄文時代の社会と文化―中期の文化」『新潟県史』通史編1　新潟県　一九八六

（9）A相澤央「律令体制下の東蒲原―会津・陸奥との交流の諸相」『東蒲原郡史』通史編1　東蒲原郡史編さん委員会　二〇一二

B山中雄志「古代の越と会津―九世紀の煮炊き用土器に見る人々の交流―」『越後佐渡の古代ロマン―行き交う人々の姿を求めて―』新潟県立歴史博物館　二〇〇四

（10）荻野正博「荘園と国衙領」『新潟県史』通史編1　新潟県　一九八六

（11）庄司吉之助「異本塔寺長帳」（長帳略記上）『会津坂下町史』歴史編　会津坂下町　一九七九

（12）黒板勝美・国史大系編修会『吾妻鏡』第一　吉川弘文館　一九七三

（13）荻野正博・伊藤善允「荘園と武士」『新潟県史』通史編1　新潟県　一九八六

(14) A中村五郎「古代の熱塩加納」『熱塩加納村史』1　熱塩加納村　一九八二
B中村五郎「喜多方市新宮出土の「城永」銘蔵骨器の問題－会津地方と平家物語－」『福島考古』24　福島県考古学会　一九八三
C中村五郎「「藍津之城」考－蜷河荘と城氏－」『福島史学研究』71　福島県史学会　二〇〇〇
(15) A荻野正博「治承・寿永の内乱と越後城氏」『新潟県史』通史編1　新潟県　一九八六
B佐藤健夫「中世の熱塩加納」『熱塩加納村史』1　熱塩加納村　一九八二
(16) 田村晃祐「東北仏教文化の開創者徳一菩薩について」『徳一菩薩と慧日寺』磐梯町　二〇〇五
(17) 伊藤泰雄・伊藤光子「古代の会津と徳一」『磐梯町史』磐梯町　一九八五
(18) A大石直正「南北朝の動乱と各地域－蘆名氏」『福島県史』1通史1　福島県　一九六九
B大石直正「大名領国の形成と各地域─会津蘆名氏」『福島県史』1通史1　福島県　一九六九
(19) 山口弥一郎「会津塔寺八幡宮長帳」『会津坂下町史』文化編　一九七六　会津坂下町　一九七六
(20) 阿部洋輔「東蒲原の中世」『東蒲原郡史』通史編1　東蒲原郡史編さん委員会　二〇一二
(21) 阿部洋輔編著「東蒲原の中世─「芦名聖喜譲状」『東蒲原郡史』資料編2　東蒲原郡史編さん委員会　二〇〇五
(22) 真水淳「福島県から新潟県へ」『東蒲原郡史』通史編2近現代　東蒲原郡史編さん委員会　二〇一三
(23) A高橋哲夫「立憲政治の発達」『福島県史』4近代1　福島県　一九七一
B宗像喜代次「近代社会の成立─新しい文化」『福島県史』4近代1　福島県　一九七一
C功刀俊洋「県会と県政─地方官僚と行財政整理」『新潟県史』通史編6　新潟県　一九八七
(24) 神田敏郎「発刊のことば」『東蒲原郡史』通史編2近現代　東蒲原郡史編さん委員会　二〇一三

第四章　陸奥「塩松領石川分」の成立と展開

—伊達・相馬境目の地域社会—

第一節　奥州仙道石川氏と塩松石川氏

1　清和源氏の時代と陸奥大震動

本章の主役である石川弾正光昌は、清和源氏の流れを汲む戦国武将で、陸奥国塩松《しおのまつ》領（現二本松市）東部の小領主（国人・地侍・土豪）である。

塩松の百目木城主石川弾正光昌を始めとする塩松石川氏は、鎌倉時代末期から当地の開拓経営をスタートした。その本宗は福島県石川郡地方に本拠を持つ奥州仙道石川氏である。その仙道石川家は武家の名門清和源氏の流れを汲み、そのルーツは平安時代、九世紀の清和天皇である。

その清和天皇の時代の陸奥国、現在の東北地方には空前の大災害があった。「貞観の大地震・大津波」であり、これは平成二十三年三月十一日の東日本大震災に匹敵すると考えられている。

塩松石川氏の系譜を考えるとき、先ずこのことから記すのが、「東日本大震災・大津波・原発大事故」を経験した世代としての筆者の役割と考え、最初に掲げる。

清和・陽成・光孝の三代の天皇の時代の事蹟を記した『日本三代実録』に以下のような記述がある。(1)

史料一　『日本三代実録』　貞観十一年五月二十六日条

◯（五月）廿六日癸未。陸奥國地大震動。流光如晝隱映。頃之。人民叫呼。伏不能起。或屋仆壓死。

或地裂埋殪。馬牛駭奔。或相昇踏。城墎倉庫。門櫓墻壁。頽落顚覆。不知其數。海口哮吼。聲似雷霆。驚濤涌潮。泝洄漲長。忽至城下。去海數十百里。浩々不弁其涯涘。原野道路。惣爲滄溟。乗船不遑。登山難及。溺死者千許。資産苗稼。殆無孑遺焉。

これを五味文彦氏が現代語に訳しているので[2]、それによって当時の状況を次に振り返っておく。

「貞観十一年（八六九）五月二十六日、陸奥国で大地震が起きた。流れる光が昼のように照らし、人々は叫び声をあげて身を伏して立っていられなかった。あるいは家屋の下敷きで圧死し、あるいは地が割れて埋もれ、牛や馬がおどろいて走り、あるいは互いに踏みつけ合った。城郭や倉庫・門櫓、壁などがはがれ落ちた。海鳴りの声が雷鳴のようにあがり、川が逆流し、津波が長く連なって押し寄せ、たちまち城下に達した。

海を去ること十百里、その果ても知れないほどに水浸しとなり、原野も道路もすべて海となった。船で逃げるのもえず、山に登るのもできずに、溺死者は千人ばかり、財産や農地はほとんど何も残らなかった」

このことから分かるように、『日本三代実録』には清和天皇の貞観十一年五月二十六日、「陸奥国地大震動」によって、陸奥国府があった多賀城の城下まで津波が襲ってきた。多くの人が死亡し、牛馬が踏みつけ合い、城郭等の建物は崩壊した。さらに津波が重なって押し寄せ、川が逆流し城下を襲った。海から遠く隔てた地域も水に呑み込まれた。船でも逃げられず、山にも登れず、溺死者が千人、財産や農地も何もかもが無くなってしまったようすが記録されている。貞観の時代の人びとの大きな苦難は、私たちが経験した東日本大震災・大津波・原発大事故と同様に、筆舌に尽くしがたいほどであったはずと、自らの先の体験によって私たちは想像できる。

しかし、当時もまた被災した人びとの尊い努力と朝廷の対応によって、ここから立ち上がり、復旧復興がなされてきた。そのことも三代実録は記している。

これが、塩松石川氏の源流の時代の重大事象の一つである。

なお、ここでは、福島県石川郡地方を領有し三蘆城を築城した有光、そして最後の当主昭光までを奥州石川氏（本宗）あるいは奥州仙道石川氏と呼称し、塩松郡（安達郡）小手森や百目木城を根拠とし、安達郡塩松東部領を有した光久や盛光と、その後の石川弾正光昌までの系統を塩松石川氏、あるいは塩松百目木石川氏（小宗）とする。さらに宮城県角田要害に移り伊達一門筆頭となった昭光の系譜を角田石川氏と呼ぶ。

2　奥州仙道石川氏の出自

百目木城主石川弾正光昌のルーツである奥州石川氏初代石川有光について考える。

清和天皇は、平安時代の天安二年（八五八）、九歳で即位し、貞観十八年（八七六）まで在位（約一八年間）した。その孫、六孫王は源の姓を賜り、源経基として臣下となった。これが清和源氏の始まりである。

その子満仲は鎮守府将軍として陸奥国の経営にあたると共に、後の源氏発展の基礎をつくった。

満仲の子源頼光は、坂田金時と渡辺綱等を供とし、大江山酒呑童子という鬼を退治したとの伝承が残る豪傑である。坂田金時は足柄山で熊に跨り馬の稽古をした、というあの金太郎である。渡辺綱には、鬼退治によって鬼が恐れて近づかないため、これ以降、全国の渡辺家子孫には節分の豆まき「鬼は外」をする習慣はないといわれている。いずれも日本人にはよく知られた昔話である。頼光とその従者たちは、かつて国民一般に親しまれていた日本人の代表グループの一つである。

源頼信は、鎮守府将軍となり、その子が頼義、孫に八幡太郎義家がおり、東国支配を積極的に進めた。この家系から武士の政権、鎌倉幕府を創設した源頼朝を輩出し、また、室町幕府を興した足利尊氏や鎌倉末から南北朝期の武将新田義貞も同系である。

奥州仙道石川氏の系譜については、以下、小豆畑毅氏等の研究成果を基礎に追っていきたい[3]。

仙道石川氏は、大和守源頼親の家系である。その子頼遠は、平安時代後期の前九年の役（一〇五一～一〇六二）で源頼義・義家を助けて陸奥で戦い、戦死した。同じく従軍していた頼遠の子源有光は、この戦の後、十一世紀後半陸奥国石川地方を本拠として石川有光と名乗り、奥州石川家を興したとされる[4]。

第1図　清和源氏と石川有光の出自（小豆畑：一九九〇他から作成）

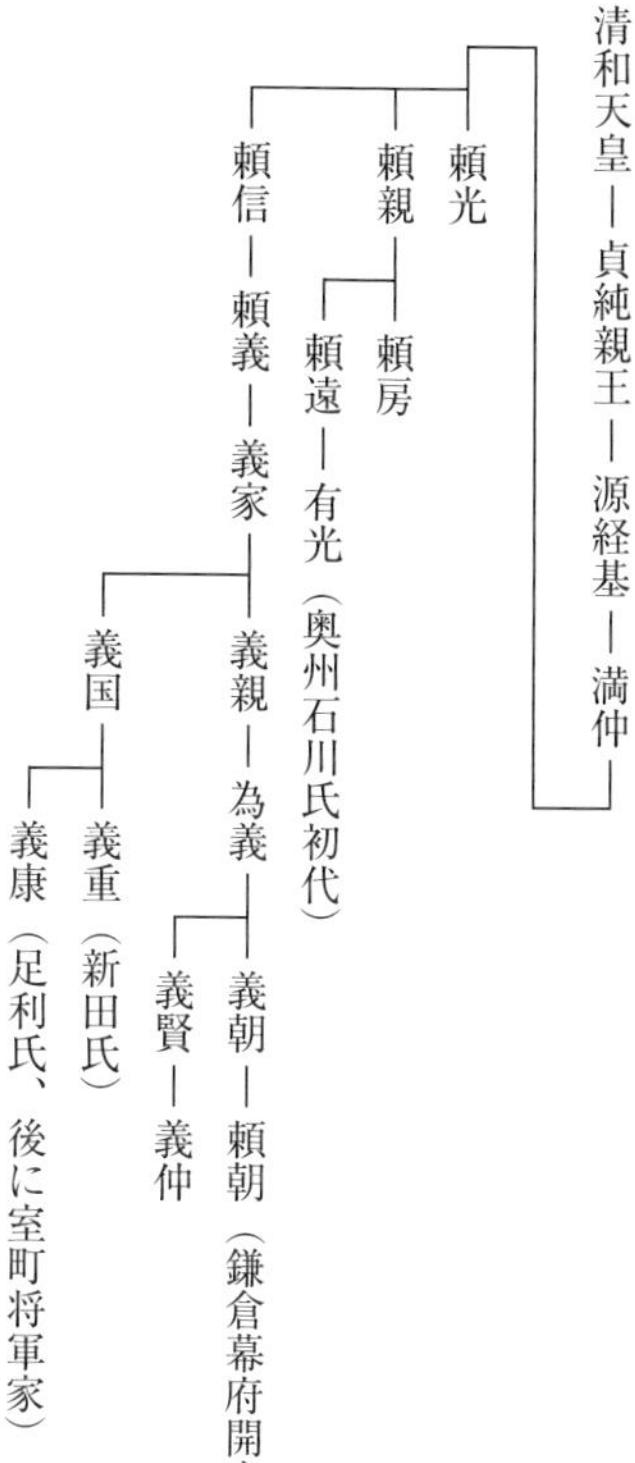

しかし、小豆畑氏によると、国重要文化財「岩法寺五輪塔」に刻まれた治承五年（一一八一）没と考えられる源基光は、有光の子であり、奥州仙道石川氏二代目と考えられるが、親子にし

第2図　石川氏系図（修訂版『石川氏一千年史』：一九八五から作成）

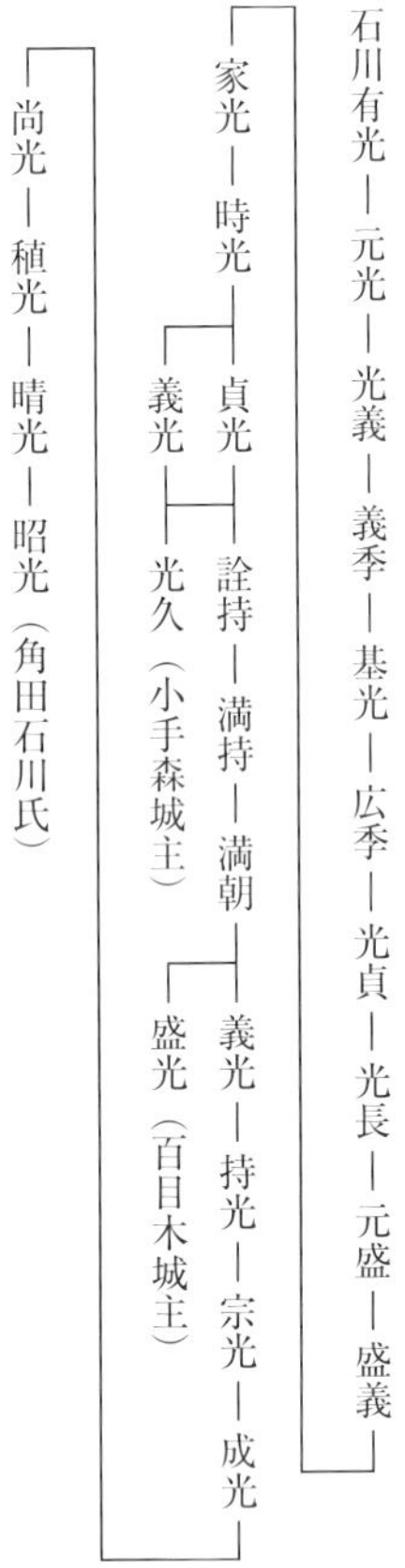

ては年代差がありすぎる。そこで、後代の各人物等の考証から、有光が従軍した陸奥の戦いは、源義家の後三年の役（一〇八三～一〇八七）であり、有光は十二世紀前半の人物であるという大石直正氏の研究を紹介している。なお、有光は柳津冠者といい、摂津国（大阪・兵庫）の住人であったが、奥州に土着して石川冠者と称した。(5)

右記の系図は、大正七年（一九一八）刊行の『石川氏一千年史』の修訂版から抽出したものである。なお『尊卑分脈』等にある系図がより客観的なものとされている。

有光の子孫は、石川郡地方三蘆城を根拠地に勢力を拡大し、後の石川氏当主の多くが室町将軍家から偏諱《へんき》を与えられている。歴代の名に将軍の名の一字を用いていることから、陸奥の武家の名門として処遇されていたと考えられている。

秀吉の奥羽仕置時は、小田原不参による領地没収となり、事後伊達政宗の臣下となった。最終的には、石川昭光が宮城県角田要害（城）主、角田石川氏祖となり、子孫は幕末に至った。明治以降は北海道開拓にもあたった。(6)

なお、石川氏宗家の菩提寺は、高源山長泉寺、百目木石川氏のそれも江月山（一時は高源山か）長泉寺、角田に移った宗家角田石川家も長泉寺である。

3　開発領主塩松石川氏の系譜

塩松百目木石川氏は、この石川郡地方に土着した石川冠者石川有光の子孫である。『石川氏一千年史』によれば、興国二年（暦応四・一三四一）六月に没した十三代石川貞光の六男光久は、泉二郎三郎と称し、安達郡小手森を分領し、石河弾正忠と称した。

また、応永二十年（一四一三）十六代石川満朝の三男盛光は、泉十三郎と称し、安達郡百目木を分領した。石川治部大輔と称した。これらや当地の情勢からも、鎌倉末期頃には、奥州石川氏の一族である塩松石川氏によって塩松東部も地域開発・領地経営がスタートしていたと考えられている。(7)

また、天正十三年（一五八五）九月の記述によると、第二十三代晴光の夫人は、一族の安達郡百目木城主小宗石川摂津守有信の姉孝子である。天正十三年九月三日卒、白相院殿露光妙昌大姉と法諡《ほうし》する。この夫人に男子はなく一女昭子を産んだ。伊達晴宗の子小二郎（昭光）を入り婿とした。(3)

石川弾正の子孫が後に仕えた相馬藩の『衆臣家譜』(8)に掲載されている相馬石川氏の系図によると、石川氏は、清和天皇第六皇子貞純親王の孫鎮守府将軍多田満仲の二男大和守頼親の孫石川冠者号柳津源太有光十四代ノ後胤、尚義から記されている。

石川周防守尚義は、安達郡四本松（塩松）に居住したとする。その長男の石川八郎尚光は、仙道合戦で討死した。

そこで弟の石川摂津守有信が兄の遺跡を継いで百目木城に住み、塩松の石橋久義に仕え塩松大内氏と共に石橋氏を保護した。天文年中（一五三二～五五）、大内氏が久義の領地を横領し、小浜城に拠った

第3図　塩松石川氏の系図　（『衆臣家譜』：二〇一〇から作成）

清和天皇第六皇子貞純親王之孫鎮守府将軍多田満仲二男大和守頼親之孫石川冠者
号柳津源太有光十四代ノ後胤、

- 石川周防守尚義
  - 八郎尚光
  - 摂津守有信
    - 弾正光昌
      - 信昌（石川内匠、後十太夫）
        - 三昌（石川内匠、後十太夫）
        - 直昌（石川助左衛門）
      - 有尚（石川専右衛門）

（以下略）

とき、百目木城の有信は大内氏には従わず、相互に武勇を争ったが、微力のため三春城主田村隆顕に属した。

その子石川弾正光昌は、二本松治部少輔政泰を母とする。三春城主田村清顕に属した。伊達政宗の大内備前定綱攻めのとき以降は伊達政宗に属し、塩松内に加増された。さらに田村氏の内紛をめぐる伊達政宗と相馬義胤の争いでは、弾正は田村家中の相馬派と連携して義胤に与したが、敗れて相馬に走った。その後弾正は上杉景勝に属して一二〇騎の将として軍功を上げ、関ヶ原の戦いの枝戦福島合戦にも出陣したという。戦後、上杉景勝減封・米沢移封の後は、光昌親子は流浪し、弾正は百目木に蟄居した。また、弾正は文禄元壬辰年（一五九二）四月二十五日、四二歳で死去し、百目木邑江月山長泉寺に葬られたとする。法諱徳翁全山。しかし、『衆臣家譜』編者は、前後の事情からして文禄元年のこの月日に亡くなったのは父有信ではないかと注記している。

なお、第4図には奥州仙道石川氏と塩松石川氏、及び奥州伊達氏、その他各氏との姻戚関係等を示している。ここには、戦国期の対立と協調の姿が如実に反映している。

さて、弾正光昌の長男信昌は、田村郡小野城主田村憲顕女を母とする、相馬藩に仕え、堪忍分として

第4図　百目木城主石川弾正光昌の系譜

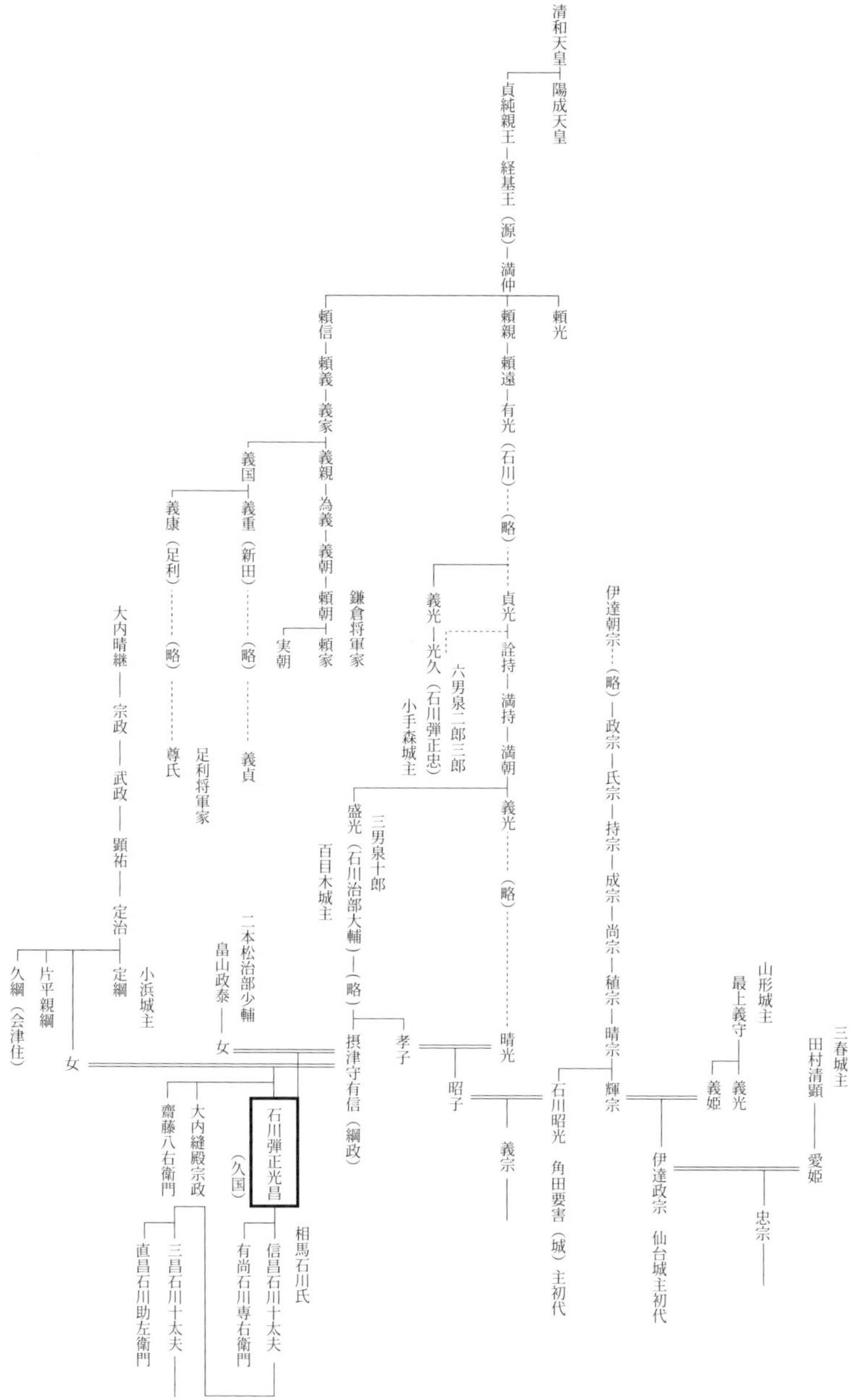

写真１　中村藩職鑑（部分）（脇本善明氏所蔵『相馬の武士　町に住む武士・村に住む武士』〈南相馬市博物館企画展図録第30集〉2009による）

采地を賜る。五〇〇石を給される。石川内匠と称し後に十太夫と改める。これが相馬石川氏総領家初代となる。

二男有尚は、慶長合戦に兄信昌と共に参陣した。同じく田村憲顕女を母とし、相馬藩に仕え一〇〇石を給される。石川専右衛門と称する。また、光昌の三男勘十郎某と四男光定は共に伊達氏に仕えたという。[9]

信昌の長男相馬石川氏二代三昌の母は杉氏女である。父の五〇〇石の内、三〇〇石を給され、石川内匠と名乗り、後十太夫と改める。二男直昌は、母は杉新右衛門女である。父信昌の五〇〇石の内、二〇〇石を分与され、石川助左衛門と称する。この直昌は後に家老職に補され、一時は知行が六〇〇石にも及ぶ。子孫も歴代家老職に就任し相馬藩政の一翼を担った。

文久元年（一八六一）作成の相馬『中村藩職鑑（部分）』（写真1）によれば、家老職に石川助左衛門の名が見える。[10]

史料二　『中村藩職鑑』（部分）（水久保克英：二〇〇九による）

御一家　一三三六石　岡田監物
一一〇〇石　堀内大蔵
七〇〇石　泉内蔵助
七七〇石　泉田豊後
八〇〇石　相馬将監
七〇〇石　相馬靭負

嫡子　泉兵部

御家老　七〇〇石　泉内蔵助
五〇〇石　泉田勘解由
七〇〇石　相馬靭負
八七石　熊川兵庫　郡代頭
六〇〇石　脇本喜兵衛
四〇〇石　石川助左衛門

中老　一五〇石　野坂左仲

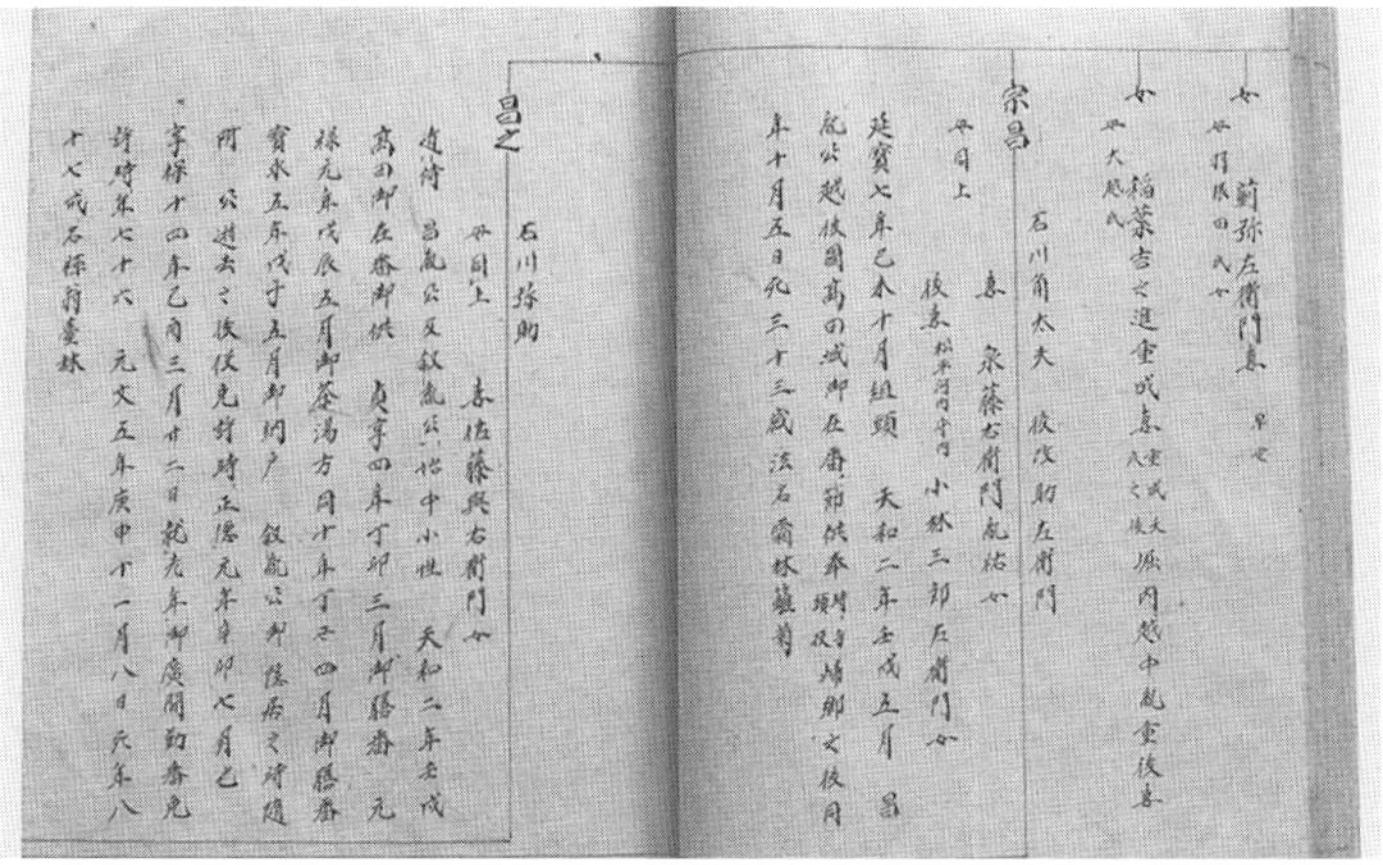

写真２　石川助左衛門系図（部分）本文P164下段参照（相馬和胤氏所蔵「衆臣家譜六十二」より　相馬市史資料集特別編12『衆臣家譜巻十二』：相馬市2010による）

史料三　「石川氏家譜」・石川十太夫（相馬市史資料集特別編12『衆臣家譜　巻十二』相馬市：二〇一〇による）

源姓　石川氏

家紋　蛇ノ目　笹籠胆

氏神　八幡

幕紋　舞鶴　鶴丸

鎮守　辨財天

旗紋　萌黄地ニ白丸　赤地ニ白半月
　　　黄地ニ黒鴈木　黒地ニ白半円相

菩提所　曹洞派　寳月山東泉院

清和天皇第六皇子貞純親王之孫鎮守府将軍多田満仲二男大和守頼親之孫石川冠者（号二柳津源太一）有光十四代ノ後胤

○尚義　石川周防守

居二住奥州安達郡四本松ニ一

遼古八幡太郎義家奥州安倍貞任追討之時石川氏従テ二于義家ニ一悉ク著ス二軍功ヲ一、奥州平均之後石川氏累代住ス二奥州ニ一後孫属二従ス于四本松家ニ一也、

尚光　石川八郎

仙道合戦之時討死、

有信　石川摂津守

住二于安達郡百目木館ニ一継ク二於兄尚光遺跡ヲ一、仕ヘ二四本松式部太輔久義ニ一与二大内備前定綱一ト共ニ保二護ス四本松家ヲ一、然ルニ久義無シ二主将之器一、故ニ定綱廃〆二久義ヲ一押二領シ四本松ヲ一為ル二小濱ノ城主ト一（故《モト》久義、居城也）、有信不〆レ従二定綱ニ一互ニ争フ二武勇ヲ一、雖レ然有信微力ニ〆而不レ諧《カナハ》属二三春城主田村大膳大夫清顕ニ一、于レ時天文年中矣、

光昌　石川彈正

母者二本松治部少輔政泰女

住二於月山城ニ一属二三春城主田村清顕ニ一、清顕者相馬義胤之叔母婿ニ〆伊達政宗之舅也、天正年中政宗伐テ二大内備前定綱ヲ一滅シレ之四本松領為ル二伊達ノ地ト一、光昌所領ハ四本松之内也、故ニ清顕令《シテ》ム下二光昌ヲ属セ中于政宗ニ上、此時自二政宗一為《シテ》二加増之地ト一賜ニ小手森ヲ於光昌ニ一、天正十四年丙戌十月九日清顕無〆二嗣子一頓死ス、故ニ家臣等因二清顕遺命ニ一欲レス為《セント》二田村領地ヲ伊達ノ附庸ト一、或ハ欲シレ使下ント清顕舎弟氏顕嫡男孫七郎宗顕ヲ〆継中田村家ヲ上、或ハ欲スルレ配二与セント田村領地ヲ於相馬義胤公ニ一者多シ、如クレ此田村臣下三分〆而不二一決一也、時ニ光昌者旧《モト》田村之旗下也、故ニ以二政宗計ヒヲ一増二加ス小手杜ヲ一、雖レ然附二属相馬ニ一、同十六年戊子四月光昌入レテ下伊達ト手切之兵ヲ於政宗老臣白石若狭宗直領地西村ニ上合戦獲テ二首級一三十ヲ一帰ル二于月山ニ一、於レ是有下政宗欝二憤〆之一而可レ攻二光昌居城ヲ一之聞上ヘ、故ニ義胤公為レ救ンカ二光昌ヲ一率テレ兵ヲ到リ二月山ニ一堅二衛ス之ヲ一、光昌ハ者移二小手杜ニ一守ルレ之ヲ、光昌父有信者堅二固ス百目木ヲ一、而〆政宗出テ二米澤ヲ一在二陳〆信夫郡大森ニ一而発シレ兵ヲ将ニスレ責ント二月山ヲ一、然ルニ連日続雨互ニ不レ能二攻討コト一政宗帰ル二大森ニ一、義胤公モ亦小高ニ帰城ス矣、五月十四日政宗再ヒ率テ二多勢ヲ一襲二来ル月山ニ一、白石若狭宗直・伊達安房成實為《タリ》二先駈一、相馬ノ加勢岡田兵衛太夫守二衛ス

城一ヲ、故ニ政宗引二揚人数一ヲ以二成實一ヲ為シ二月山之鎮一、同十八日以二大勢一ヲ攻ルノ二小手森一ヲ之間光昌励メ二士卒一ヲ雖二堅固一スト兵少弓折矢竭テ遂ニ不レ得二拒戦一スルコトヲ不意ニメ而落城ス、縦テ二火ヲ於城中一ニ退散、同十八日夜月山城落去シ百目木モ亦有信退去シ悉ク為二政宗ノ所一レ奪畢ンヌ、其後光昌到テ二于相馬領一ニ暫ク居住ス焉、時ニ慶長年中有二上杉景勝起レスノ乱ヲ之聞一ヘ故ニ到リ二米澤一ニ属二景勝一ニ、同五年庚子景勝与二羽州最上義光一合戦之時為テ二兵士百二十騎之将司一ト有二勲功一、又同時籠二城于信夫郡福嶋一ニ、同六年辛丑景勝領地被二没収一之後光昌父子流浪メ而蟄二居ス百目木一ニ、文禄元年壬辰四月廿五日光昌死、歳四十一、法諱徳翁全山、葬二於百目木邑江月山長泉寺一ニ　按ニ光昌文禄元年壬辰死スルハ謬レルカ歟、慶長五年庚子属メ二上杉一ニ有二武功一、後ルルコト文禄一ニ九年也、蓋シ非二ス父有信之事一ニハ乎

女　仙道　宇津志川能登妻
母妾

石川靫負
母同
属シ二下総國古河城主松平伊豆守一ニ為リ二客分一賜二采地七百石一、有二子孫一曰二石川作右衛門一、

赤坂忠兵衛
住二羽州秋田一、

信昌　石川内匠　後改十太夫
母者三春小野舘主田村孫右衛門憲顕女
妻　杉新右衛門女
慶長五年庚子上杉景勝与二最上義光一合戦之時有二戦功一被ルレ疵ヲ、同六年辛丑景勝被二領地没収一之後為ル二浪士一ト、同年中来リ二于相馬一始テ謁ス二義胤朝臣一ニ、之時為シテ二堪忍分一ト賜二采地一ヲ　元和二年丙辰禄秩簿ニ云二百一石六斗二升伝テ曰賜二五百石一ヲ内二百石分与二ストニ男直昌一ニ云々、寛永十年癸酉六月廿九日於二江戸櫻田邸一ニ病死、法諱虚山心公、

有尚　石川専右衛門
母同レ上　系在レ別

有清　石川勘十郎
母同上　子孫住二于仙臺一ニ
仕二相馬一蒙二義胤公ノ勘気一ヲ、寛永九年壬申十一月十九日於二会津一死、法名頓響霜華、石塔ヲ建二于西光寺一ニ、

女　仙臺　石川下野昌烈妻　子孫住二于仙臺一

三昌　石川内匠　後改十太夫
母杉氏女　妻佐藤長兵衛重信女
采地三百石　寛永十六年己卯検地改三百二十一石余、同十八年辛巳改三百石　寛永十一年甲戌閏七月光禄義胤公武州川越城御在番之時供奉、同廿年癸未五月二本松城御在番之時為テ二武頭一ト　弓鎗鉄炮奉行　供奉、正保二年乙酉五月廿五日三春城御在番時ニ為テ二炮手物頭一ト供奉、慶安二年己丑正月摂州大坂城御加番之節モ亦扈徒　炮手物頭、同三年庚寅三月武江城

紅葉山西丸石垣御普請助造之時奉行勤レ之、明暦二年丙申七月廿四日死、年五十五、法諱天顔宗心、

女 門馬四郎兵衛經實妻 經實死後 杉七左衛門妻
母同レ上

直昌 石川助左衛門
母同レ上 系在レ列

義昌 石川権之助 改十太夫
母佐藤氏女 妻大越四郎兵衛政光女
自二明暦之比一至テ二寛文中一ニ物頭勤レ之、寛文四年甲辰閏五月忠胤公始テ竹橋御門番被レ蒙レ 仰之時番頭勤レ之、同十年庚戌六月外櫻田御門番之時モ亦番頭勤レ之、其後為二組頭役一ト、天和二年壬戌五月 昌胤公越後高田城御在番之時為二御持筒鉄炮頭一ト供奉 先レ之ヨリ組頭退役、今度依二武野弥兵衛病気一ニ其代雇也、 貞享元年甲子三月廿三日死、五十二歳、法名空極却安、

昌信 佐藤山三郎 後長兵衛
母同レ上
為二外祖父佐藤長兵衛重信養子一、

女 木村久右衛門重俊妻
母同レ上

信昌 石川次左衛門
母同上
昌胤公御代御祐筆勤仕、天和二年壬戌五月高田御在番之時先テ二于公一ニ到ル二高田一ニ 于レ時、右筆 、元禄十年丁丑江戸護國寺観音堂御普請助造之時普請方手代勤レ之、享保八年癸卯十一月廿七日死、法名雪室宗林、

昌久 石川小兵衛 初名甚右衛門
妻佐藤惣内姉
宝永五年戊子十一月御右筆、享保二年丁酉四月退勤、同十六年辛亥日光御本坊助造之時材木方古木方下役勤レ之、同十八年癸丑畳奉行、同年江戸破損修覆方後依レ病退勤、延享二年乙丑十一月十九日死、法名廓宗了然、

昌春 石川瀬兵衛 初名清左衛門
妻藤田源六宗益女
享保七年壬寅徒目附、同十二年丁未退役、同十五年庚戌江戸角筈御屋敷守、同十七年壬子御免、寛延四年辛未十月十日死、法名義山松忠、

重昌 石川八郎 改十太夫 后号摂津
母大越氏女 妻石川角太夫宗昌女
延享元年甲子十一月十二日死、七十九歳、法名大圓至道、

好勝 小幡三左衛門 後号宗清
或高好
小畑又兵衛高勝養子

女　大越四郎兵衛廣光妻

養女　実門馬四郎右衛門女　末永市郎兵衛友清妻

快昌　石川八郎　八郎左衛門　十太夫　藏人
母石川宗昌女　妻泉内藏助胤和女
正徳五年乙未七月御使番、享保二年丁酉正月物頭（長柄奉行）、同九年甲辰三月組頭、同十五年庚戌退役、宝暦六年丙子閏十一月十七日死、六十二歳、法名鉄舩宗堅、無㆓男子㆒以㆓舎弟昌明㆒為㆓養子㆒、

昌友　石川勝之助
正徳四年甲午為㆓児小性㆒、享保二年丁酉七月廿八日早世、十八歳、法名利山宗貞、

昌明　石川市三郎　運藏
初中小性勤仕、後為㆓兄快昌嗣㆒、

昌明　石川市三郎　運藏　十太夫　官兵衛
妻石川角太夫昌晴女
実快昌舎弟養子、享保十八年癸丑正月御使番、同十九年甲寅十一月組頭、同廿年乙卯十一月三日就㆓帝御即位㆒ニ為テ㆓使价㆒ト上洛（介添岡田与三右衛門納戸役）十月二日発足十二月七日帰㆓江府㆒ニ、元文三年戊午三月江戸御留守居、寛保三年癸亥十月廿五日退役、延享四年丁卯十一月十六日死、四十四歳、法諱義功歡忠、

女　佐藤仁左衛門元重妻
母泉氏女

女　大越四郎兵衛暢光妻
母右同

女　石川助左衛門昌清養女　膐本喜兵衛仙明妻
母石川昌晴女

英昌　石川八郎　十太夫　隠居メ名㆓一當㆒
母同㆑上
妻門馬六兵衛直經女　後配鴇田兵左衛門樹正娘
寛延三年庚午正月十六日使番、宝暦二年壬申二月十三日退役、明和二年乙酉七月十八日物頭、同四年丁亥八月五日退役、同年十二月十一日致仕、其後仍㆓不行跡㆒蟄居後御免、天明四年甲辰四月廿四日死、五十四歳、法名義觀一當、

女　富田與左衛門卓清妻

慶昌　石川八郎　十太輔
母門馬氏女　妻中田玄珉遂良女
安永二年癸巳十一月五日御使番、同六年丁酉七月廿三日中目

附、同日改二名ヲ十太輔一、同七年戊戌四月十七日退役、天明三年癸卯十月十九日物頭、同四年甲辰八月十六日組頭、同六年丙午九月二日退役、寛政元年己酉閏六月十六日仍二徒党ノ有レ罪旧知三百石被レ収二公之一於レ宅籠居賜二新知百石ヲ於嫡子安昌一二、于レ後籠居御免、文化十二年乙亥十一月五日病死、六十一歳、法名徳翁宗澤、

女　熊清兵衛妻　熊家亡後　軍治弥市右衛門政信妻　政信死後　伊東司見祐妻離縁
母鴾田氏女

某　北戸澤三藏　早世
母同レ姉

信顕　田村半兵衛　少名小手森助惣
母右同
為二田村半兵衛安顕養子一、

女　守屋宇多見方重妻
母右同

女　村田仲右衛門包高妻
母中田氏女

女　門馬與左衛門勝經妻　勝經出走之後　草野政之進房重妻
母右同

安昌　石川八郎　後玄節
母同レ上　妻湯澤七兵衛亮長養女　実田村半兵衛信顕女
采地百石　江井村、之内也　安昌自二幼少一眼病末々勤仕、無二心許一容体殊ニ比節相応之養子モ無レ之、迷惑之趣及二君聴一旧功之家故其身一代学ンテ二針科一ヲ而可二奉仕一之旨蒙レリ仰ヲ為リ二針医ト一居二御廊下次席一二、于レ時享和二年壬戌三月廿四日矣、同二年壬戌九月廿三日改二名玄節ト一、文政十二年己丑二月廿一日仍二過失一　妻女之咎　采地百石之内半知被レ収二公之一且隠居、天保十一年庚子五月二十二日死、五十六歳、

養女　実坂地軍藏光當女　末永松之助春清女　春清逐電後　中里源太哲義妻離縁　富澤武兵衛清治妻

女　池田伊右衛門陳春妻離別
母田村氏

恩昌　石川八郎　改十太夫
母同上　妻渡部平治右衛門正意女
文政十二年己丑二月廿一日依二父隠居一継二家督一采地減少メ為ル二五十石一、嘉永六年癸丑五月徒士目附、同年十一月退勤、安政五年戊午六月廿一日死、年四十一歳、

- 某　石川八郎　早世
- 女
- 榮昌　石川八郎
  母渡部平治右衛門正意女
  安政五年戊午八月十二日賜二ル亡父之跡式一、
- 某　小手森助宗　早世
- 小手森三郎

史料四 「石川氏家譜」・石川専右衛門（相馬市史資料集特別編12『衆臣家譜 巻十二』相馬市：二〇一〇による）

源姓 石川氏

家紋 笹龍胆 蛇ノ目
幕紋 舞鶴 鶴之丸
旗紋 水色地ニ白半月 白地ニ赤升 朽葉地ニ黒山蜘
菩提所 曹洞派 岩松山長谷寺

多田満仲次男大和守頼親之孫石川源太有光十五代後裔石川摂津守有信嫡子石川弾正光昌二男

○有尚 石川専右衛門
母者 田村領小野舘主 田村孫右衛門憲顕女
慶長五年庚子上杉景勝与二最上義光一合戦之時与二兄信昌一共ニ有二功名一、于レ時歳十八、同年中同クレ兄ニ来リ二相馬一属二従 長州義胤君一賜二采地百石一、同十二年丁未眞言宗僧三十六人於二小高須按野一ニ被レ処セ二死罪一ニ有尚斬ルレ之ヲ、寛永十一年甲戌閏七月 光禄侍郎義胤公武州川越城在番之時供奉、慶安五年壬辰二月廿六日死、歳七十、法諱智翁堅公、葬二岩松山長谷寺一、

信昌 石川源太郎 早世

女 太田新右衛門道治妻

昌顕 石川雅樂助
実田村宮内顕次二男、為二有尚養子一
実母田村宮内顕貞女 田村顕次ハ実田村家族中津川次郎長男ニテ而為二田村顕貞ノ養子一
受二養父之禄百石一、明暦二年丙申正月朔日死、法諱源譽榮春、葬二偏照山西光寺一、

昌弘 石川吉三郎 嘉兵衛 隠居ノ号二心牛齋一
妻岡田半左衛門長盛妹
後妻小野田庄左衛門義治女
実田村助右衛門顕利二男、為二叔父昌顕養子一
実母西内善右衛門胤宗女
奉レ仕 忠胤邦君一、明暦三年丁酉加二賜采地五十石一凡百五十石 上栃窪村之内、万治二年己亥改二名ヲ嘉兵衛ト一、

昌好 石川専右衛門 初名左平太 隠居ノ名二無心一
母岡田氏女 妻井土川仁兵衛安則養女 実修験者髙臺院女
寛延四年辛未正月死、

女 昌好姉 岡田十郎左衛門政寛妻 政寛死後 今村道伯妻
母同レ上

○

昌貞 石川佐野右衛門 初名吉三郎
母同上
木村三的後室江入夫 後室ハ者南新田村荒太郎左衛門女

石川勘次　母荒氏女
延享二年乙丑十月二十日、為二徒士一其後於二江戸一出奔、

石川道甫　母小野田氏
中嶋茂左衛門後室江入夫　後室者新谷、藤兵衛女也

石川勘六　早世

女　古市作右衛門命清妻

昌清　石川嘉兵衛　母高臺院女
妻草野弥市左衛門清利養女　実草野甚五兵衛正重女
享保四年己亥正月中頭、同八年癸卯二月御台所頭、同年七月
於二江戸櫻田邸一病死、四十二歳、

昌次　石川宇右衛門　隠名夢心　母同上　妻高野三粛女
孤兄之子昌信幼少之間守二育之一、享保十二年丁未五月中
頭、同十六年辛亥四月物頭、今茲日光御本坊助造之時会所
附勤之、寛保元年辛酉退役、宝暦五年乙亥三月十八日死、
六十八歳、

石川平六

昌重　田村喜七　母高埜氏女
妻井戸川庄兵衛清信女　後妻渋佐平兵衛女
仕二德胤公一　寛保元年辛酉極月、廿一日中小性常雇　明和四年丁亥十月十六日死、

女　池田善右衛門妻離縁　岡田宗兵衛盛長妻
盛長死後　泉良圓胤寧妻

石川市太夫　初名平四郎　出奔

經命　門馬幸次郎　初苗田村　母井土川氏女
明和四年丁亥十二月七日賜二一人扶持一、同八年辛卯五月三日
為二門馬三右衛門經佐婿養子一、

女　母草野氏　湯澤喜右衛門安茂妻

養女　実岡田十郎左衛門政寛女　池田平左衛門康久妻

昌信　石川嘉兵衛　改専右衛門　若名弁蔵　母草野氏女
妻花井七郎太夫信英養女　実福岡長左衛門吉貞妹離縁

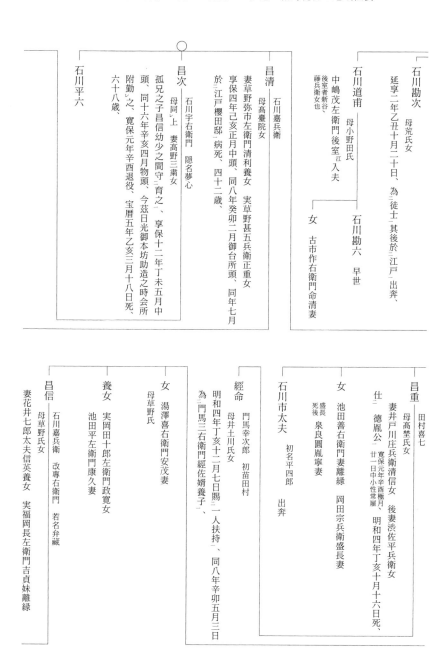

後妻福嶋次郎左衛門福春女
寛延四年辛未二月十五日中頭、宝暦六年丙子物頭、明和元年甲申九月朔日猩々緋炮手、同年十二月御持鎗奉行、同三年丙戌二月廿六日組頭、同年六月十六日改二名専右衛門一、同六年己丑二月廿一日退勤、同七年庚寅七月九日死、五十歳、

女子二人　共ニ早世

養女　実古市作右衛門命清女
猪苗代盛吟妻
後鈴木幸太安清妻

昌盈　石川嘉兵衛　隠居ノ後号二自樂一　少名荒太郎
母福嶋氏女
妻門馬三右衛門經佐養女　実日下傳藏宗茂女
明和七年庚寅家督、安永元年壬辰十一月廿四日為二在郷中頭一、同三年甲午十月廿八日物頭、天明三年癸卯十月六日御持鎗奉行、同八年戊申五月十六日為下従二中頭一十六年精勤之賞上増役料五十石給レ之、寛政四年壬子十一月廿五日為二郡代役一、同五年癸丑二月十八日物頭役年来勤仕、殊ニ自二天明癸卯一迄テ去壬子ニ十箇年皆勤故ニ褒メ賜二御上下一、同十三年辛酉正月十六日郡代役十箇年出精ニ勤仕褒レメ之増役料五十石賜レ之、文化二年乙丑十一月十六日仍レ病退役、同三年丙寅七月十七日隠居、同十三年丙子十二月六日死、行年七十歳、

昌盈舎弟
昌晴　石川嘉市郎
改勇之進
安永六年丁酉七月十日為二智恵姫君ノ常詰中小性一、同年十一月改二名勇之進一、天明元年辛丑十一月十五日退勤、其後出奔、

女　早世
母日下氏女

女　相馬主税胤綿室
母同上

昌俊　石川嘉兵衛　少名富次郎
母同上　妻森武兵衛帷次女
文化三年丙寅七月十七日家督、同年十月十二日改二名嘉兵衛一ト、同五年戊辰正月十六日為二在郷中頭一、同六年己巳二月依レ病退役　一書ニ云五年戊辰、十二月四日退役、文政五年壬午七月十六日死、歳四十四、

女　早世
母森氏女

昌雄　石川嘉兵衛　隠名心牛齋　幼名常太郎　改正也
母同レ上　妻日下勘左衛門行宗女
文政五年壬午九月八日継二父之遺跡一、同八年乙酉六月十六日更メテ二正也ヲ一号ク二嘉兵衛一ト、天保十一年庚子正月講所引受御廊下席、同十二年辛丑正月免許、弘化三年丙午二月復タ講所引受席如レ元、同年七月為二講所助教御台所頭次席一、安政三年丙辰三月依レテ病退役、同五年戊午八月隠居、

某　石川峯之助　早世

女　母日下氏

某　石川勝太郎　母同上　早世

昌興　石川巻蔵
実村田半左衛門易隆弟、為昌雄婿養子
実母森武兵衛精次女　養母日下氏女　妻昌雄女
嘉永六年癸丑九月講所引受中小性席、安政四年丁巳七月東直五郎君・佐竹左近将監殿御養子之節御附人蒙命、同年十二月御免、同五年戊午三月吉太郎君為中小性、同年八月家督、文久元年辛酉六月為御同君御傅御用聞兼帯御台所次席、

女　昌興妻　母日下氏女

某　母同上　早世

女　母同上

女

某　早世

石川常太郎

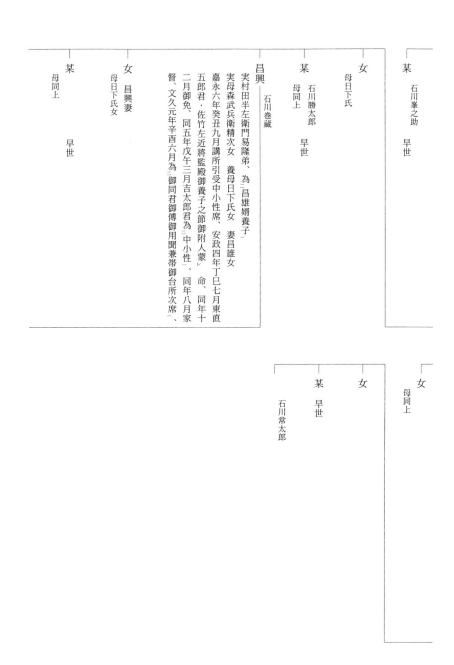

史料五　「石川氏家譜」・石川助右衛門（相馬市史資料集特別編12『衆臣家譜　巻十二』相馬市：二〇一〇による）

源姓　石川氏

家紋　鶴ノ丸　蛇ノ目　笹龍胆　三ツ亀甲
幕紋　鶴ノ丸　笹龍胆
旗紋　白地ニ黒鐘　朽葉地ニ黒鐘
　　　黒地ニ金短冊　黒地ニ黄短冊
氏神　八幡
鎮守　辨才天
菩提所　曹洞派　寳月山東泉院

清和源氏石川源太有光十六代後裔石川彈正光昌嫡子石川十太夫信昌二男

○直昌　石川助左衛門　隠居ノ名ニ元由一
　母者杉新右衛門女
　妻羽根田源兵衛女　次　大越與惣兵衛久光女

歴ニ事於　義胤・忠胤・貞胤三君ニ、寛永之始賜ニ新知弐百石余一（寛永十六年己卯検地改ニ二百四十四石余、同十八年辛巳ノ改ニ二百一石八斗三升八合、明暦年中二百二石）、同十一年甲戌閏七月　義胤公武州川越城御在番時供奉（時ニ年十七）、同廿年癸未五月二本松城御在番、正保二年乙酉五月三春城御在番右両度供奉、慶安二年己丑正月摂州大坂城御加番之時亦扈従於ニ大坂ニ為ニ目附役一、承応年中物頭、明暦年中江戸留守居、万治元年戊戌加ニ賜采地九十八石一為ルニ三百石ト一、寛文元年辛丑六月被レ補ニセ於家老職一有ニ二百石之加恩一、同三年癸卯又加ニ賜弐百石ヲ一都合六百石（其采邑者小野田・泉・高倉・高平・押釜・石上・牛越・大木戸八箇村之内也）、同十二年壬子二月就ニ佐竹右京兆義處入部一使ニスト于秋田一ニ（副使嶋庄右衛門）、延宝六年戊午正月廿六日依レ病退役隠居（先年所レ賜之加増三百石之内二百石為ニ役料一収ニ于公一、一書云延宝三年乙卯十二月加増分二百石被レ収ニ公之一云々）嫡子宗昌家督四百石賜レ之、天和三年癸亥七月十四日死、歳六十六、法諱松叟玄幽、

女　翫弥左衛門妻　早世
　母羽根田氏女

女　稲葉吉之進重成妻　重成夭死之後　堀内越中胤重後妻
　母大越氏

宗昌　石川角太夫　後改助左衛門
　母同上　妻　泉藤右衛門胤祐女
　　　　　後妻　松平河内守内　小林三郎左衛門女

延宝七年己未十月組頭、天和二年壬戌五月　昌胤公越後國高田城御在番ノ節供奉（時ニ頭役）、帰郷之後同年十月五日死、三十三歳、法名霜林籬菊、

昌之　石川弥助
　母同上　妻佐藤與右衛門女

近ニ侍　昌胤公及叙胤公ニ始中小性、天和二年壬戌高田御在番御供、貞享四年丁卯三月御膳番、元禄元年戊辰五月御茶湯方、同十年丁丑四月御膳番、宝永五年戊子五月御納戸叙胤公御隠居之時随附　公逝去之後役免許、時ニ正徳元年辛卯七月也、享保十四年己酉三月廿二日就ニ老年一御広間勤番免許、時ニ年七十六、元文五年庚申十一月八日死、年八十七、戒名禪翁臺林、

女　田村助右衛門重顕妻

女　佐藤勘左衛門本信妻

女　石川摂津重昌妻

弘昌　石川助左衛門　隠居ソ名ニ一水ト　幼名　孫十郎又助太郎
母泉氏女
妻　門馬嘉右衛門辰經女
後妻門馬弥惣右衛門親經女離別
天和二年壬戌十一月廿四日賜ニ亡父之遺跡一ヲ、貞享四年丁卯九月自ニ　昌胤公一賜ニ采地小野田・高平・高倉・大内四個村之内高四百石之御証判一、元禄四年辛未十二月御使番、同六年癸酉六月組頭、同九年丙子六月寺社奉行兼役、同年十二月十一日小性頭、同十二年己卯九月若年寄、宝永元年甲申三月十一日為ニ　菊千代君（徳胤公）之傅臣一、同五年戊子二月十九日被レ任ニ家老職一、正徳三年癸巳九月因レ病退職、享保十八年癸丑九月四日死、于レ時年六十四、法諱一水實順、

昌秀　大越平右衛門　後改沖右衛門　一書ニ仲右衛門
妻都郷伊右衛門綱保女
享保元年丙申三月御能方、同六年辛丑九月廿四日死、戒名雲峯玄竜、

近綱　都郷伊右衛門
都郷定左衛門綱博婿養子

定重　大甕卯太夫
大甕一相定永養子

昌晴　石川弥助　角太夫
妻大井弥惣治女
享保十三年戊申七月御能道具預、同十五年庚戌御免、宝暦七年丁丑十二月廿六日死、戒名好岸宗雪、

石川三郎右衛門
妻坂地茂左衛門女　後嫁ニ于愛沢氏一
寛保二年壬戌七月　内膳君ノ常詰徒士、元文四年己未五月交代徒士、宝暦十年庚辰八月十四日死、法名一相圓心、

女　石川助左衛門昌清養女　石川官兵衛昌明妻

高恒　小畑三左衛門　又名又兵衛
小畑三左衛門高安養子

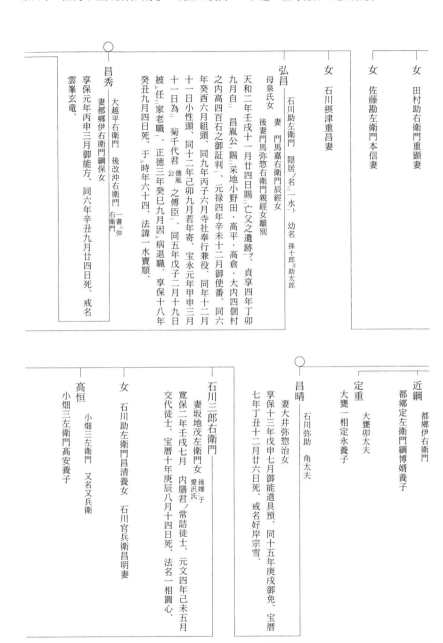

石川弥助　初名次郎太夫
母橋本七郎兵衛女
明和元年甲申十二月十五日徒士目附、同七年庚寅御台所手代、安永元年壬辰八月十八日仍二過失一被二役召放一且被レ殺カ二切米一、天明四年甲辰三月五日出奔、

女　坂地軍藏光當妻

女　大井宗碩妻　後　馬場五郎右衛門躬忠妻

昌清　石川助左衛門　幼名孫十郎
母門馬辰經女
妻　松平肥前守家士　鵜殿團右衛門女
享保元年丙申十一月御使番、同三年戊戌組頭、同五年庚子御用人徒士頭、同八年癸卯五月被レ任二家老職一、同年預二御普請方支配一又士大将組支配、同十三年戊申江戸常府、同十四年己酉十一月七日　昌胤公姫君於秋方為リ二松平甲斐守勝重夫人一ト御婚姻之時輿渡勤レ之、同十八日五ッ目御祝儀自二勝重一賜二佩刀一、元文三年戊午十二月廿五日為《シテ》二江戸常府十一年勤仕之賞一ト加増百石賜レ之凡五百石、寛保元年辛酉依レ病帰国、同二年壬戌正月二十六日死、四十九歳、法名湖呆重山、号二煙樹院一、

女　泉左衛門胤秀妻
母右同

某　石川彦四郎　早世
母右同

庸昌　石川弥市兵衛　後号了水　少名本太郎
母鵜殿氏女　妻幾世橋作左衛門房經女
寛保二年壬戌三月二日起復賜二亡父之遺跡一、同月拜二謝ス家督之事一ヲ、去月廿九日就二亡父三十五日一御香典金弐百疋賜レ之、同年為二組頭一、延享元年甲子正月十六日御用人、同二年乙丑七月廿一日徒士頭兼二大目附役一、同四年丁卯依レ病退役、寛延三年庚午組頭、宝暦元年辛未八月　徳胤公之御用人、同六年丙子（一ニ云二年壬申）依レ病退役、明和元年甲申十二月十八日隠居、同三年丙戌六月九日為二家老職一賜二月俸五十人分一、同五年戊子十月十五日其職事免許、天明二年壬寅八月廿九日死、六十九歳、法諱儀順了水、号二天運院一、

女　熊川要人長芳妻　未レ嫁早世

養女　実石川弥助昌之女　田村助右衛門重顕妻

養女　実　松平肥前守家士　鵜殿彈藏女　相馬外記胤壽妻

邑昌　石川助左衛門　隠居名賴母
母幾世橋氏女　妻岡田監物春胤女
明和元年甲申十二月廿八日家督、同二年乙酉二月十二日改名助左衛門、同三年丙戌四月四日御使番、同八年辛卯五月六日

組頭、同九年壬辰正月寺社奉行兼役、同年七月十七日依二過失一被レ褫レ役、安永三年甲午十一月廿二日組頭、同六年丁酉十月依レ病退役、同九年庚子九月十二日組頭、天明四年甲辰七月廿七日於二江戸一任二家老職一、同五年乙巳七月十一日仍二咎科一被二老職召放一采地五分一被レ収二公之一且隠居禁足、寛政元年己酉九月廿二日依二大赦一禁足御免、文化三年丙寅二月十九日死、歳六十一、法諱機山玄壽、号二恵林院一、

女　早世
母右同

女　池田八右衛門直重妻　未レ嫁早世
母右同

女　谷六左衛門宗武妻
母右同

品昌　石川志津摩　助左衛門　幼名孫十郎
母岡田氏女、以下同腹
妻相馬将監胤壽女離縁　松本小右衛門伴重女同レ上
田村助右衛門憲顕女同レ上
四本松大右衛門義詮家抱女
実四本松忠治義林女　品昌死後泉右橘胤傳妻離縁、四本松勘解由義詮妻
天明五年乙巳七月十一日継二家督一采地為二四百石一、同年八月廿日改二名助左衛門一、寛政元年己酉八月為二　恕胤君之使番一、同三年辛亥八月十四日　君逝去、故十二月十六日役免許、同七年乙卯五月十五日使番、同年十一月廿四日組頭、享和元年辛酉三月十五日御用人徒士頭大目附兼帯、同年九月廿一日依レ病退役、同二年壬戌八月十五日死、三十八歳、法名達道了然、号二清照院一、

女　門馬孫太夫忠經妻離別
藤岡道仙之叔妻右同
村津貞兵衛章妻

女　岡田監物恩胤妻

昌義　石川志津摩
為二兄品昌嗣子一、

女　中野市右衛門重喜妻離別
西市左衛門紀治妻右同
花井七郎太夫信興妻

朝昌　石川志津摩　弥市兵衛　隠居ノ名二一遍一
初諱昌義　小字義八　妻佐伯十右衛門祥重女
実品昌舎弟為二養子一　実母岡田春胤女
寛政八年丙辰七月十三日為二　祥胤君之小性一、同十年戊午為二兄品昌養子一勤仕如レ元、享和二年壬戌十月六日賜二養父之遺跡一、同日小性免許、同年十一月五日改二名弥市兵衛一、同三年

癸亥十一月廿日御使番、文化二年乙丑三月廿五日　祥胤公御隠居附使番、同年十二月十二日中目附、同三年丙寅十一月廿四日樹胤公ノ御用人郡代頭取、同五年戊辰五月四日依レ病退役、同六年己巳十月廿七日復御用人徒士頭兼二大目附一、同七年庚午七月五日小性頭、同八年辛未十二月十五日依レ病退役、同十一年甲戌四月十九日　祥胤公ノ御用人、同十二年乙亥七月廿四日益胤公ノ御用人徒士頭大目附兼帯、同十四年丁丑五月廿一日依レ病退役、文政六年癸未十一月晦日致仕、同十二年己丑四月五日蒙下岡田純太郎殿就二幼年一暫ク御附人御頼之　命ヲ上賜ル二月俸三人分一、同年七月十二日右御憑免許、同十三年庚寅五月廿四日死、歳五十六、法諱如海一漚、号二空性院一、

某　石川本太郎
母四本松氏女　早世

常昌　石川角太夫　助左衛門　初名瀧迫八為
実木幡甚五左衛門盛清四男
妻養父朝昌女　早世　花井七郎太夫信興女離縁
大浦庄右衛門明清女離縁
生駒首令稠祐養女　実養父朝昌四女
初　彰《チカ》之助永胤君ノ中小性勤仕、文化十二年乙亥十一月十二日許下可セラル於嘗テ所レ請為ルコトヲ中朝昌之婿養子上ト中小性免許、文政六年癸未十一月晦日家督、同七年甲申正月十七日改二名助左衛門一、同年五月御使番常雇、同九年丙戌正月十六日御使番江戸御刀番、同年九月廿四日中目附、同十年丁亥六月朔日御用人郡代頭取徒士頭大目附兼帯、同十二年己丑六月廿三日御側御用人、天保二年辛卯二月十三日依レ病退役、同年三月廿五日

復為二御側御用人一御身元御倹約引受、同三年壬辰五月廿五日大本ト江戸永詰、同四年癸巳三月廿二日於二江戸一蒙二老臣職之命一、同六年乙未三月十一日俄然トメ大ニ病リ、故ニ退職且ツ乞フテレ譲ルコトヲ二跡式ヲ于嫡子芳昌一ニ而卒死ス、時ニ年三十八、法諱湛然照心、号二本覺院一、

女　養子常昌縁女　早世
母佐伯氏女、以下同腹

女二人　早世

女　常昌妻　初与二本山鼎安典一結二縁組一未レタ整二婚儀一ヲ、故ニ仍二益胤公命一ニ生駒首令稠祐為シ二養女一ト妻ス二常昌一ニ
母佐伯氏女

芳昌　石川義八　改角太夫
為二兄常昌養子一、

尹清　木幡甚五左衛門　幼名留藏
改俊清
為二木幡甚五左衛門直清養子一ト、

女　半野正藏妻

芳昌　石川角太夫　改助左衛門
妻岡田帯刀知胤妹離別
猪狩勘右衛門隆辰家抱女　実泉田掃部胤清女
朝昌実子、為二常昌養子一
天保四年癸巳三月廿二日御詰番、同六年乙未四月賜二亡父之遺跡一（采地四百石標葉郡小野田・行方郡泉・高倉・押釜・石上・牛越・大木戸・大内・高平九箇村之内也）、去十五日就二亡父三十五日一以二上使一御香典銀賜レ之、同年七月改二名ヲ助左衛門一、同十二年辛丑十一月十五日講所助教御使番次席武芸引受、弘化二年乙巳八月十五日御使番江戸御刀番、同四年丁未十二月六日中目附、嘉永四年辛亥九月朔日組頭、同五年壬子九月十八日依レ病退役、同年十月十九日復組頭、同六年癸丑十月十一日寺社奉行加役、安政三年丙辰九月九日御用人徒士頭兼二大目附一、同四年丁巳六月十五日蒙下充胤公以二岡田監物弟恭（恭）次郎一配二二女一可レ為二婿養子一之命上、同七月七日拝二謝養子之事一、同九月廿日小性頭、同五年戊午四月廿四日充胤公御婚姻之時輿請取勤レ之、後従二太田備中守殿一上下賜レ之、同六年己未十月廿八日任二家老職一、

女　今村吉右衛門秀年妻
母花井氏女

石川義助
母生駒氏養女

石川恭（恭）次郎
実岡田帯刀知胤二男　妻芳昌二女

女　小幡雄三郎妻
母岡田氏女、以下同腹

女　早世

女　石川佐介　早世

女

女

石川志津摩
母実泉田氏女

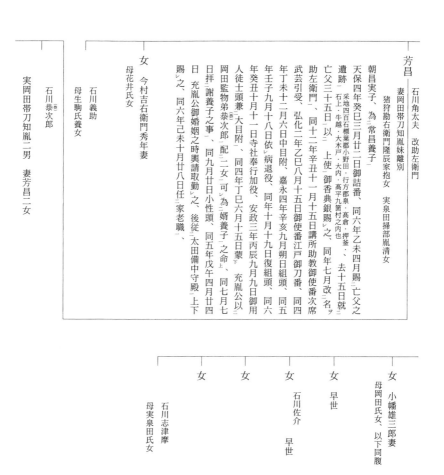

なお、相馬家所蔵史料等から、只野清氏によって書写・作成された、相馬市図書館所蔵の『中村藩士系譜集』（『衆臣家譜』）、『中村藩士氏別石高等調』、『土着調』等[11]によると、相馬石川氏は明治時代の初めに相馬領内に土着した。石川十太夫訢郎（五〇石）は中郷高平、石川嘉平（一五〇石）は小高郷塚原、石川助左衛門雅蔵（四〇〇石）は北郷北蛯である。

4　石川弾正の一族

塩松石川氏の系譜については、天保十年（一八三九）に完成した『衆臣家譜』記載の家系図があり、前項で述べたとおりである。

この他に永年にわたって塩松石川氏等の地域史調査研究を重ねている鴫原吉之助氏によって編まれた系図が存在する。その系図は、石川弾正光昌の後裔、石川昌長氏所蔵の系図等の史料をもとに、関係史料を各地に訪ね歩いて構成した労作である。

なお、石川氏邸宅にも巻物状にまとめられた石川氏系図が室内の欄間を一周するように掲示されているが、鴫原氏の系図は基本の部分はこれと同様の内容と推察される。

鴫原氏は、この石川氏家系図等を平成二十二年四月二十八日に安達郡内の地域住民に配布公開し、当地域の郷土歴史研究と地域文化振興に寄与している。さらに氏は、二本松市旭公民館で開催された石川弾正顕彰会の「塩松東物語二〇二〇講演会」（第二一回例会）にて、これらの様々な史料・家系図をもとに「石川弾正一族と石川四天王[12]」と題して、講演している。

ここでは、このような経過を記してこの石川氏家系図を次に紹介することにする。

その石川氏の系図に拠ると、塩松石川氏の系譜は次のようになる。

塩松百目木石川氏は、奥州石川氏石川満朝三男、泉十三郎盛光を初代とする。六代目に石川摂津守有信、七代目が石川弾正光昌となる。その後相馬藩に仕え相馬石川氏となるが、その総領家初代は塩松石川氏八代目の信昌、次代が三昌である。その後は系譜としては省略されている。

第5図　塩松石川氏の系図（鴫原吉之助：二〇二〇から作成）

①石川盛光―②有重―③有光―④胤光―⑤尚義（光義）―⑥有信―⑦光昌
⑦光昌―⑧信昌―⑨三昌（以下略）
⑦光昌―有尚
⑧信昌―直昌

なお、これには同時に石川氏四天王も示されているので併せて掲げておく。

史料六『石川弾正の一族』（鴫原吉之助：二〇二〇による）

初代　盛光
泉十三郎石川治部大輔
母　伊達宮内大輔藤原行宗女伴子
妻　岩城弾正常位女（長禄元年八月七日卒
宣壽院殿宝台明照禅尼）
盛光（法名）中岸
宝徳三年十月二十一日卒（戒名）実明院殿保
山道昌大禅定門
二代　有重
十三郎（法名）石心
伊賀守
三代　有光（有充）
信濃守　文明二年八月十八日　相馬堀内下野
守胤政女を妻とす
（法名）一凬
弟　重充　小宅一郎左衛門
四代　胤光
十太夫　越中守（法名）香山

母　堀内下野守女
五代　尚義（光義）
周防守
弟　元好　隼人正
弟　重恕　石森半内左衛門
六代　有信
摂津守　兄尚光の遺跡を継ぐ
大永二壬午年六月二日卒
壽昌院殿源室紹圓大居士
兄　尚光（八郎）仙道合戦之時討死
姉　孝子　石川三芦城主第二十四代晴光公室
天正十三年九月三日卒　白相院殿露光妙昌大姉
弟　充政　会田七良太夫
七代　光昌　弾正
母　二本松治部少輔畠山政泰女
室　小野城主田村孫右衛門憲顕女
伊達政宗との戦により田向、小手森城落城、百目木城は天正十六年五月五日午刻落城。山木屋に落ち相馬に退去する。後、上杉景勝に仕えるも浪人となり百目木に戻り死去。百目木名目津に埋葬さる。
文禄元壬辰年四月二十五日卒
曹清院殿徳翁全山大居士
弟　石川民部　仙台領角田に住す
妹　仙道宇津志川能登守室
弟　靭負（作右衛門）松平伊豆守家の家老となる
下総古河城主松平伊豆守客分采地七百石賜る
後家老職務める（子孫東京都豊島区居住）
弟　赤坂忠兵衛　鮫川の赤坂家に養子となり
佐竹氏に仕え重臣となる羽州秋田に住す
八代　信昌
石川内匠　後十太夫
母　三春小野館主田村孫右衛門憲顕女
上杉景勝に仕える慶長六年景勝領地会津百二十万石没収之後流浪、同年中相馬義胤朝臣之時堪忍分二百石賜る（元和二辰支配帳に二百

一石六斗五升）
寛永十癸酉年六月廿九日卒
（法名）虚山心公信士
弟　小畑南恒
弟　石川孫助
弟　有尚　石川専右衛門
母　田村孫右衛門女
慶長五年最上合戦之時武勇著す十八歳也
慶長六年義胤君に仕禄百石賜る
寛永十一甲戌年七月光禄侍郎義胤君武州川越
城在番之時扈従
慶安五壬辰年二月廿六日卒
法諱　智翁堅公（子孫　安政二年相馬藩御家
中名簿百五十石大身鷹巣町住石川嘉兵衛也
明治初年小高郷塚原村土着石川巻蔵　現在の
子孫南相馬市小高区南鳩原居住）
弟　有清　石川勘十郎
寛永九壬申年十一月十九日於会津死　子孫仙
臺に住す

妹　仙臺石川下野昌烈室
九代　三昌
母　杦新石衛門女
武頭勤之　寛永年中知行三百石
明暦二丙申年七月廿四日卒五十五歳（法名）
天岸宗心信士（子孫　安改二年相馬藩御家中
名簿五十石小身鷹巣町住重太夫也　明治初年
北郷上海老村土着　石川雅蔵）
妹　門馬四郎兵衛經實室　經實死後杦七左衛
門に嫁す
弟　直昌　石川助左衛門
義胤、忠胤、貞胤三代に仕寛永之始新領二百
石賜る　中目付、武頭、江戸御留居勤仕　万
治元戊戌年九十八石加増三百石
寛文元辛丑年家老職　加増百石　同三年二百
石加賜都合六百石　延宝六戊午年仍病退役隠
居　先年御加増三百石之内二百石役料分に成
上る
嫡子角太夫宗昌家督四百石

天和三癸亥年七月十四日卒六十六歳（法名）
松叟玄幽
（子孫代々家老職　安政二年相馬御家中名簿
四百石大身　鷹部屋町住　石川助左衛門也
明治初年中ノ郷高平村土着石川欽一郎　相馬
藩主家の家令となる）
（以下略）

石川の四天王
斎藤家（修里）子孫山部沢に住す（斎藤氏先祖）
大柳家　百目木中町に住す（大柳彦右衛門家か）
吉田家　百目木上町に住す（吉田氏先祖）
高橋家　百目木下町に住す（鍋屋の系統か）

5　小浜大内氏と石川氏

戦国末期、塩松において石橋氏に代わって勢力を競った塩松小浜城主大内氏の系図の中にも、石川弾正光昌が登場する。大内備前定綱は小手森城で伊達政宗に敗れた後、会津蘆名氏に身を寄せていた。しかし、後には弟片平助右衛門親綱と共に伊達政宗に帰属し、やがて伊達家重臣となる。「大内氏系図」によると、大内氏と石川弾正の関係は次のようになる[13]。

第6図　大内氏系図（『岩代町史』2：一九八五による）

- 大内義綱
  - 大内備前定綱 ― 重綱 ―（以下略）
  - 女（嫁石川摂津守綱政）
    - 石川弾正久国或作光昌
    - 大内縫殿某定政トアリ
    - 斎藤八右衛門某
  - 親綱（片平城主）
  - 久綱（会津住）

大内定綱の妹が嫁したという石川摂津守

綱政が、弾正の父石川摂津守有信だとすれば、その子久国が石川弾正光昌に相当することになる。参考まで掲げておく。

（注）
（1）黒板勝美他編『日本三代実録　前篇』（改訂増補國史大系）吉川弘文館　一九七七
（2）五味文彦「歴史資料の魅力と活用」『ふくしま再生と歴史・文化遺産シンポジウム集』福島大学うつくしまふくしま未来支援センター（於福島県文化センター）二〇一三
（3）小林清治監修・小豆畑毅編『石川公追遠四百年記念誌』石川町・石川町教育委員会　一九九〇
（4）高橋富雄監修・伊藤信・斎藤鋭雄・高倉淳編集『修訂版石川氏一千年史』角田市　一九八五
（5）小豆畑毅「中世石川氏の実像」『石川公追遠四百年記念誌』石川町・石川町教育委員会　一九九〇
（6）齋藤鋭雄「仙台藩の成立と角田」『角田市史』通史編下　角田市　一九八六
（7）小林清治・渡部正俊「中世」『岩代町史』1通史編1　岩代町　一九八九
（8）齋藤完隆編著『衆臣家譜　巻十二』天保十年刊（相馬市史資料集　特別編12）相馬市　二〇一〇
（9）高橋明「安達東根の石川氏」『福島史学研究』94　福島県史学会　二〇一六
（10）水久保克英編『相馬の武士　町に住む武士・村に住む武士』南相馬市博物館　二〇〇九
（11）只野清写本『中村藩士系譜集』（『衆臣家譜』）、只野清調査『中村藩士氏別石高等調』、『土着調』相馬市図書館所蔵
（12）鳴原吉之助「石川弾正一族と石川四天王」『塩松東物語二〇二〇講演会要項』（於二本松市旭公民館）石川弾正顕彰会　二〇二〇
（13）「大内氏系図」『岩代町史』2資料編1　岩代町　一九八五

第二節　塩松の開発と経営　―石橋氏・大内氏・石川氏―

（渡部正俊：一九八九）

1　塩松と二本松

陸奥国の安達郡は、平安時代の醍醐天皇の頃、延喜六年（九〇六）一月二十日に安積郡を割いて建郡された(1)。安達郡の名称はその後現代まで使用され、今は大玉村のみがその名跡を冠して、歴史上名誉ある地位を占めている。

この安達郡という呼び名に対し、阿武隈川東の旧岩代町・東和町・白沢村、川俣町山木屋付近を「塩松」（安達東方・安達東根）という呼び方がある。

塩松は、安達郡の東部地域（東

第1表　中世安達郡（荘）東・西の呼称

貞応　元（一二二二）		安達荘	
建武　二（一三三五）・八・二八	安達郡木幡山		
三（一三三六）・一二・二六		安達荘	
四（一三三七）・三・三		安達荘	
（延元四＝一三三九）・四・一二	安達東方		
（興国元＝一三四〇）・正・二二		安達郡	
興国　二（一三四一）・二・二七			安達西方
四（一三四三）・五・六			安達西方本宮
（文和元＝一三五二）・一二・一一	安達東根内塩松		
文和　元（一三五二）・一二・一七	安達東根		
（永徳元＝一三八一）・九・六	東根内戸沢郷		
正長　元（一四二八）・一〇・二	塩松		
二（一四二九）・四・二六	塩松		
二　・九・二	塩松治部大輔		
永享　四　二（一四三）・正・七			二本松
六（一四三四）・五・二四			二本松
寛正　元（一四六〇）・四・二一	塩松		二本松

安達・安達東）を意味し、阿武隈川東地区を指す言葉として、あるいは小浜地区近辺を示す言葉として使用されてもいる。また、近世からは四本松という言葉も使われている。

一方、安達郡のうち阿武隈川の川西地区を指す「二本松」（安達西方・安達西根）という言葉が対として使用される。

(1) 塩松郡と呼ばれた時代

初めに安達郡を示す言葉や地域や内容について考えるが、塩松については、渡部正俊先生の研究（第1表）を基に考えていきたいと思う[2]。

先ず安達東根については、延元四年（一三三九）に「安達東方」

←蒲生領→←上杉領→←再　蒲　生　領→←加　藤　領→

元・一〇・二一	塩松	二本松
文明三（一四七一）・一二・三	塩松	二本松
長享元（一四八七）・一二・一五	東袮	西ね
明応九（一五〇〇）・七・二三		安達郡二本松
（文亀三＝一五〇二）・七・二三		安達郡二本松
永正一一（一五一四）	塩松三三郷	
（中　略）		
天正一四（一五八六）・七	安達郡塩松三三郷	
一四　・八・一二		二本松三三郷
（中　略）		
（天正一九＝一五九一）・二・二五	塩松（郡のことか）	
・八・七	塩松（郡のことか）	
文禄三（一五九四）・三・七	安達郡（二八村）	二本松郡（三〇村）
慶長三（一五九八）	安達郡	二本松
五（一六〇〇）・八・二三	塩松（郡）	二本松（郡）
七（一六〇二）・五・四		二本松郡
八（一六〇三）・二・一六		安達郡
一五（一六一〇）・七・二六		二本松安達郡
元和三（一六一七）・四・二三	塩松郡	二本松郡
七（一六二一）・一二・朔	塩松郡	
寛永二（一六二五）		二本松郡
四（一六二七）		安達郡
五（一六二八）・九・一八	安達郡	
一三（一六三六）・正・八	安達郡	安達郡
二〇（一六四三）・八・二	安達郡	安達郡

という用語が見られる。

一方、興国二年（一三四一）二月二十七日には、「安達西方」という言葉が見え、これは、二本松地方を示している。

奥州の塩松という用語が初めて登場するのは、文和元年（一三五二）と思われる十二月十一日の足利尊氏の御内書で、「陸奥国安達東根内塩松」という表現がある。「安達東根内塩松」に対して「東根内戸沢郷」という呼び名も確認されていて、この当時の塩松は、安達郡東部の全域を示してはいないと考えられる。

室町時代の初め頃、即ち南北朝期には、安達郡は、阿武隈川を挟んで、東を安達東方、安達東根、西を安達西方、安達西根と呼んでいたことが分かる。

また、「東根」の名は、長享元年（一四八七）十二月十五日の記録にも「東祢」とあり、長期間使用されていたことが知られている。

このような例は他にもあり、伊達郡でも阿武隈川を境にして、その東部を伊達郡東根、西部を伊達郡西根といっており、例えば、伊達郡西部の大規模潅漑用水路を「西根堰」と呼んでいる。

天正十九年（一五九一）以降、蒲生、上杉、再蒲生各氏の安達郡支配体制下でも、古来の名称である「安達郡」をほとんど使用せずに、中世戦国期以来の「塩松」郡、「二本松」郡という名称を公的にも使用した。

(2) 徳川家康「百万石のお墨付き」と塩松

慶長五年（一六〇〇）、徳川家康は関ヶ原合戦に先立ち、伊達政宗を懐柔するために当時の伊達領五八万石に加えて、四九万五〇〇〇石余の加増を提示する。即ち石高が一〇〇万石となることを約束して、政宗に与えた、いわゆる伊達「百万石のお墨付き」でさえも、つまり公式文書形式の文書さえ、塩松・二本松を使用している。(3)

史料一　二本松ほか六郡知行高目録　伊達家文書　（『二本松市史』3：一九八一による）

知行之高

苅田

三万八千六百四十六石三斗六升

伊達

六万九千六百四十六石六斗

信夫

五万三千百九十四石五斗仁升

二本松

三万三千四百六十五石九斗四升

塩松

三万五千二百五十仁石八斗八升

田村

八万七千六百八十仁石八斗七升

長井

拾七万七千九百三十三石七斗六升

右、惣都合四十九万五千八百仁十仁石九斗三升也

しかし、寛永四年（一六二七）の加藤利明の二本松入部以降は、古来の「安達郡」が再び使用され、以後は安達郡に統一されていった。支配体制が安定してきて、平安時代以来の制度に復したためと思われる。ここに至って、二本松畠山氏、塩松石橋氏という中世戦国期の安達郡の二大政治勢力の名残りが、郡名という地名・領域の面からも失われた。

戦国時代という、いわば地方自立の時代に終止符が打たれ、中央集権の時代となったこと、即ち江戸幕府の幕藩体制の政治支配機構が整備されてきたことを感じさせる出来事である。

一方、「四本松」という用語は、江戸時代の文献には現れるが、中世のものにはない。現時点では、この言葉やそれにまつわる伝説は、江戸期以降の創作と考えるのが妥当のようである。[2]なお、城館名として記す場合は、「四本松」を使用するのが常である。

2　陸奥守奥州石橋氏と塩松

(1)　塩松の領主

中世の塩松と群雄の姿を振り返っておきたい。ここでは主に岩代町[4]・二本松市[5]・三春町[6]・船引町[7]等の自治体史の記述に従って述べていく。

平安時代末期の仁平元年（一一五一）、安達保が成立し、鎌倉初期には安達荘となる。当時の領主は源頼朝の側近の安達藤九郎盛長である。この安達荘には塩松（安達東）地域も含むと考えられるが、その詳細は不明である。

また、平安末期、後三年の役に奥州に下向した源義家に、伴助兼という武士が供をしていたが、その後助兼は四本松に住んだという。文治五年（一一八九）の奥州合戦の戦功により、田原秀行が安達郡を所領としたともされる。(8)

さらに、南北朝期、建武四年（一三三七）二月上旬、足利尊氏は、陸奥の北畠顕家勢力に対抗できる足利支配体制を強化するために奥州総大将石塔義房を陸奥国に派遣した。暦応三年（興国元、一三四〇）には石塔義房・頼房父子が四本松城に入り塩松地域を支配していたとも伝わる。(9)

この石塔義房は、康永四年（一三四五）八月七日には帰京し、同年八月下旬には奥州管領吉良貞家が陸奥に下向した。塩松地域は吉良貞家・満家が領有したとされ、吉良氏の塩松移住は、文和三年（一三五四）以降と考えられている。特に満家は鎌倉に帰参する康応二年（一三九〇）まで四本松在城の可能性があるという。その後宇都宮氏広が塩松を支配したとされる。

なお、暦応四年（興国二、一三四一）六月頃、石川貞光の従兄義光の六男光久は、すでに安達郡小牛杜（小手森）を分領し、石河弾正忠と称していたとされる。(10)鎌倉時代末頃には塩松石川氏は安達郡塩松地域を領していたと思われる。石川氏の当地内開発領有のスタート、つまり塩松石川氏の誕生といえる。(4)

さて、中世に塩松を統治した奥州石橋氏は、清和源氏足利氏の流れを汲む斯波氏一族で、南北朝期の室町幕府の要職にあった石橋和義を祖とする。その子棟義は、貞治六年（正平二十二、一三六七）頃、

第２表　二本松畠山氏の領域の拡大と兄弟の城

	長子　満国	二男　満詮	総領　満泰	四男　氏泰
城　　郭	川崎大将内城	本宮城	田地ヶ岡館・白旗城	新城（椚山館）
市町村域	安達町	本宮市	二本松市（川西）	大玉村
名　　字	川崎氏	本宮氏	畠山氏	新城氏

奥州総大将（後、陸奥守）として、父と共に奥州（多賀国府）に赴いた。

(2) 西安達（二本松）の情勢

ここで、西安達（二本松）の情勢に一端触れておきたい。

室町時代、康永四年（興国六、一三四五）に、畠山国氏がもう一人の奥州管領に任じられて陸奥国に下向した。これが戦国期安達郡内各勢力の興亡の歴史のスタートである。観応二年（正平六、一三五一）二月、吉良貞家方に攻められた岩切城合戦で畠山高国・国氏父子が滅んだ。三年後の文和三年（正平九、一三五四）五月二十二日、国氏の子畠山王石丸（国詮）が、白川朝常へ便りをして、その存在を示した。後、この畠山王石丸は、田地ケ岡（二本松市塩沢）へ入り、二本松畠山氏が成立した[5]。

明徳二年（一三九一）～同四年（一三九三）の間に、畠山国詮が引退し、三男満泰が惣領として二本松畠山氏の家督を相続した。また、長子満国が川崎大将内（赤坂館）領主となり川崎殿と、二男満詮が本宮城を築き[11]、鹿子田の家を継いで本宮殿と号し、さらに四男氏泰が椚山に新たに城を築いて新城氏[12]と称した。このように二本松畠山氏は、西安達各所に広く根を張って領地を拡大し、支配体制を整えていった。しかし一方では、畠山宗家の権力が分散してしまう危険も内在していた。

(3) 石橋氏の塩松支配

さて、塩松の状況に戻る。永和五年（一三七九）に、石橋氏の執事大内伊勢守広光が仙道安達郡塩松に入った。大内氏は南北朝期から石橋氏に仕えていたことになる。また、応永年中（一三九四～一四二七）には大内内膳晴継が石橋棟義の家臣になったとされる。

写真１　四本松城跡

そして、すでに塩松に所領を得ていた陸奥守石橋棟義の子満博が、応永七年（一四〇〇）に四本松城に入り、石橋氏が直接に塩松を支配したといわれる。ここに塩松石橋氏がスタートし、これ以後、祐義・房義が引き続き在城したものと考えられる。

応永二十年（一四一三）一月には、石川満朝の三男盛光が安達郡百目木をすでに分領し、石川治部大輔と称していた[10]。先に小手森に所領を得た石川光久の子孫がさらに東部へ進出して開発拡張した領域を石川氏一族が継ぎ、さらに開発を進めている状況を反映しているといえるのかも知れない。従って、遅くても十五世紀には百目木城（旧館）が築城されていたと考えられている。

第２図　奥州石橋氏系図（渡部正俊：一九八九から作成）

①石橋和義―②棟義―③〇（満博）―④治部大輔（祐義カ）
⑤〇（房義カ）―⑥松寿（義衡カ）―⑦〇（義仲カ）―⑧〇（義次カ）
⑨尚義―⑩景義

正長元年（一四二八）には「塩松石橋也」と文書記事に見え、同二年（一四二九）にも「塩松治部大輔」とある。これらも奥州総大将のち陸奥守石橋氏の流れが一四〇〇年頃から安達郡東部（塩松）を直接支配したと考えられている証しである。

なお、応仁元年（一四六七）以降の戦国期になると、東安達の塩松地域は「郡」と同様の規模の地域を表す言葉となっている。「塩松」は在地の領主石橋氏の支配強化につれて、安達東根内の一部地域を表す言葉から安達郡東部、東根全体、即ち安達郡のうち、阿武隈川東の地域一帯を表す言葉に拡大変化していったことが窺える。(2)

文明三年（一四七一）に五代義衡（松寿・家博）は住吉山城（本城）に遷り、恐らく義仲・義次（義継）を経た後、八代義久（久義・尚義）が再度四本松（古舘）城を居城とした。(4)(9)

一方、塩松小浜大内氏は長門国大内氏の支流で、若狭国に居住していたが、大内晴継のときに塩松に移り、石橋氏に仕えたとされる。この地の景勝が旧地の若狭国小浜に似ていたので、その名をとって命名したといわれている。(8)

文明三年に晴継の子大内内膳宗政によって小浜城は築かれたとされる。同十四年（一四八二）十二月、木幡山弁天堂棟札に「大旦那源朝臣家博」（石橋家博）と共に「大内備前守宗政・大阿弥丸・大内備後顕祐」の名がある。延徳二年（一四九〇）、戸沢熊野神社の棟札に「大壇那源氏大内備前守宗政」の名があり、宗政の存在と当地支配を示している。

永正十年（一五一三）四月の治隆寺（東和町）棟札に「大内左京亮乗義」の名もあり、大内氏は石橋家中での一定の勢力を保持していたことが見て取れる。(4)

天文十一年（一五四二）の奥州伊達家の内紛、「天文の乱」では、石橋尚義（久義）は当初は近隣の二本松畠山義氏、田村隆顕、相馬氏や会津蘆名氏、二階堂氏等と共に父稙宗方であった。同年九月十三日、二本松家中の両派の対立紛争に対応するために、田村隆顕と石橋尚義は二本松に出兵し畠山義氏を

第3図　三春田村氏系図（小林清治：一九八二による）

盛顕——義顕——隆顕——清顕——女（愛姫）
　　　　＝　　　＝　　　＝　　　＝
　　岩城常隆　伊達稙宗　相馬顕胤　伊達政宗
　　　女　　　女　　　女

救援して二本松家中の晴宗派を一掃した。

天文十五年（一五四六）五月、石橋氏は、田村氏と杉目に出陣して晴宗方を攻撃した。同年六月と天正十六年（一五八八）二月には二階堂氏や田村氏と共に安積郡に攻め込んで、それぞれ晴宗方に勝利している。石橋氏は当初は稙宗方として大いに活躍し戦功を上げた。

ところが、石橋尚義は乱の終盤、天文十七年（一五四八）一月から春頃には晴宗方に寝返った。この乱は最終的には、伊達家臣団の多くが帰属した晴宗方の勝利で収束するが、尚義は、天文二十二年（一五五三）に晴宗から伊達郡川俣・五十沢（川俣町）を与えられている。

(4) 塩松大乱

天文十八年（一五四九）七月～永禄七年（一五六四）の頃、石橋尚義は、勢力を拡大していく重臣大内氏に危機感を持ち、米沢の輝宗に塩松出馬を要請している。この塩松石橋氏の内紛は、天文の乱の最中であったとも考えられている(4)。

尚義のこの大きな不安は的中した。

永禄十一年（一五六八）、塩松では、家中の内紛の中、三春田村隆顕に呼応した小浜城主大内備前守義綱を始め百目木城主石川有信等によって滅ぼされる「塩松大乱」が起きた。十四世紀以来の奥州武門の名族石橋氏は、尚義の代で滅亡した(6)。なお、石橋氏嫡流の松丸は相馬氏を頼り、後に四本松氏を名乗った(13)。

なお、石橋氏が政治・軍事拠点としたのは、一つは「四本松城（古舘）」である。これは二本松市上長折字古舘の標高三一六・二mの山頂に所在する比高一〇〇mの山城である。そして口太川・安達太田川を挟んで東南約一kmには、標高三五六mの山頂にもう一つの「四本松城（本城）」である住吉山本城がある。

四本松城（古舘）の外堀ともいえる口太川沿いには二本松—相馬街道が走り、各街道筋には伊達・二本松畠山・相馬・田村の領域がある。城の規模は東西約四〇〇m、南北約六〇〇mで、平面形はほぼ菱形を呈する。昭和四十六年、桑園造成時に黒土の落ち込みの中から多数の土器が出土した。さらに発掘調査によって火災に合った建物が発見された。この建物は、土台石の上に土台を置き、外壁は土壁と板材とを使用して建築されている。建物規模は四間×三間の南面する東西棟である。[9]

発掘調査で多くの遺物も発見されている。杯形土器（かわらけ）は、当地の粘土を使用した地場産品であり、大形杯、中形杯、小形杯、極小形杯がある。灯明皿、火鉢、擂鉢、茶臼等もあり、酒宴や食事等日常の様々な場面や用途に応じてこれらの食器や道具類が使われていたと考えられ、居住した石橋家による格式の高い武士の生活を偲ばせる。[14]

3　塩松の覇者大内氏

(1)　大内氏の台頭

塩松石橋氏に対するこの下克上によって、大内義綱は帰属相手をそれまで近接していた伊達氏から田村氏へ変えた。元亀二年（一五七一）頃までには、石川氏領以外の塩松領の多くを手中に納めその勢力をさらに拡大した。大内氏は宮森城と小浜城、石川氏は百目木城に本拠を置いたが、二者の所領関係やその境界線の詳細は明確になってはいない。

なお、先に述べたように、永和五年（一三七九）に、石橋氏の執事大内伊勢守広光が仙道安達郡塩松に入ったとのことから、大内氏は南北朝期から石橋氏に仕えていたことにもなるし、応永年中（一三九四～一四二七）には、大内内膳晴継が石橋棟義の家臣になったともされている(8)。

以後、田村の勢力圏下となった塩松の歴史はまさに大内氏を中心に動き出す。ここでも各市町史の記述によって年代順に大内氏と塩松の情勢を追ってみる。

永禄十二年（一五六九）、大内氏は伊達氏と戦闘を交えている八丁目城主を、二本松畠山氏と共に救援している。

天正二年（一五七四）六月と十月の二度、大内備前義綱は田村清顕の使者として、二本松を攻める伊達氏と畠山氏との間の調停のため伊達輝宗のもとへ出向いた。

天正四年（一五七六）四月、大内氏は田村清顕の先手として片平城の伊東氏を攻め、これを会津に追った。この後片平城には義綱二男、定綱弟の親綱が置かれた。

第４図　大内氏系図（平島郡三郎：一九三四による）

大内内膳晴継─備前守宗政─備前守武政─備後守顕祐（頼宗）─能登守定治（顕徳・顕乗）─備前守定綱（斎義・守斎・宗綱・顕綱）

写真２　小浜城（一ノ郭）跡（鈴木、日下部、菅野：1987による）

写真３　小浜城堀切跡（十四ノ郭と十五ノ郭の間、奥下は小浜小体育館）

同年十月、大内義綱は、伊具郡に相馬義胤を攻める伊達輝宗の陣所に在陣した。同じ頃、義綱の子大内太郎左衛門定綱は、畠山義継から田村氏と二階堂氏の間について調停を依頼される[6][7]。

天正五年（一五七七）九月、木幡山弁天堂の「天正五年丙子（ママ）九月」の棟札に「当旦那大内備前守、同太郎左衛門顕徳（定綱）」の名がある。

同年七月頃、大内定綱は、伊達郡保原の異変の噂について米沢の伊達輝宗に報告している。

天正七年（一五七九）冬、清顕の一人娘愛姫一一歳が伊達政宗一三歳に嫁いだ。

天正十年（一五八二）四月半ば～八月、大内備前義綱が隠居、あるいは死去して太郎左衛門定綱が父義綱に代わって備前守を名乗る。

同八月、塩松城主大内備前定綱は、伊達輝宗と政宗が相馬義胤を伊具郡小斎に攻めたとき、畠山義継と共に人数を率いて参陣した。この頃、大内定綱の娘と畠山義継の息子との婚姻が成立したという。

天正十一年（一五八三）、定綱は、会津蘆名氏と結び、娘の舅である二本松城主畠山義継の援助を得て、三春城主田村清顕に属する百目木城を攻めたが城主石川弾正光昌に反撃されて敗走した[15]。

この頃、田村清顕は大内方の唐矢館を攻めたが攻略できず、他方糠沢への侵攻では勝利した。同年、田村清顕は、安斎佐藤右衛門に百目木の仲ノ作在家を与えた。大内との争いの戦功によるものか[16]と考えられている。

第３表　塩松大内氏の岐路と動静

時期＼盟主	永和５年(1379)ないし応永の頃から	永禄11年(1568)以前の時期か	永禄11年(1568)石橋滅亡	天正７年(1579)以前頃か	天正12年(1584)冬政宗家督相続祝	天正13年(1585)９月小浜落城	天正16年(1588)３月伊達家へ再奉公
石橋氏	○						
伊達氏		○			○		○
田村氏			○				
蘆名氏				○	○	○	

なお、この時の唐矢館は、塩松東新殿の小屋館（二本松市東新殿古谷）ではないかと若林伸亮氏は推定している[17]。そうだとすれば大内氏の圧力によって、この時期の石川領は塩松最東部という狭い範囲になっていることになる。

天正十二年（一五八四）六月十八日、大内氏は、西新殿に攻め入った田村清顕軍一〇〇〇騎ほどを十石畑で迎撃し大勝利を収める。その後青石、初森、滑津でも田村氏の新たな砦等を攻略するなど田村氏に対して連戦連破した。さらに、同年八月十二日、大内備前守成義（定綱）は、千石森（東和町）に田村清顕を破り、大勝した。度々来襲する田村軍に対して大内備前定綱は、常にこれを撃退してその実力を塩松の内外に示した[7]。

同年冬、大内備前定綱は、政宗の家督相続を祝うために米沢城に赴き、今後は伊達氏に帰属したいと自らの意志を述べたので、政宗はこれを許した。この時政宗一八歳、定綱三九歳であった。しかし、天正十三年（一五八五）正月に定綱は、塩松に一時帰国したが、以後米沢には戻らなかった。

(2) 塩松大内氏の終焉

天正十三年四月七日、勢力を拡大し田村領を脅かす塩松大内定綱の攻略要請が田村清顕から伊達政宗へ届いた。七月上旬、大内家臣の飯野刈松田城主青木修理が伊達成実の画策により伊達方に寝返った。閏八月七日、青木修理が大内定綱に反旗を翻し兵を挙げた。

同八月十二日、伊達政宗は、帰属姿勢の定まらない定綱を討つため、米沢から杉目城（福島市）に入り、同八月十七日には、山木屋蕨平にて正室愛姫の父、舅清顕と初めて対面した。

同八月二十四日から、伊達・田村連合軍は小手森城の攻撃を開始した。蘆名・二階堂・畠山等の援軍も大内救援のため小浜城に結集し定綱の籠もる小手森城周辺に展開した。その後戦闘が繰り返されたが、二十七日に小手森城は皆殺しによって攻略され、城は火を掛けて落城し、定綱は小浜城に退いた。その後政宗は塩松南部（白沢方面）の城を攻略して小浜城大内包囲網を縮めた。九月二十五日、定綱はついに小浜城を出て二本松へ敗走し、その後会津蘆名氏を頼った。ここに塩松は田村氏、そして大内氏から離れ伊達領となった。

同九月、伊達政宗は小浜城（下館）へ、父輝宗は宮森城（上館）に入った。

十月八日、畠山義継は伊達輝宗を宮森城にて拉致したが、伊達勢に追撃され、阿武隈川近くの粟の巣にて輝宗と共に戦死した。十月十五日、政宗は小浜城を拠点として二本松攻撃を開始した。

十一月十七日、義継遺児畠山国王丸を支援する佐竹、岩城、仙道石川、白川、蘆名の連合軍と伊達軍は、本宮の人取り橋で合戦となり、結果的にはからくも伊達方が勝利した。

天正十四年（一五八六）七月十六日、二本松城は開城した。政宗は、塩松に加えて二本松も手中に収め、安達郡を全て抑えた。二本松城は片倉小十郎に、後に伊達成実に預け、塩松は白石宗実に与えた。

戦国後期の塩松の中心勢力であった小浜大内氏は、石橋・田村・伊達・蘆名各氏の間を巧みに行き来し、塩松小浜を中心に安達東の地域社会を活かし、守るために果敢に戦国の世を生き抜いた。(18) 小浜城を拠点とした国人領主塩松大内氏もまた、まさに両属の将の本領発揮といえる戦国の名将である。

（注）
(1) 黒板勝美他編『改訂増補國史大系　延喜式』中篇　吉川弘文館　一九七五
(2) 渡部正俊「中世－室町幕府と塩松地方」『岩代町史』1通史編1　岩代町　一九八九
(3) 「二本松ほか六郡知行高目録　伊達家文書」『二本松市史』3　二本松市　一九八一
(4) 小林清治・渡部正俊「中世」『岩代町史』1通史編1　岩代町　一九八九
(5) 小林清治・遠藤巌・渡部正俊・根本豊徳「中世」『二本松市史』1通史編1　二本松市　一九九九
(6) 小林清治・渡部正俊・若松富士雄・鈴木啓・田中正能「中世」『三春町史』1通史編1　三春町　一九八二
(7) 若松富士雄・田中正能「中世」『船引町史』通史編1　船引町　一九八六
(8) 平島郡三郎『小浜町郷土読本』小浜青年道友会　一九三四
(9) 鈴木啓・野崎準・佐藤清隆『四本松城跡』岩代町教育委員会　一九七六
(10) 高橋富雄監修・伊藤信・斎藤鋭雄・高倉淳編集『修訂版石川氏一千年史』角田市　一九八五
(11) 小林清治・高橋明・渡部正俊・若松富士雄・山崎清敏・若林伸亮・田中正能「中世」『本宮町史』1通史編Ⅰ　本宮町　二〇〇二
(12) 高橋明・押山雄三「中世」『図説大玉村史』大玉村　二〇一二
(13) 斎藤完高編『衆臣家譜　四十二』（相馬市史資料集特別編8）相馬市　二〇〇九
(14) 鈴木啓・日下部善己『岩代町の城館　Ⅲ四本松城跡発掘調査概要』岩代町教育委員会　二〇〇七
(15) 「仙道七郡古軍談　佐竹家旧記六」『岩代町史』2資料編1　岩代町　一九八五
(16) 「田村清顕判物」（中ノ作在家安堵状）『岩代町史』2資料編1　岩代町　一九八五
(17) 若林伸亮「〝唐矢館〟の所在を推理する」『福島県中世城館跡調査だより』1－1（内報）福島県教育庁文化課　一九八五

（18）A鈴木啓・日下部善己・菅野真一・松本誠一『岩代町の城館　Ⅱ小浜城跡発掘調査報告』岩代町教育委員会　二〇〇七
B日下部善己・鈴木啓・菅野真一・伊藤七郎・佐藤左紀夫『小浜城跡－西京館跡発掘調査報告－』岩代町教育委員会　一九九〇

第三節　両属の将　石川弾正光昌の生涯

塩松の石川氏と大内氏の直接対決は先にも一言触れたが、石川弾正光昌の生涯を書き進めるために、ここで史料と共に再確認しておきたい。

天正十一年（一五八三）大内備前定綱は、二本松畠山氏の加勢を得て百目木城の石川弾正を攻めたが、弾正方の決死の反撃を受けて宮森城に敗走した。石川弾正の百目木城が大内方に攻撃されたこの時のようすを「仙道七郡古軍談」は以下のように述べている(1)。

史料一　「仙道七郡古軍談　佐竹家旧記六」（『岩代町史』2：一九八五による）

天正十二年

一百目木村城司石川弾正と申侍衆、田村之主ヲ引被申候、宮森村之城司大内備前と申侍衆、二本松

之主ヲ引被申候、百目木村へ人数三千程ニ而働被申候、侍町迄押寄候を、又内ゟ二手ニわけ出合、
備州人数ヲ三人討取申候、其時之一手之与之衆ニ斎藤修理と申者今ニ御座候、年ハ七拾四ニ罷成候、
一百目木村城に籠申候人数、馬上七拾騎、足軽千程籠申候事、
百目木村肝煎　斎藤修理
半右衛門

さて、天正十四年（一五八六）七月十六日、二本松が開城した。畠山国王丸は新城城主新城弾正らと共に会津に走り、ここに足利幕府ゆかりの武家の名門、奥州二本松畠山氏は滅びた。塩松そして二本松、即ち安達郡域は全て伊達政宗に帰属した。

政宗は、白石城主白石宗実に塩松三十三郷を与えて宮森城に移した。古来、塩松の開発を進めてきた国人領主百目木城主石川弾正は大内攻略の恩賞として小手森城、月山館（二本松市東和地区）を加増された。大内攻略以後、弾正は田村清顕の勧めもあり、田村旗下を離れて伊達家家臣となったとされる。

一方、この時、政宗と宗実の関係にも大きな変化が起こった。白石宗実は本領所持（白石城）の領主であったが、その立場は、この城替え（移封）を境に、政宗支配下の武将・城代という性格になったという(2)。

八月、政宗は、約一年間の小浜城滞在を終え米沢に帰還した。

しかし、長く大内定綱に対抗して塩松（東安達）の覇権を競い、おそらく定綱敗走後の塩松の盟主は自分であると自負していた百目木城主石川弾正光昌は、宮森城主白石宗実の与力とされるに留まった。

1 伊達と相馬の狭間を生き抜く

天正十四年（一五八六）十月九日、仙道の戦国期の雄将、三春城の田村清顕が死去した。この時から石川弾正と塩松地域、田村家中をめぐる情勢が激しく変化していく。それは塩松における石川弾正の動静が、伊達氏側の重要な観察対象になっていくことを示している。この項も『岩代町史』[3]を中心にしながら三春[4]・船引[5]の両町史の記述に従って弾正の軌跡を追っていきたい。

天正十五年（一五八七）六月十日、石川弾正と田村・塩松に係わる極秘重大情報が白石宗実から伊達政宗に届いた。その内容は、第一に清顕亡き後の田村家中が二つ（相馬派と伊達派）に分裂していること、第二は「イ」（石川弾正）が相馬に内通しているとの噂があることから、人質をとるべきか否かを問うものである。政宗は、「イ」の内通が事実か否かに拘わらず人質を取るようにとし、本人が米沢に来るか、あるいは弟を差し出させるか、どちらかにするよう指示した。この頃すでに石川弾正への観察対応（内偵）が伊達家中では十分なされていたことが分かる[6]。

天正十六年（一五八八）正月十六日、石川弾正は米沢に参上した。正式に政宗の家臣となり鷹の足緒（足尾）を下賜された[7]。

史料二「伊達天正日記二　天正十六年正月十六日条」（『岩代町史』２：一九八五による）

一、十日てんきつよくゆきふり申候、（中略）いしかハたんちやう殿、御たかのあしをくたされ候、

ところで、小浜落城後に会津蘆名氏を頼ったが冷遇されたため、弟の片平城に身を寄せていた元小浜城主大内定綱は、天正十五年から伊達家への再奉公を念願していた。政宗は家臣の意見も聞き、会津攻

略等に役立つと考え、同年三月十日、定綱の再奉公を許し知行を与えることを約束した。
白石宗実の与力とされていたこの時点においても塩松の盟主を自負する石川弾正にとって、この事態、即ち定綱の伊達家への復帰はまさに青天の霹靂であり、承服できかねることであったと想像される。
同三月十二日、石川弾正・川俣・刈松田等が伊達氏に反旗を翻すとの報告が高倉近江等からもたらされた。しかし、ここでは政宗はこれを信用しなかった。(8)

史料三「伊達政宗書状写　伊達政宗記録事蹟考記　天正十六年（一五八八）同三月十二日」
（『岩代町史』２：一九八五による）

一片倉小十郎ニ被下候御書写
たかくらあふみよりのひきやく、其のちのひきやく又只今二よりの書中さしこし候、石だん川また、かり松田之事、いかて〳〵いしゆなくてまへをそむき候へく候や、かえす〳〵もいつわりたるへく候、
…。

ところが、同三月十六日には、一転して石川弾正から人質を取るよう政宗は小十郎に指示している。(6)政宗の心が定まったと考えられる瞬間である。

２　石川氏の直接軍事行動

天正十六年（一五八八）四月七日、石川弾正は、大内備前の伊達家への復帰を直接の契機とするかのように、この日宮森へ出兵したが、史料四のようにやがて一〇〇余人が白石宗実によって打ち捕られた。(9)

これは弾正の伊達氏からの離反、即ち相馬氏への帰属替えが直接的軍事行動となって現れた緒戦であった。一方、この弾正の動きと相反するように、四月十日には大内定綱・片倉小十郎・高野壱岐が一緒に政宗の元に参候している。

史料四「伊達天正日記二　天正十六年四月十一日条」（『岩代町史』2：一九八五による）

子　十一日

一天気雨ふり申候。（中略）。自塩松とうめき衆百余人うち申候由、飛脚上御申候。

同年四月十五日、弾正は西城（西新殿）を偵察したが、双方撃ち合いとなり宮森城から駆けつけた白石宗実に撃退される。弾正には当然、相馬義胤の塩松・田村方面出馬を誘う意図があったと考えられている。

弾正の手切れ行動に対処するために、政宗は川俣城主桜田元親に宗実への助勢を指示し、また、弾正牽制のために青木因幡に小手森城近くに砦を築かせた。

五月二日、弾正攻略のために、政宗は家中の将兵を招集し、五月十五日には大森城に入った。

同二十日、百目木から相馬に向かう石川方の者が、大森城の偵察兵に捕らえられた。持参した密書には「心変わりの者一二七人」と記されていた。かなりの数の相馬派がいたことが分かる。

二十一日、政宗は簗舘に着陣した。

一方、石川弾正は、それまでの月山（築山）城から小手森城へ移り、守備を固めた。弾正支援、そして田村家中への対応のため、相馬義胤は小高から百目木城に出馬し月山城を守備した。

この日、弾正の籠もる小手森城での戦いが始まり、伊達軍は城の三ノ構まで侵攻した。また、付近の麦畑の麦を刈り捨ててしまった。しかし籠城軍の守りは固く、五月二十六日には政宗は一端大森城に帰ったが、田村家中相馬派の動きに対応するために米沢城には戻らず当城に留まった。[4][6]

なお、田村家中の相馬派は、田村右馬守顕基入道雪斎、田村右衛門清康［船引城］、田村右馬守清通［小野城］、田村彦七郎顕俊［大蔵城］、大越紀伊守顕光［大越城］、萩義太夫（茂太夫）［石沢城］、石川弾正［月山城・小手森城］とその父摂津守［百目木城］等二〇騎ほどであり、田村北西部や塩松南東部の相馬に通じる街道沿いや田村南部の岩城境目の領主たちであった。[10]

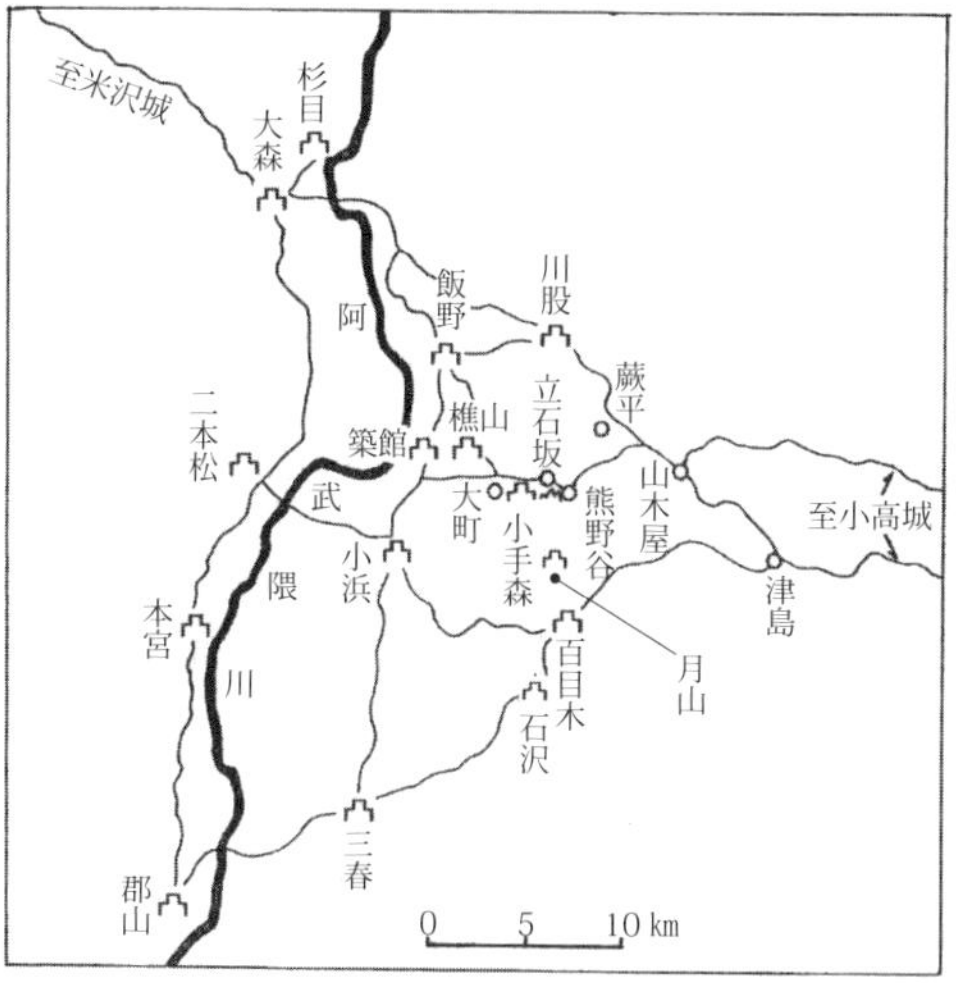

第１図　百目木城周辺要図（小林：1989に加筆）

一方、伊達派は、田村宮内顕頼入道月斎、橋本刑部顕徳［木村城］、田村宮内顕康［宇津志城］等二〇名ほどで、さらに田村家中の多くを擁しその中心は月斎とその息子を中心とした縁者集団といえる領主たちであった。これら一連の動静については若松富士雄氏の研究に詳しい。[6]

天正十六年（一五八八）閏五月七日、石川方の石井弥平が百目木と津島の間で、偵察中の川俣兵に討ち取られた。同十一日には、百目木の一〇〇余名が宗実兵に討たれた。

閏五月十二日、相馬義胤は三春城入城を意図したが、田村家中伊達派橋本顕徳等に阻まれて果たせず、船引城に籠城した。

同十三日、政宗は宮森城に着いた。同十五日は、弾正方の月山城が、伊達・田村の兵に攻められ、作物も悉く刈り取られた。

同十六日、弾正が守る小手森城が放火され多くの死者を出して陥落した。三〇〇人が討ち取られ、生け捕り、負傷者は数知れないほどであったという。

同十七日、田村家中相馬派田村顕俊が守る大蔵城が政宗と田村月斎に落とされた。

同十八日、石沢城が、田村顕俊を先手とする伊達軍に攻められたが、堅固な要害であり、援軍の相馬兵も守備したので簡単には落城しなかった。

その夜、月山城は一兵も残らず退却した。石沢城、百目木城も退兵した。弾正は月山城から相馬に退却した。

政宗がこの日、百目木城に入城した。(11) 塩松全域と田村が政宗にほぼ帰属した。

史料五　「伊達天正日記三　天正十六年閏五月十八日条」（『岩代町史』２：一九八五による）

　むま　十八日　天気よし　（中略）　百目木へめしこまれ《(ママ)》候

同五月十九日、船引城の義胤も伊達軍に追われて相馬に辛くも退却し、九死に一生を得た。

同五月二十二日以降、石川弾正退治の戦勝祝に、戦国の倣いとはいえ、かつては弾正の友軍であった田村家中が、列をなすように続々と宮森城の政宗のもとに伺候し祝詞を述べた。

3　その後の弾正の動静と没年

相馬に退却、つまり一時亡命した後の弾正については、その当時の史料には登場しない。しかし、近世に書かれた『衆臣家譜』や『奥相茶話記』等でその後の動静を推定することができる。

一時相馬氏に身を寄せていた弾正は、息子たちと共に、関ヶ原合戦の奥州地域の合戦に加わる。

慶長五年（一六〇〇）、会津の上杉景勝に仕えて、田村宮内と共に、一二〇騎の将として福島合戦で活躍した。しかし、関ヶ原の敗者となった上杉氏が米沢に移封された後は再び流浪し、百目木に隠遁《いんとん》した。

しかし、慶長六年（一六〇一）正月四日の夜、相馬飯舘草野の野武士が塩松戸沢の月夜畑（東和地区）の大富貴の者（有力農民）を襲おうとしたとき、弾正は眼辺での狼藉は許さない、として夜間にも拘わらず百目木から二〇〇騎の兵と共に駆けつけ、これらを撃退した。旧領民である大畑、田向、月夜畑等戸沢地区の農民に対し、旧領主として彼らに報いるための行動であったとされる(12)。

その後、弾正は百目木にて静かに暮らしたが、やがて病死し、百目木江月山長泉寺に葬られたという。法名は、曹清院殿徳翁全山大居士。文禄元壬辰年（一五九二）四月二十五日が命日とされる。

位牌は、大永二壬午年（一五二二）六月二日に逝去という父摂津守（法名壽昌院殿源室紹圓大居士）と一緒に江月山長泉寺に安置されて

写真１　名目津壇

写真２　摂津・弾正位牌

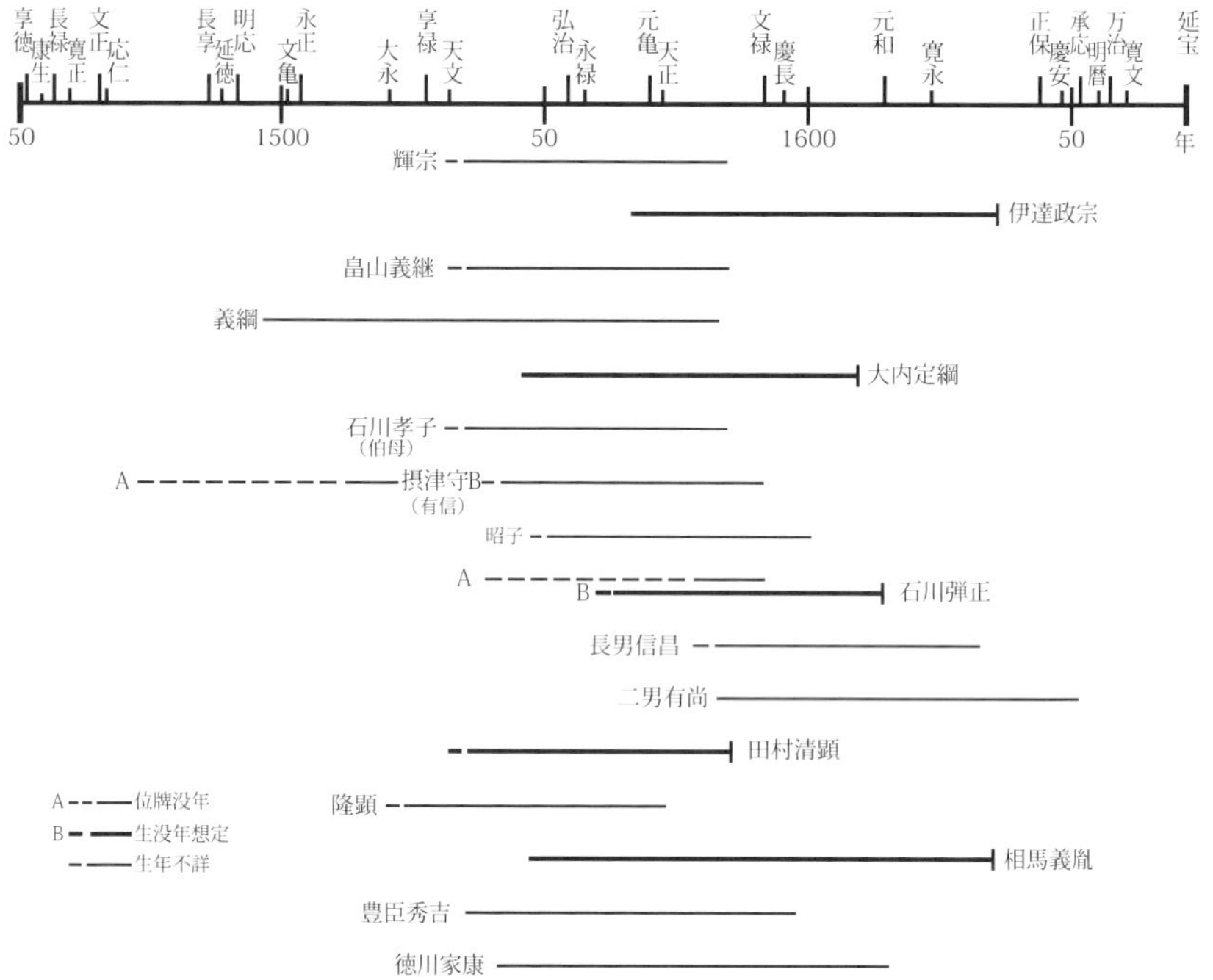

第２図　石川弾正光昌と周辺大名・国人の生没時期

いる。ただ、長泉寺は安永九年（一七八〇）に火災に遭っており、塩松百目木石川家の累代の位牌は焼失したとされている。従ってこの位牌はそれ以降の制作か、あるいは他からの遷移の可能性が高い。

墓所は、百目木下名目津の「名目津壇」であり、通称「おたんば」（御壇場か）と呼ばれる。また付近は合戦場ともされ、近くの名目津橋を香炉橋とも呼ぶ。

なお、相馬藩『衆臣家譜』石川系図にもあるように、弾正の没年は、不審のことが多く、文禄元年（一五九二）四月二十五日は父摂津守の命日という考え方がある。

弾正長男信昌が寛永十年（一六三三）、二男有尚が慶安五年（一六五二）に死去したこと、また仙道石川晴光に嫁いだ摂津守の姉、つまり弾正の伯母孝子が天正十三年（一五八五）に、その娘で小二郎石川昭光を婿とした昭子、つまり弾正の従姉妹が慶長六年（一六〇一）に死亡したというような状況証拠からいえば、『衆臣家譜』の編者がいうように文禄元年は父摂津守の没年と考えるのに無理がない。恐らく弾正光昌は月夜畑の合戦の後、慶長七年（一六〇二）～慶長十九年（一六一四）頃までの間に死去したと想定されるのではなかろうか（第2図）。

4 「塩松領石川分」の村々

(1) 弾正の支配領地

石川氏の塩松内での支配範囲はどのようなものであったのかを見てみたい。

塩松石川氏が塩松に所領を得て開発経営を始めた鎌倉時代末期から石川光久が小手森城を分与された南北朝期を経て、石川盛光が百目木を分与された十五世紀前半期頃までは、現在の二本松市東部、国道三四九号線及び四五九号線沿いの飯野境から針道・戸沢・太田、そして百目木・茂原・田沢・山木屋付近の相馬境までの塩松東部が領地と想定される。

しかし、その後の田村氏や大内氏等の外圧によって支配領域は縮小し、「天正十三年以前積達二郡図」『松藩捜古』[13]によれば、当時の石川氏は、百目木・田沢・茂原・東新殿・西新殿・杉沢・山木屋の七か村、つまり、二本松市旭地区と同新殿地区、そして川俣町山木屋地区を支配領域としたとされる。おおよそ五〇〇〇石相当と伝わる。

この頃、田村氏の軍勢に連戦連勝するなどして絶頂期の小浜大内氏は、右記以外の塩松地方を支配していたと考えられる。この他、二本松地方は畠山氏の統治、安積地方は会津蘆名氏の勢力下であった。

一方、天正十三年（一五八五）九月の伊達氏による小浜城主大内氏攻略後は、先述のように石川弾正

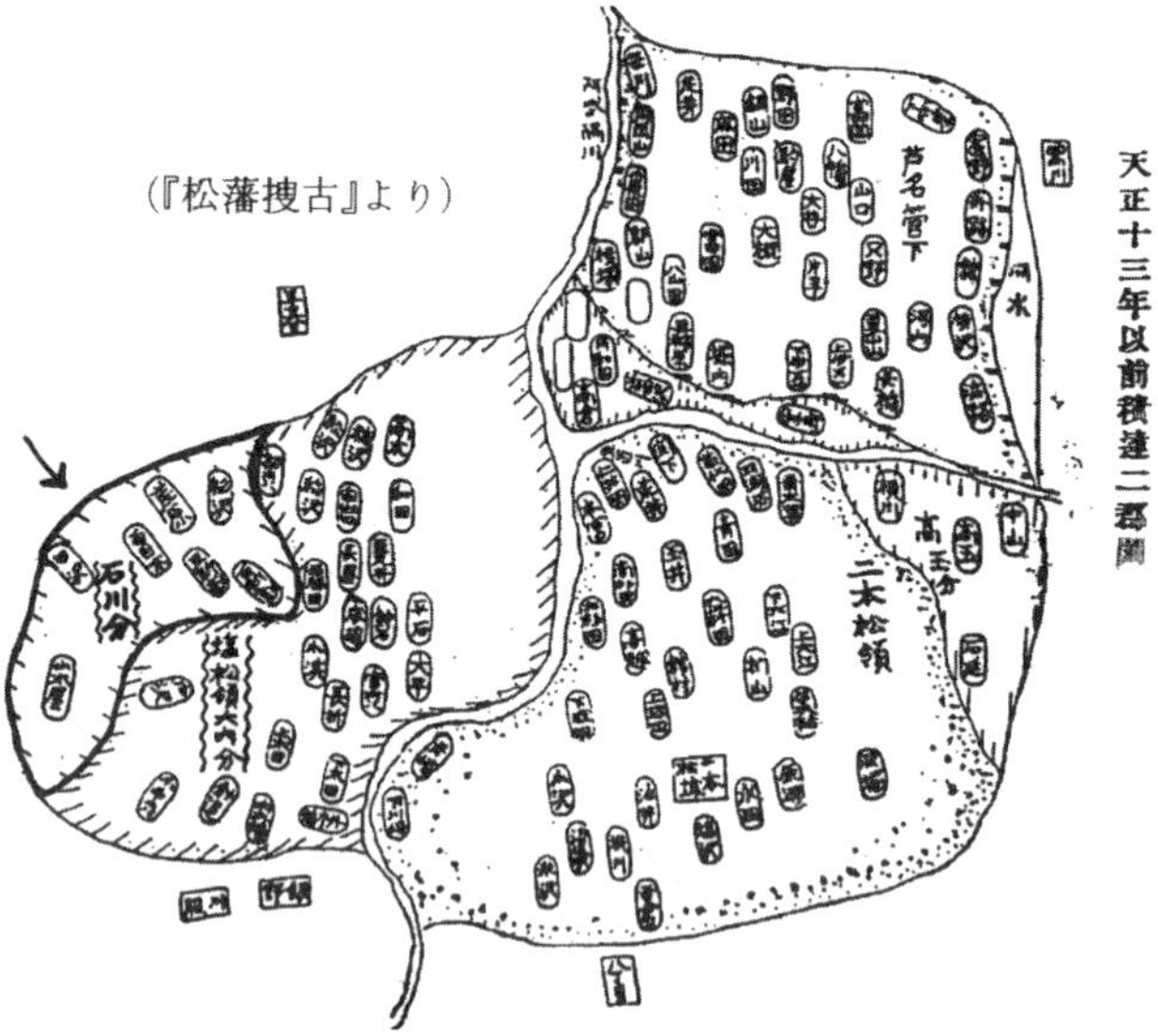

第３図　天正十三年以前の安積・安達両郡の国人等支配領域
(『福島県史料集成』 2：1953による)

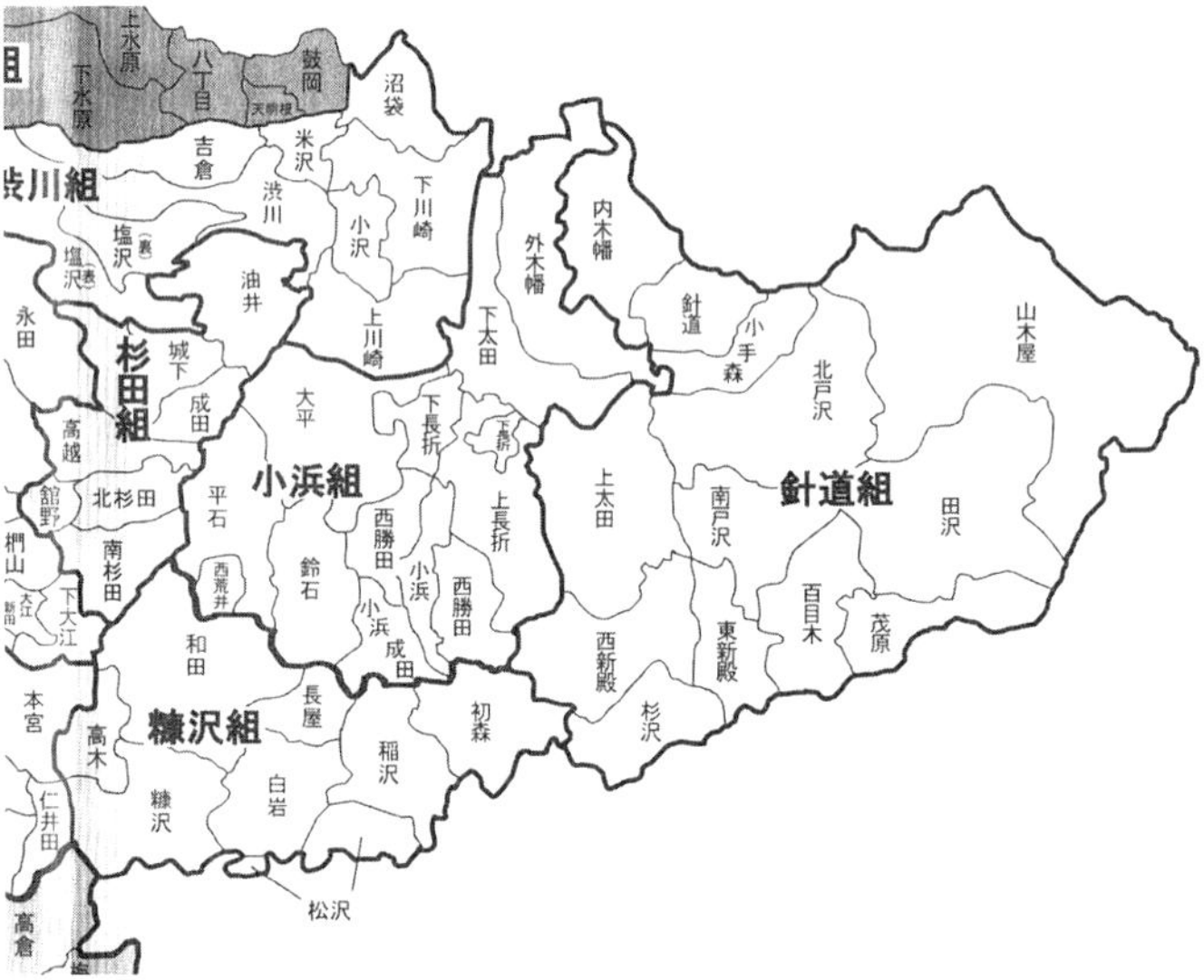

第４図　二本松藩内の組と村々［部分］(若林伸亮原図　菅野与：2004による)

には小手森城と月山館が与えられる。

これによって石川氏の領地は大きく拡大する。内木幡・針道・小手森・南北戸沢・上太田、東西新殿・杉沢、百目木・茂原・田沢、山木屋の一三か村が支配領域と想定できる。ここに内木幡村を含めるには疑問もあるが、やがてこの範囲が、後年の会津城主上杉景勝の支城：四本松（塩松）東城（百目木城）や蒲生秀行の支城：塩松東城（百目木城）の城代・領主たちの知行地・統治範囲にも繋がっていくと思われる。

そして、この領域が、第４図のように後の二本松藩針道組一三か村に重なるのは単なる偶然ではない。それは自然環境と社会経済状況を共有する阿武隈高原山間地の村々を包括した歴史地理的・政治軍事的領域としての「塩松領石川分」の最大版図が後世に引き継がれたことを示すものと思われる。[14]

⑵　石川分の石高

やや時代は下るが、「文禄三年七月蒲生領高目録[15]」によって文禄三年（一五九四）の検地をもとに安達郡〈塩松郡〉の村々のようすを先ず見ていく。
安達郡（東安達・塩松）内の二八か村は次のとおりである。
高木、糠沢、白岩、松沢、稲沢、杉沢、西新殿、東新殿、初森、百目木、山木屋、渡沢、小手森、針道、上大田、下大田、内木幡、外木幡、長折、宮森、西勝、大平、鈴石、平石、西荒井、成田、長屋、和田
渡沢は戸沢、大田は太田、西勝は西勝田である。また長折はその後の上・下を含み、茂原・田沢の記載はなく百目木に含まれていたと考えられる。

第1表　文禄3年検地の村高（後の針道組分）（『二本松市史』4：1984から作成）

村　名	村　　高
杉　沢	618石6斗
西新殿	826石8斗3升
東新殿	806石5斗4升
百目木	996石5斗3升
山木屋	30石2斗8升
渡　沢	2,240石　　4升
小手森	351石6斗
針　道	791石2斗4升
上大田	1,515石3斗7升
内木幡	2,063石2斗9升
合　計	10,240石3斗2升

これらの村々の石高合計、つまり安達郡（東安達・塩松）の石高は、三万五二〇〇石八斗八升、おおよそ三万五二〇〇石余である。因みにこの時の二本松郡（西安達）は三万三四六五石九斗四升である。[16]

先ほど弾正の最大版図・支配地とした村々について文禄検地の村高を見ると第1表のとおりである。一〇〇〇石以上で石高が多い村は、渡沢（戸沢）二二四〇石四升、内木幡二〇六三石二斗九升、上大田一五一五石三斗七升、それに続くのが、百目木九九六石五斗三升、西新殿八二六石八斗三升、そして一〇〇〇石以下の石高の少ない村は、山木屋三〇石二斗八升である。針道組一三か村分の合計石高は一万二四〇石三斗二升であった。

弾正が当地を最大に支配していた天正十六年（一五八八）は、文禄三年より六年前である。文禄検地によって以前より増加した石高もあったはずではあるが、秀吉の強硬な命令があったとしても山間地としては、それほどの縄のび（面積増）は見込めないと思われる。従って、これに近い石数があったと考えられ、弾正の天正十六年頃の領地の総石高は一万石余の小大名の規模であったと思われる。

5　塩松石川氏の岐路と選択

以上、これまで見てきた塩松領石川分の成立、そして岐路と選択の経過をまとめたのが第2表である。

塩松石川氏は、鎌倉末期に総領家仙道石川家から分立して以来、十四世紀後半頃からは塩松石橋氏に、石橋主家追放後は田村氏に、小浜大内氏敗走後からは盟主田村氏と共に米沢伊達氏に帰属した。やがて

第２表　塩松領石川分（両属の将石川弾正光昌）の選択

時期／帰属先	鎌倉末期以降	14世紀後半～15世紀始め	永禄11年(1568)石橋追放	天正13年(1585)大内敗走	天正15年(1587)６月田村家中分裂	天正16年(1588)４月弾正西城攻め	備　考
仙道石川氏	○						本宗家
石　橋　氏		○					
田　村　氏			○				
伊　達　氏				○	○		
相　馬　氏					○	○	

田村家中伊達派・相馬派の分裂に端を発し、相馬氏にも通じた。当然弾正は相馬派と目される。この時点で、石川弾正光昌は正に両属の国人領主そのものであった。そして天正十六年四月塩松宮森（小浜）への攻撃という軍事行動によって、石川弾正は伊達氏と袂を分かち、相馬氏への合力の意志を南奥地域に鮮明にした。

鎌倉末期に仙道石川郡から塩松東部地域に入部し、その開発と経営を進めてきた開発領主塩松領石川氏は、自立して塩松東部の領地「塩松領石川分」（土地と領民）を守り、発展させた。領主と家臣、領民（地域住民）たちにとって、生きるためにそこには多くの岐路があり、多くの適否の選択があった。ある時は周辺の国人領主たちと対立した。またある時は、周辺の大名に帰属（両属）・同盟すると共に国人領主たちと連携して地域の安全平和に気を配り、領地・領民と共に南奥州の中世社会を戦国末期まで果敢に生き抜いた。

塩松石川氏は、小手森城や百目木城に拠点を置いて以来、おおよそ二五〇年間という長期間にわたって塩松東地区開発経営を担った。未開の部分も多かった当地に移住した多くの人びとの開拓によって、新たに多くの耕地や道路そして在家（集落）が生み出され、今日の二本松市東部地域の発展の基礎となった。

（注）

（1）「仙道七郡古軍談　佐竹家旧記六」『岩代町史』2資料編1　岩代町　一九八五

（2）小林清治「戦国期伊達領国の城館」『北日本中世史の研究』吉川弘文館　一九九〇

（3）小林清治・渡部正俊「中世」『岩代町史』1通史編1　岩代町　一九八九

（4）小林清治・渡部正俊・若松富士雄・鈴木啓・田中正能「中世」『三春町史』1通史編1　三春町　一九八二

（5）若松富士雄・田中正能「中世」『船引町史』通史編1　船引町　一九八六

（6）若松富士雄「田村家中の分裂抗争－その経緯と伊達派・相馬派の人々－」『福大史学』80　福島大学史学会　二〇〇九

（7）「伊達天正日記二　天正十六年正月十六日条」『岩代町史』2資料編1　岩代町　一九八五

（8）「伊達政宗書状写　伊達政宗記録事蹟考記　天正十六年（一五八八）同三月十二日」『岩代町史』2資料編1　岩代町　一九八五

（9）「伊達天正日記二　天正十六年四月十一日条」『岩代町史』2資料編1　岩代町　一九八五

（10）「奥相茶話記」巻第七『岩磐史料叢書（下）』歴史図書社　一九七二

（11）「伊達天正日記三　天正十六年閏五月十八日条」『岩代町史』2資料編1　岩代町　一九八五

（12）「奥相茶話記」巻第九『岩磐史料叢書（下）』歴史図書社　一九七二

（13）成田頼直「松藩捜古」（一八〇四）『福島県史料集成』2　福島県史料集成刊行会　一九五三

（14）若林伸亮「天保四年二本松領内一一代官支配領域図」（菅野与『奥州二本松藩年表』所収）歴史春秋社　二〇〇四

（15）「文禄三年七月蒲生領高目録（安達）」『二本松市史』4資料編2近世Ⅰ　一九八〇

（16）「文禄三年七月蒲生領高目録（二本松）」『二本松市史』4資料編2近世Ⅰ　一九八〇

第四節　戦国の城下から近世宿駅への変貌

1　奥羽仕置と塩松東城

石川弾正撤退後、仙道やがて会津を始め南奥州は伊達政宗の領地となった[1]。相馬領境の百目木城には伊達氏重臣の茂庭綱元が配置され、相馬義胤の動静に素早く対応した。

史料一　「伊達天正日記三　天正十六年六月二十日条」（『岩代町史』2：一九八五による）

廿日

一天気よし。うつしへ相馬殿御はたらきヲ、百目木よりもニゆ、すけあハせ、相馬衆おいくたし、馬上四人うたせ御申、くひ上御申候。

百目木城主茂庭綱元は、相馬氏が宇津志城田村顕康を攻めたとき、百目木城から加勢し義胤を追った[2]。天正十八年（一五九〇）八月九日、豊臣秀吉は会津黒川城に入り、奥羽諸大名に対して仕置を行う。政宗は会津他を没収され、それらは蒲生氏郷に与えられる。

さらに天正十九年（一五九一）年九月、政宗は塩松他も没収され蒲生領となったため、宮森城主白石宗実は胆沢郡水沢へ移る。安達郡内外の一次資料から「百目木城」の文字は消える。

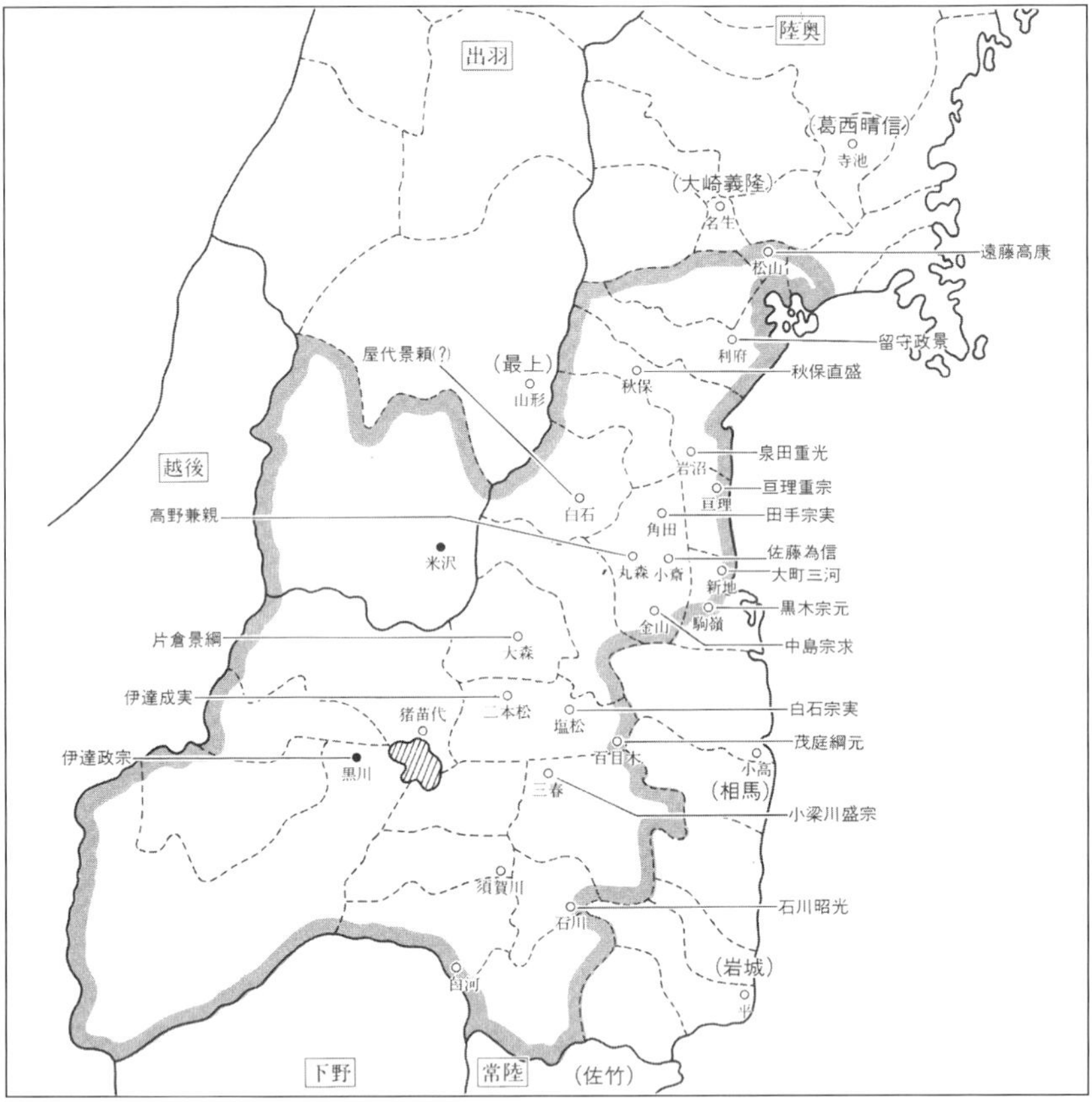

第１図　天正17年末の南奥州と伊達領（佐藤、鵜飼、小井川：1987による）

蒲生氏郷は領内の一四地域に支城を配置して支配したが、東安達は塩松城（小浜か）に置いた。同年末頃の塩松城代は蒲生忠右衛門であり、知行は二万五〇〇〇石であった。

　慶長三年（一五九八）一月、宇都宮へ減封の亡氏郷の子秀行に代わって、上杉景勝が越後から会津一二〇万石に入部した。景勝は領内二八地域に支城を置き有力家臣を配置した。

　塩松には塩之松東城（百目木城）と塩之松西城（小浜城）に城主（城代）を配置し、領域内経営をさせた。二本松城内にも東城・西城

第１表　上杉氏支配時の塩之松東城・西城の城主

支　城	城主（城代）	知　　行	備考
塩之松東城	山浦源吾景国	知行6500石、外に同心給2480石	百目木城
塩之松西城	市川左衛門尉房綱	知行6700石、外に同心給2480石	小浜城

（『岩代町史』１：1989から作成）

を置いた[3]。

当時、当番制（会津番帳）で若松城に参勤することになっている各支城の有力家臣のうち、塩之松西城の市川氏の順番は六番である。七番であった塩之松東城の山浦氏は、支城の所在地塩松百目木から定期的に会津若松城へ参勤することとなった[4]。

慶長五年（一六〇〇）九月十五日、関ヶ原の戦いがあり、東軍徳川方が勝利した。

慶長六年（一六〇一）八月、米沢に移封となった上杉景勝に代わって、再び蒲生秀行が塩松等の仙道を含む会津六〇万石を領有した。領内には一二か所の支城を置き、四本松（塩松）東城（百目木城）へ玉井貞右（数馬助）一万石、四本松（塩松）西城（小浜城）へは外池信濃守七五〇〇石を配置した。慶長十四年（一六〇九）に玉井数馬助が長沼城に配置替えとなり、この頃東・西塩松城の各行政・軍事機能は、塩松城（小浜）に統合したのではないかと推測されている。同様に東・西二本松城の統合も慶長十七年（一六一二）頃とされている。

寛永三年（一六二六）の塩松城は、本山河内守一万石、二本松城は外池信濃守一万三〇〇〇石が守備していた[5]。

寛永四年（一六二七）二月、蒲生秀行の子忠郷亡き後、加藤嘉明が伊予松山から会津入部し、三月には松下重綱が二本松城へ入った。

寛永五年（一六二八）一月には、嘉明の子明利が代わって二本松に入部した。

同年九月、加藤氏に仕えたと思われる在地の有力者、安達郡百目木村里正卯之八（小川五左衛門）に、大平村内に、知行一〇〇石が宛てがわれている[6]。

史料二　「寛永五年九月加藤明利知行宛行状」（『岩代町史』２：一九八五による）

一百目木村里正卯之八家蔵　奉書横折美濃紙上包ノ上
　　　　　　　　　　　　　小川五左衛門殿ト書ス
安達郡大平村之内を以、知行高百石事令扶助畢全可令領知者也、
寛永五年　九月十八日　　　　明利（花押）
　　　　　　　　小川五左衛門殿
卯之八カ家代々五左衛門ト称ス、何故アリシヤ、氏ハ武田ト改ムト云、
　　　　　　　　　　　　（『松藩捜古』所収）

この小川氏（後に武田氏と改姓）は、恐らく旧百目木城主石川氏の旧臣であり、当地域に土着し有力農民となり、名主等村役人に登用されたものと考えられる。後の百目木村名主武田八郎右衛門の系譜の中に、寛政七年（一七九五）の百目木村名主に武田卯之八、享和四年（一八〇四）百目木村名主に卯之八がいることからして、この里正（名主）は史料の但書にあるように、ある時点で武田と改姓した。一時離任した時期もあると推定されるが、代々その子孫が百目木村名主を天保三年（一八三二）まで、おおよそ二〇〇年間近くも務めることとなる。（217頁参照）

２　百貨集う宿場町と立市

⑴　近世の百目木宿駅の賑わい

塩松石川氏の戦国の城下町百目木の繁栄は、塩松東城廃絶後は、新たな展開を見せる。百目木城下は、近世の百目木宿駅として人と物の交流拠点となった。

江戸時代の東海道や奥州道中を始めとする五街道沿線の大規模・多機能な宿駅に比べると、小規模ながらも阿武隈高原西縁の百目木宿は、三春―相馬（中村）街道沿いに営まれた山間地の〃百貨集う宿場町〃であった。

宿場の大きな役割は、物資の流通と旅人の往来を支える施設設備、そしてそれを動かす組織を有することである。流通交易用の産物と立市、輸送用の馬と人足、宿泊用の旅籠屋・木賃宿等、そしてこれらを組織し、機能させる問屋や商人、そして村役人（行政）である。(7)

小浜・針道と共に安達東（旧塩松）の経済・流通の中心都市として繁栄した百目木村は、「積達大概録」等によれば、村高は七六四石二斗、家数一四五戸、字名箇所数二一か所、馬数九〇疋、町屋六六戸である。(8)

当地は、南西から北東に通じる三春―相馬街道を中核に、津島・相馬、戸沢・針道・川俣、小浜・二本松、三春・常葉・葛尾方面に道が通じていた交通の要所である。それらを媒介として安達郡山木屋・田沢・茂原・東新殿、戸沢・太田、双葉郡の津島・葛尾、田村郡石沢・北移・新館等の近隣の村々やその一部を経済圏とした。

また、「百目木札」（銀札）の発行流通も知られており、貨幣経済が山間の村々にも大きく浸透し、養蚕業や農林業の産物を中心として商業活動が大変活発であったことが窺える。(9)

宿駅は市場としても近隣各地の市と賑わいを競うことになる。田村郡上移村の市は、百目木村と常葉村の市に押されてなかなか上手く機能しないことが多かった。享保年中の上移村の立市願によれば、百

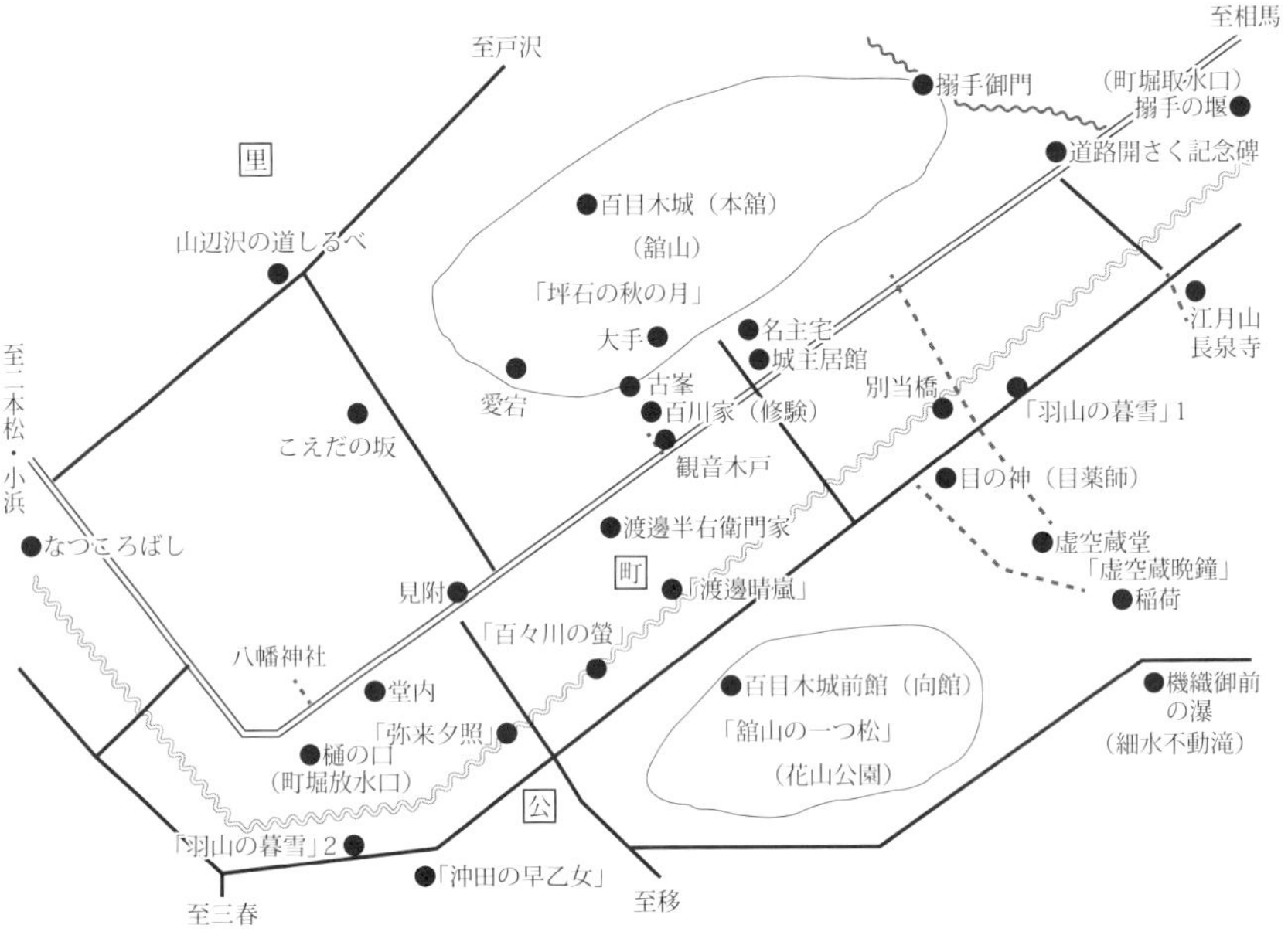

第２図　安達郡百目木駅の概要図

目木村の開市は、宝永元年（一七〇四）頃からとされているが、『旭村郷土誌』では元禄十六年（一七〇三）としている。[10] しかし、市場機能はそれ以前の戦国の城下町の時点でも果たしていたと考えるのが自然であろう。

(2) 市の立つ日

人や物の流通、貨幣経済の進展が宿駅等の在郷町とそれを取り巻く地域の商業活動を活性化した。市場はそれを発展させるツールの一つであり、庶民の日常生活を支える物資の流通にとっても各地の市（市場）は重要な場所と機能である。

江戸期の二本松藩では、阿武隈川西の八丁目（松川）、二本松、本宮、日和田、郡山、阿武隈川東の小浜、針道、百目木、合計八か所に立市があった。[11]

東安達（旧塩松）で市が立つのは、小浜、百目木、針道のいわば在郷町「塩松三都」で、

第２表　塩松三都と近隣の市日

市場＼期日	1日	2日	3日	4日	5日	6日	7日	8日	9日	10日	備　考
福　　島	○		○			○		○			
八 丁 目		○					○				松川☆
川　　俣				○					○		
川俣中町		○					○				
百 目 木			○					○			☆
小　　浜					○					○	☆
針　　道						○				○	☆
二 本 松				○			○			○	☆
本　　宮			○					○			☆
日 和 田				○					○		☆
郡　　山					○					○	☆
三　　春		○					○				
常　　葉				○						○	
仁 井 町	○					○					小野新町
須 賀 川			○					○			

（注）１　小の月は二十九日。
　　　２　☆は二本松領内の立市八か所

（『二本松市史』『三春町史』『福島県史』から作成）

かつては戦国の城下として繁栄した地域であった。

さて、近世の二本松藩領内の市日と近隣（隣単）の市日を見てみる。このうち、阿武隈川東は、塩松三都、川俣、川俣中町、三春、常葉、仁井町である[12]。

福島、二本松両城下以外は六斎市である。戦国期から塩松百目木と経済的繋がりが強い田村三春城下は、二と七が市日であるが、立市の場所は同一ではない。二日大町、七日新町、十二日八幡町、十七日荒町、二十二日中町、二十七日北町と城下各町に月一回ずつ割り振られ、人や物の交流、商売活動のチャンスが平等に与えられている[13]。

百目木を中心にして塩松三都と近隣の市が立つ日を見ていく。二日三春、三日百目木、四日常葉、五日小浜、六日針道、七日三春、八日百目木、十日小浜・針道で立市される。出向くにはやや距離があるが一日福島・仁井町、九日川

第３表　文化三年九月領内市場六か所相場

産物等 取引単位	針道村 8月晦日	百目木村 9月2日	小浜町 9月2日	本宮村 9月5日	日和田村 9月5日	郡山村 9月5日
古米 金1分	3斗7升5合	4斗2升	3斗9升	4斗2升	4斗3升	4斗5升
新米 金1分	4斗4升	4斗6升	4斗8升	5斗1升	5斗3升	5斗5升
大麦 金1分	9斗	1石5升	1石1斗	1石3斗	1石8斗	
小麦 金1分 1升	 30文	 5斗8升	 26文	 26文		 6斗
大豆 金1分 1升	 古40文 新38文	 4斗3升	 43文	 3斗8升		 3斗9升
小豆 金1分 1升	 32文	 5斗1升	 44文	 40文		 6斗
そば 1升				 18文		
絹糸 1両	200～220匁	220匁	215～216匁			
銭 金1分	1貫600文	1貫630文	1貫620文	1貫640文	1貫640文	1貫640文

（「文化三年九月領内市場六か所相場書上帳」『岩代町史』 2：1985から作成）


俣・日和田である。

百目木近隣では一〇日間に八日の立市場所があり、各地でかなりの商売ができたと思われる。

(3) 在郷町市場の産物相場

文化三年（一八〇六）の二本松藩内の在郷町市場六か所での産物の商品相場[14]について、以下に紹介する。

古米が高いのは針道・小浜の順、安いのは郡山・日和田の順、新米が高いのは針道・百目木、安いのは郡山・日和田である。また大麦が高いのは針道・小浜、安いのは日和田・本宮等で、総体的には塩松三都が高値である。

(4) 街道と道標

道の整備と共に道しるべも設置さ

れる。山辺沢の道しるべと神田橋の道しるべの二例を紹介する。

山辺沢の道しるべは、二本松市百目木山辺沢に所在する。旧百目木小学校脇の道を北に坂道を下った先のT字路に位置している。台石の上に如意輪観音像（石仏）が安置されているが、この台石に、「右とさわ　前ハとうめき　左二本松　針道」と記されている。設置は天保五甲午年十月二十日と刻まれている。このT字路に立つ道しるべは、百目木から宮根山を経て戸沢に至る道（戸沢道）、百目木から口太川沿いに川平・落合・馬乗を経て二本松（金山街道）・針道に至る道、そして百目木の町へ至る道（こえだの坂）の三方面を案内するものである。旅人がこの道しるべで行く先を知り、また石仏に手を合わせている姿が想像される。

神田橋の道しるべは、二本松市田沢の神田橋近くに所在する。ここも二本松―浪江線沿いの神田橋バス停留所近くから中山方面に至る道のT字路である。石碑に「東ハそうま　西ハとうめき　南ハときわ」と刻まれ、設置は天明元年（一七八一）である。この道しるべは、田沢からの三方向を示しており、高井・八木・山木屋・飯舘を経由して相馬方面へ、また羽付・津島を経由して浪江・小高方面に至る道、そして口太川沿いを百目木に至る谷道、茂原・移を経由して常葉に至る道である。

いずれも城下町や宿駅等、市が立つような行政・経済都市を繋ぐ人と物の交流の道であり、塩や繭・生糸や干物・生物《なまもの》の魚

写真１　山辺沢の道しるべ

写真２　神田橋の道しるべ

貝類等が移動した。

3 百目木村名主と村石高

(1) 歴代の村名主

江戸時代の百目木村の行政や市等の行政事務を担当した村役人である名主の変遷を見ておく。先に述べたような市が立つこの村の名主は、何かと多忙であったと想像できるが、その多くの年月は、武田八郎右衛門家が務めている。

第4表で見る限り、元禄四年(一六九一)の善次や文化十年(一八一三)の直之助等が武田家ではないとすると、武田家の在任期間は、寛永四年(一六二八)~文化九年(一八一二)までに一七六年間、文政三年(一八二〇)~天保三年(一八三二)の一三年間、合計一八九年間である。この他、与力格の渡辺半右衛門家(兼帯)一四年、大内平治兵衛家一四年、小谷真多介家一一年、直之助家三年、善次家二年、斎藤修理一年、そして最後の名主渡辺雄治一年という期間である。上記以外の就任期間を持つ表外の名主も想定されるが、武田家が退任した後は在任期間が比較的短期間の名主が多い。

写真3　明治時代の百目木(渡辺半右衛門家)
(『安達郡案内』:1911による)

幕末安政四年(一八五七)三月、平石村(現二本松市石井地区)名主大内平治兵衛は、村替えとなって百目木村名主に就任し、同年四月十三日平石村小高内から百目木へ引っ越した。この時役宅が荒れていたので、名主宅を五両で普請した。この役宅普請手伝金五両は村の九

第４表　陸奥国安達郡百目木村の名主一覧

時　期	氏　名	出典・記事等	掲載誌等
天正12（1584）	斎藤修理	仙道七郡古軍談 村肝煎	『岩代町史』２
寛永４（1628）	卯之八 （小川五左衛門、後に氏を武田に改む）	松藩捜古 寛永五年九月加藤明利知行宛行状 村里正	『岩代町史』２
貞享４（1687）	八郎右衛門	貞享四年安達郡一円郷村高辻成ケ帳	『岩代町史』１
元禄４（1691）	善次	山崎清敏編「二本松藩組別年代別名主一覧表」（以下「名主一覧表」）	
元禄５（1692）	善次郎	名主一覧表	
元禄13（1700）	八郎右衛門	同	
享保21（1736）	武田八郎右衛門	同	
延享３（1746）	八郎右衛門	二本松藩延享三年御巡検録	『岩代町史』１
明和２（1765）	武田八郎右衛門	名主一覧表	
明和５（1768）	武田八郎右衛門	同	
寛政７（1795）	武田卯之八	同	
享和４（1804）	卯之八	同	
文化10（1813）	直之助	同	
文化12（1815）	直之介	同	
文政３（1820）	八郎右衛門	同	
文政９（1826）	武田八郎右衛門	同	
天保３（1832）以前	武田八郎右衛門	里組百石藤吉御用諸續き覚帳	『岩代町史』２
天保３（1832）10月～	小谷真多介（吉田屋）	同	『岩代町史』２
天保５（1834）	小谷真多介	名主一覧表	
天保９（1838）	小谷真多介	同	
天保13（1842）	小谷真太介	同	
天保14（1843）７月～	渡辺半右衛門	嘉永五年九月郷役譜	『岩代町史』２
嘉永１（1848）	渡部半右衛門	里組百石藤吉御用諸續き覚帳	『岩代町史』２
嘉永５（1852）	渡辺半右衛門 兼帯	嘉永五年九月郷役譜 天保14年より現在まで10年	『岩代町史』２
安政４（1857）	南戸沢村名主兼帯 遠藤吉之介	里組百石藤吉御用諸續き覚帳	半右衛門退任 『岩代町史』２
安政４（1857）３月～	大内平治兵衛 平石村名主村替え	同 ５両で名主宅普請（91軒の内86軒で割る１軒に付き377文）	４月13日引越し 平石村小高内から
慶応２（1866）	大内平次兵衛	名主一覧表	
慶応３（1867）	大内平次兵衛	同	
慶応４（1868）	大内平治兵衛	同	
明治２（1869）	平次兵衛	同	
明治３（1870）	雄治	同	渡辺雄治（最後の村名主）

（注）

１　「仙道七郡古軍談」には、肝煎斎藤修理の脇に半右衛門（無肩書）の名が見える。

２　山崎清敏「二本松藩組別年代別名主一覧表」では、天保15年の名主は小谷真太助とあるが、在地史料である「里組百石藤吉御用續き覚帳」や「郷役譜」の記述からして、天保14年７月からは渡辺半右衛門が名主に就任していたと考えられる。

第５表　百目木村の石高表

時　期	石　　　高	出典・その他	備　考
文禄３（1594）	996石５斗３升　下	文禄三年蒲生領高目録 　茂原、田沢両村の記載なし	『岩代町史』 2
寛永13（1636）	718石７斗８升	寛永十三年一月安達郡所納村々高目録 　田沢村の記載なし	『岩代町史』 2
宝永２（1705）	本田523石７斗１升９合２勺３才 新田209石７斗８升２合９勺１才	宝永二年小浜組等村々高帳	『岩代町史』 2
享保元（1716）	733石５斗 　本田523石７斗２升 　新田209石７斗８升	町史１－ｐ343	『岩代町史』 1
享保年中 (1716～1736)	764石２斗 　本田523石7斗2升9合2勺3才 　新田209石7斗8升1合9勺1才	積達大概録　享保に完成 　家数145戸　町家66戸 　字名21か所	『二本松市史』６
延享２（1745）	718石７斗８升	延享二年十二月郷村高辻帳 　田沢村の記載なし	『岩代町史』 2
年不詳	田高505石９斗９升 畑高258石１斗６升	年不詳二本松藩各組緒割及び領内惣高	『岩代町史』 2
寛政９（1797）	336石 名主１名	寛政九年二本松領分村高名主数	『岩代町史』 2
天保４（1833）	761石３斗	天保四年頃領内村々平年米取高調帳	『岩代町史』 2

一軒の内八六軒で割り、一軒に付き三七七文となり、また引越関係費用が銭一四貫三二九文で、一軒に付き一五三文となった。この二口併せて一軒当合計五三〇文を各村民が負担した。

名主は、他の村役人と共に村全体の政治・経済・年貢・各種訴訟等を掌握した。村役人には役料（役職手当）支給された。享保十二年（一七二七）の百目木村では、名主は米三石、銭九貫五〇〇文、定組頭は銭五貫文（一人分）、郷倉のカギの管理をする定番（錠番）は銭五貫文、御用林（公用林）等の監視・管理役の山守は銭二貫文が支給された。近隣の村名主の役料は、上太田が一五石・一三貫五〇〇文、東新殿が四石・一二貫文である。役料には村の規模、村高その他の条件が当然反映されているが、茂原・田沢は百目木村名主と同額であり、三村の役料には横並びの考え方があったので

あろうか。(15)

(2) 村の石高

次に百目木村の石高について整理しておく。第5表のように、文禄三年（一五九四）の検地では、九九六石余であるが、この時、茂原、田沢両村の記載がない。寛永十三年（一六三六）は七一八石余であるが、田沢村の記載がない。それ以降は七〇〇石代が百目木村の村高である。なお寛政九年（一七九七）の数字についてはは十分検討できなかった。

戦国の城下商人及び近世の宿場商人の活動を基盤として、明治・大正・昭和と商業町として百目木は発展してきた。それは戦後の高度成長期まで塩松東の経済圏の中心地の一つとしてその地位を保っていた。

(注)

（1）佐藤憲一・鵜飼幸子・小井川百合子『伊達政宗と家臣たち』仙台市博物館　一九八七

（2）「伊達天正日記三　天正十六年六月二十日条」『岩代町史』2資料編1　岩代町　一九八五

（3）小林清治・渡部正俊「中世」『岩代町史』1通史編1　岩代町　一九八九

（4）誉田宏・柳田和久・狩野勝重・田中正能・菅野与・遠藤精吾・鈴木啓「近世」『二本松市史』1通史編1　二本松市　一九九九

（5）糠沢章雄「豊臣政権から徳川政権へ」『図説本宮の歴史』本宮町　二〇〇三

（6）「寛永五年九月加藤明利知行宛行状（松藩捜古）」『岩代町史』2資料編1　岩代町　一九八五

（7）児玉幸多・樋爪修『街道・宿場・旅　旅人からのメッセージ』大津市歴史博物館　一九九一

（8）A「積達大概録」『二本松市史』6近世Ⅲ　二本松市　一九八二

B佐藤彦一「二本松藩の成立と郷村制」『岩代町史』1通史編1　岩代町　一九八九

（9）日下部善己『ふるさと福島の歴史と文化』歴史春秋社　二〇一八

（10）田沢小学校『旭村郷土誌』

（11）A「御領内隣単共市日」年不詳（「司郡録」）『二本松市史』6近世Ⅲ　二本松市　一九八二

B大村三良「在郷町小浜の発展」『岩代町史』1通史編1　岩代町　一九八九

（12）大内寛隆「商いと海道」『船引町史』通史編1　船引町他　一九八六

（13）大内寛隆「三春城下町」『三春町史』2通史編2近世　三春町　一九八四

（14）A「文化三年九月領内市場六か所相場書上帳」『岩代町史』2資料編1　岩代町　一九八五

B糠沢章雄「在郷町の賑わい」『図説二本松・安達の歴史』郷土出版社　二〇〇一

（15）「享保十二年針道組条目」『岩代町史』2資料編1　岩代町　一九八五

第五章　塩松石川氏の政治拠点と文化政策

―地域社会の〝府〟と伝統文化―

第一節　東の拠点城郭群

かつて、戦国時代を中心として塩松には多くの城館があった。その中で今日、城としてある程度その存在が知られている遺跡は、二本松市岩代地区を例にとれば、四本松城、小浜城（下舘）、宮森城（上舘）、百目木城等である。

これらの城は、長い江戸期の中でも、その地域のシンボル、地域プライドとして継承されている。また、密かにその地域の伝承や記録の中に、あるいは神社や寺院等の敷地となって今日に至っている城もある。

各地では、「愛宕神社」「羽黒神社」「稲荷神社」等の信仰の山となり、あるいは「城山」「館山」「古館」「屋敷」等の愛称で呼ばれている。さらに、「おって」「ほっきり」等、漢字ではどのように書くのかよく分からない地名が口伝えで受け継がれている。

「おって」は、大手あるいは追手であり、城の正面（入口）を指し、「ほっきり」は堀切であり、尾根（郭）を区切る（分断する）空堀を指す。

江戸期の村名主の屋敷、例えば椚山村（大玉村大山）名主家は、周りを水堀で囲まれた椚山館（新城館）跡に屋敷を構え、百目木村名主家は百目木城大手口の根小屋に屋敷を構えて、それぞれ明治期に至った。

これら平時には不用の古城館は、江戸期の国絵図や村絵図・名所図等の歴史・絵画資料や地誌類等に記録され、「古跡」「古塁」「古城跡」「城山」「館山」等と表現されている。また、明治前期の地籍図、丈量帳等からも窺えるように、付近には「館、古館、本城内、堀之内、竹ノ内、館山、館ケ森、追手坂、搦手、馬場、駒場、的場、陣場、堀切」等の地名がある。

塩松石川氏の政治・軍事拠点である城郭にもこれらが当てはまる。本節では、岩代地区百目木の百目木城（本館）、百目木城前館（向館）、百目木城旧館について、そして次節では東和地区の小手森城、月山館について考える。

1　百目木城（本館）と城下

百目木城は二本松市百目木字本舘・舘山に所在する。口太川と山辺沢に挟まれ、南西に突き出た海抜四五〇ｍ強の山頂付近、比高七〇ｍの山稜先端の要害の地に位置する。規模は、東西約五〇〇ｍ×南北約六〇〇ｍである。

城主は塩松石川氏で、当城は十五世紀には築城されていたと考えられている。より山間高所に位置する百目木城旧館（以下旧館）を経て当地に本拠を移したと伝わる。石川氏最後の城主は石川弾正光昌である。当地は、二本松、田村、相馬、伊達への街道を扼する交通の要地である。(1)

当城の当時を知る基本的文献は「伊達天正日記」(2)を始めとする「伊達家文書」、そして「積達古館弁」「積達館基考補正」「積達大概録」「相生集」等、近世の書籍である。

この城は、北は山辺沢、南は口太山に源を発する口太川の谷に面する急崖であり、北東方向は搦手・的場方面の大きな外堀切1によって、南西方向はこえだの坂の大きな外堀切2によって区画されて独立

写真1　羽山から見た百目木城（↓印）と移ヶ岳

写真２　百目木城と前館

写真３　百目木城　左から二ノ郭、堀切１、一ノ郭（北西から）

丘陵化が図られた天然の要害である。さらに搦手の外堀切の内にはもう一か所の小さな外堀切3があり、北東の尾根からの区画分断を確実な形にしている。

なお、城域を外界と区切る堀切を「外堀切」、城域内の郭を分ける堀切を「内堀切」と呼ぶこととする。

右記の二つの大外堀切で区画された城内は、さらに内部の四つの内堀切等を挟んで大きくは五つ、細別すれば七つの郭で構成される「コ字状」の縄張りである。大手口から侵入する敵軍を懐深く抱え込みながら、左右両側面から攻撃し、手のひらを握るようにして敵を撃退するという城郭の構成である（第1図）。

一ノ郭は本丸と目され、中央には巨石を積んだ庭園様の施設があり、地区民からは「石川様の坪の石」・「つぶ石」と俗称される。坪は坪庭、即ち屋敷内の庭園を示すものであり、坪（つぼ、あるいは、つぶ）の石は庭園の石のことと考えられる。

この山辺沢側の下段には帯郭が整然と置かれている。これに接続する南西側の帯郭は二ノ郭に連続し、U字状に一ノ郭を囲む形となっている。

二ノ郭は一ノ郭の北東に内堀切1を挟んで位置し、一ノ郭に匹敵する郭である。国土地理院の地図ではここに城記号がある。海抜高度からは、七ノ郭（現存せず）を除けばこの郭が最高所であり、ここを本郭とすることもできる。七ノ郭の実態が不明の現在、これ以上の詮索は無理である。ここにも一ノ郭同様に北側に帯郭が発達しており、四ノ郭にも連なる。西や北、二本松・伊達方面からは、重層的に階段状に郭が観察され、格調高い堅固な城の外観である（写真3）。

三ノ郭は一ノ郭の南東方向眼下にあり、南東に突き出た上下二段の広い平場である。東と南、つまり

写真４　一ノ郭、堀切１、二ノ郭（頂部)、三ノ郭（左下)、四ノ郭（右下）（前館から）

写真５　一ノ郭（左)、堀切１、二ノ郭（右）と帯郭（四ノ郭から）

写真６　三ノ郭（四ノ郭から）

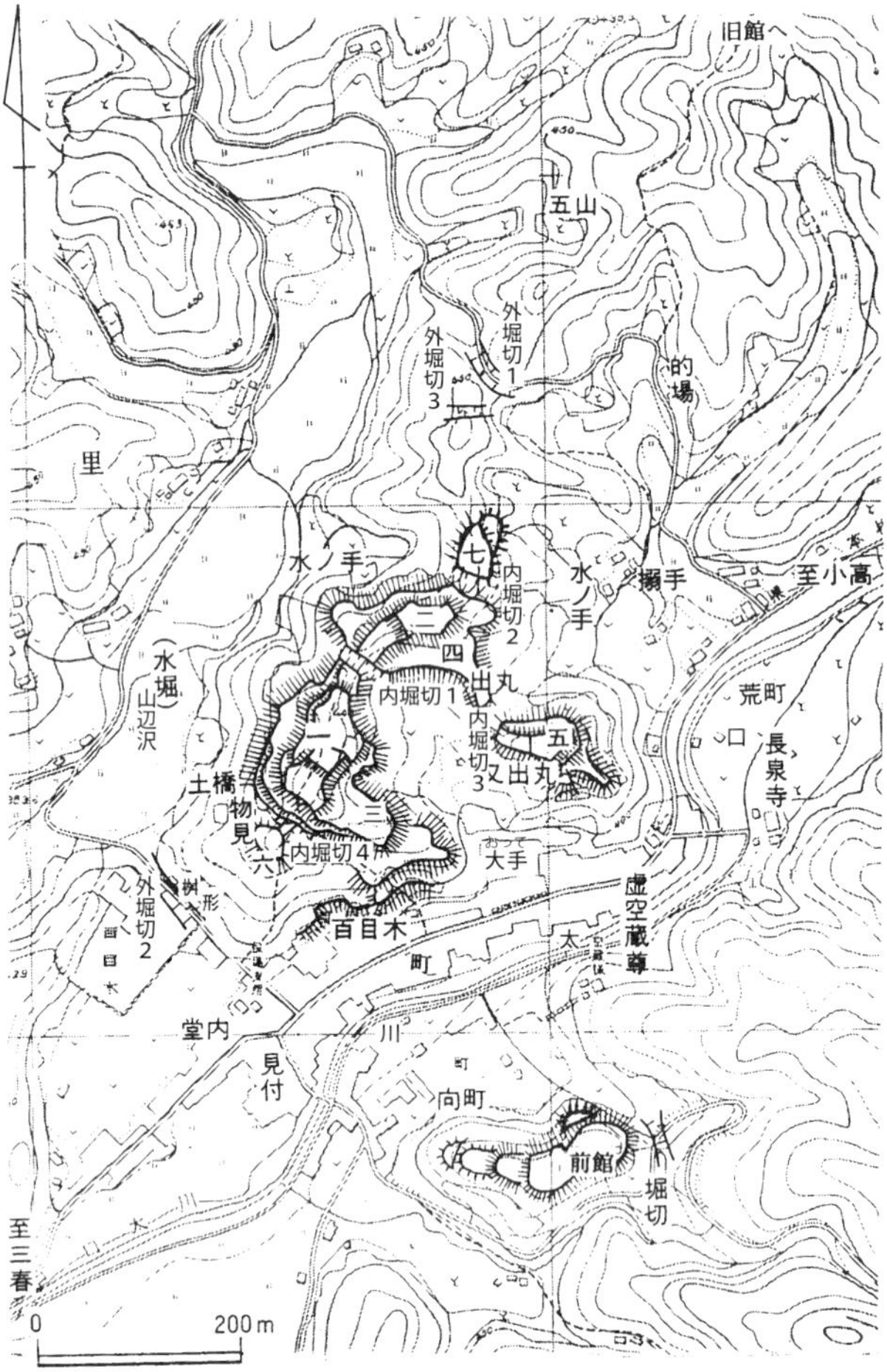

第１図　百目木城と前館の縄張り図

田村方面からの侵入を監視する位置である。

四ノ郭は二ノ郭の下段にある南方に突き出た郭で、内堀切3を挟んだ五ノ郭との連携を図る郭と想定される。相馬、つまり搦手方向からの敵を四・五ノ郭、さらに七ノ郭で対応する。

五ノ郭は堀切と急崖で区画された独立郭で、出丸状の上下二段の平場があり、周りに帯郭を配置する。その構成は小規模の出城（砦）風である。東、相馬方面に対処するのに最適である。

六ノ郭は一ノ郭と土橋と谷から続く内堀切4で接続・区画する狭い郭で、帯郭も一部に観察される。南の急崖の一部に土塁状の高まりもある。また、町から山辺沢に通じるこえだの坂（大堀切）に面した裾部には桝形とも見える方形区画もある。主として二本松・小浜や田村方面に対する物見の郭といえる。

第１表　百目木城の構成と規模

	最大長（m）	最大幅（m）	面積（㎡）	備　　考
一 ノ 郭	150.8	60.3	9093.2	
二 ノ 郭	109.3	49.0	5355.7	
三 ノ 郭	62.2	28.3	1760.3	最下段の腰郭を含むと長さ132m
四 ノ 郭	86.7	15.1	1309.2	
五 ノ 郭	124.4	49.0	6095.6	
六 ノ 郭	10.0	10.0	100.0	物見施設
七 ノ 郭	49.0	26.4	1293.6	
内堀切１	15.1	18.9	285.4	一と二ノ郭の間
内堀切２	33.9	18.9	640.7	二と七ノ郭の間
内堀切３	26.4	18.9	499.0	四と五ノ郭の間

（注）
1　地形図・空中写真の計測、踏査歩測・目測等による概数である。
2　面積は長さ×幅である。
3　従前の筆者論文の郭呼称の内、二ノ郭と三ノ郭の呼称を交換した。
4　上記の他、一ノ郭と六ノ郭の間に小土橋（内堀切４）がある。

七ノ郭は二ノ郭の北で内堀切２を挟んだ位置に所在し二段構成であったが現存はしない。昭和二十年代の空中写真では確認できる。口伝ではある程度広い郭であったという。帯郭も付随していたと想定される。これが大きな郭か、あるいは六ノ郭のような物見風の場所かによって本城の郭構造の理解も変わるが、先の空中写真で見る限りは結構な面積を有している。

これらの郭を備えた百目木城は、北から見ると、急崖・腰高で二つの堀切と三つの郭が横に並列する城郭、例えば日本のマチュピチュ但馬竹田城風の城である（写真３）。南から見ると、堀切を挟んで連続した一・二・七の郭群とその前面左に配置された三ノ郭、右に配置された四・五ノ郭及びそれらを取りまく重層的な帯郭群が高く聳え、壁のように圧倒的である。あたかも上杉謙信の越後春日山城の縮小版のようである（写真４）。

これらの郭の平場の規模は第１表のとおりであるが、簡易な計測法による数値であり、おおよその規模を示している。

一・二ノ郭を中心に七ノ郭が最高地点の平坦部に形成

写真７　四ノ郭、堀切３、五ノ郭（二ノ郭から）

写真８　四ノ郭（三ノ郭から）

写真９　五ノ郭（三ノ郭から）

され、この三郭で本城の中核施設を構成している。六ノ郭がそれに続く。南東に延びる二本の尾根を開削して三ノ郭と四・五ノ郭が位置している。一ノ郭が長さ幅ともに最大である。

三つの内堀切の幅は同一でほぼ統一的に構築されている。五ノ郭は最東端に突き出しているが、規模からすると防御上重要な施設であったと考えられる。

根小屋は、近世の百目木村名主屋敷跡で、その後旧旭村役場や旧百目木小学校が設置された場所と考えられる。ここは百目木城大手口に位置している。平時の城主の屋敷郭であったと想定される。

侍町かと思われる場所が、町裏の東から西一帯に比高一〇mほどの一段高まった場所にあり、帯郭風の細長い平場（現在は畑地）が連続する。屋敷の区画に用いられたウコギの生け垣等がある地点もある。

水の手（井戸等）は城郭内にはないが、北と東の裾部にはある。百目木城裏門「搦手御門」があったとされる「搦手」、武士たちが城から弓を射る稽古の的となった場であ る「的場」という地名が東側にある。かつて「おって」と呼ばれていた大手は南（元旭村役場）側である。なお、東の搦手の井戸の水で殿様のお茶を沸かしたと伝わる。

大外堀切（こえだの坂）を挟んで、前百目木小学校敷地であったところにもそれ以前には小さな郭があり、挟撃の郭とも考えられるが、その実態は不明である。

この城の構造（縄張り）については『仙道記　古城之覚』[3]にも記録されている。それによれば、およそ次のとおりである。

百目木村に山城があり、郷の北方向にある。入口より本丸大手までは三町（三二七・三ｍ）の坂道があり、牛馬は自由に通る。城山には水（井戸）はない。

その規模は第２表のように記されてる。

城山の南北は難所で牛馬は通れない。城山の東は山が続いているが、堀切があるために牛馬は通れない。城山の南に小川がある。いつもは歩いて渡れるが、山間の川のために俄かに大水が出た場合は歩いて渡れない。城山の四方に山がある。本丸までの距離は、ところにより一町五間（約一六三・六五ｍ）、または二町（二一八・二ｍ）余ある。高さは城山と同様である。現在城山は残らず畑になっている。要害（軍事施設）はな

第２表　百目木城の郭の規模

郭＼規模	高さ（間）（m）	広さ 縦（間）（m）	広さ 横（間）（m）	面積（㎡）（縦×横）
本　丸	27	40	15	1987.4
	48.14	72.80	27.30	
二ノ丸	17	100	20	6624.8
	30.94	182.00	36.40	
三ノ丸	14	30	15	1490.6
	25.48	54.60	27.30	
出　丸	13	40	35	4637.4
	23.66	72.80	63.70	
又出丸	10	27	15	1341.5
	18.20	49.14	27.30	
郭総面積				16081.7

（『仙道記　古城之覚』から作成）

（注）下段はメートル法に換算した数値である。

い。古来の城主は石川弾正という。

ここでいう東の堀切は、第1図に示したように北東方向の、的場と山辺沢の間の尾根を遮断する外堀切1である。南の小川は口太川を指す。井戸は城中にはないが、城山（舘山）の北裾（山辺沢側）と東裾（搦手側）にある。『仙道記』の各郭の高さは本丸から順に低くなる。縦と横の長さの積算である広さ（面積）は、二ノ丸、出丸、本丸、三ノ丸、又出丸の順になる。

現状では山頂の最高部に位置する一ノ郭平場のみでおおよそ一五〇m×三〇m以上あり、『仙道記』のいう二ノ丸の数値に近い。そうだとすると高さが合わない。いずれにしても高さと広さの数値については現状とは対比しにくい。今後さらに検討したい。

城下にはその他、町（上町・中町・下町・横町に細分）・荒町・向町・堂内、さらに見附・弥来・堰・樋の口等の地名や、城主石川弾正ゆかりの八幡神社・虚空蔵尊等があり、石川氏菩提寺江月山長泉寺には弾正とその父摂津守の位牌が安置されている。

また、歌川派の（安藤）広重（初代）の『陸奥安達百目木驛八景圖』に百目木城が「坪石の秋の月」・「舘アト」、前館（向館）が「舘山の一つ松」として、登場する。

この広重は、弘化二年（一八四五）頃、二本松藩から与力格式を与えられ、百目木村名主を兼帯していた造り酒屋の常州屋渡辺半右衛門家に約一か月ほど遊び、その酒屋半右衛門の求めに応じて、この八景図を作成した。

その後も地元ではこれらの歴史的事実が、伝承によって今日まで連綿と受け継がれている。

城内には、その後古峯神社（三ノ郭下の帯郭）、愛宕神社（六ノ郭）、観音（古峯神社下の帯郭）、天神の堂宇が置かれ、信仰の山、あるいは石川様の館山として住民に親しまれてきた。現在、天神や観音の堂宇は存在しないが、そこに至る長い石段の入口部分は観音様の木戸口を示す「観音木戸」（城戸か）と呼ばれている。

なお、百目木城本丸の坪石（庭園）、通称「舘山の坪石」の周りを「息を継がずに三回回ると金の鳥が出る」という黄金伝説がある。石川氏の家紋（定紋）は、鶴丸である。金の鳥を見たくて、つまり舘山の観音や天神の祭事の日に、あるいは何かの記念日等に、先人を偲び地元の人びとは観音木戸の長く急な石段を登り、古城に出向く。子どもたちは野外の遊びの中でこの伝承を受け継いでいる。

これは、天下太平の江戸期であっても、（土着した）旧家臣や村人たちが、遠慮なく古戦場である旧主の古城跡へ上がるのを正当化する手段である。つまり中世以来の山上がりや籠もる・逃げるという反抗手段ではないという意味である。城と先人への畏敬と感謝の念でもあろう。地域を創り育て守った先人の活躍を伝える古城の姿とその歴史を後世の子孫に伝えるための一つの方法としての「言い伝え」とも思われる。そこには「聖と俗」即ち「聖地＝城」と「世俗＝城下」の区画線があり、その一線を越えるために、金の鳥を求めて、あるいは寺社に参拝するという形の重要な儀式が生み出された。

写真10　一ノ郭と坪石（後方は羽山）

つまり旧家臣団と領民にとって「領主石川氏の聖地＝百目木城主石川様の坪石」は、聖地巡礼（舘山詣）の対象地といえる。舘山（百目木城）に行くということは、この坪石に行くということである。

2　前館（向館）

百目木城前館は、百目木字向町に所在する。標高四三〇m、比高五〇mの西に突き出た山稜の頂部に位置する。全体は菱形状を呈する城郭で、東西二一〇m、南北一〇〇mの規模を有する。北と西は口太川、南は滑川（茂原川）の谷で区画される。東は、西に突き出た丘陵を、虚空蔵尊表参道前の南方に入る谷が南東方向に登り上げ、前館北側の最深部に届いた地点に堀切と急崖を造って切断して独立丘陵化を図っている。

郭の規模は、最大長一七七・二m、最大幅五二・八mである。本郭は長さ八六・七mあり、上下二段構成である。東側に三段の付郭（腰郭）があり、西からの敵にとってはかなりの威圧感がある。北側にも小規模の腰郭がある。虎口は二か所あり、西側の斜面を九十九折りに登る道と北側の帯郭付近を通る道がそこに通じる。

百目木城と対面する位置にあり、小浜城始め戦国期の城館によく見られるように、河川や谷底平地を挟んで対置する形の本城と向館の関係である。

ここは三春街道石沢深谷の峠を越えて百目木に入った状況がよく見え、田村方面からの侵入を最初に発見できる位置にある。また城の西下で分岐した道のうち、南への道は領界である境の岫を越えて移（田

写真11　前館（百目木城から）

写真12　前館の北側の城壁（切岸）

村市船引町）、さらに双葉葛尾へ、西への道は茂原を経て田沢あるいは移・常葉方面へと通じる。当城はその通路を監視したと思われる。

なお、当地は天正十六年（一五八八）、百目木城を攻撃する伊達政宗軍の陣地になったと伝わる。

3　旧館

百目木城旧館は百目木字旧舘・五山に所在する。標高五二〇ｍの高地にあり、比高七〇ｍである。規模は東西八〇〇ｍ×南北九〇〇ｍである。なお所在地名の五山は後山であろう。

北は堀之内から苗堀へと続く大きな谷、南は口太川の大きな谷によって区画される。東は、現在の名目津から里（平）に通じる道路沿いの深沢や大きな外堀切によって、西は大窪によって区画される。鍛

写真13　旧館の一ノ郭

写真14　空堀

写真15　旧館の外堀（堀之内～苗堀）

冶ヶ沢をコ字形に囲むように南方面に開いた城となる。当城は標高が大変高い地点に位置する要害で、付近一帯、特に北西方向を一望できる（写真15）。

本郭は、当城付近では標高が一番高い位置にあり、目測ではおおよそ三〇～四〇m四方の方形の郭である。切崖斜面中段には土塁・空堀等がある。この空堀は羽山（標高八九七・一m）から百目木城に水を引いた堀跡であるとの伝承がある。鍛冶ヶ沢は製鉄関連の場所と想定できる。

塩松石川氏は当初ここに拠点を置いたが、後に交通の要所で出入りがし易く、城下の形成に適した谷底低地がより広い百目木城（本館）に移った。そのためにこの城を旧館と呼ぶ。

第二節　北の拠点城郭群

1　小手森城

小手森城は、二本松市針道字愛宕森に所在する。標高四六三mで付近の山脈からは独立した一人立ちの山塊を城域とする。城の四方を見ると、西は針道川沿岸の低地、北は相馬に続く街道沿いの大きな谷、南も同様な谷、東も谷が南北に入り込んでいる。

西には川俣から田村に通じる田村街道である国道三四九号線が南北に走り、相馬方面への街道も東に延びる。やや北の針道から西へ行くと二本松に通じる。南には相馬からの侵入者に対して、百目木に隠

第２図１　小手森城の位置
（同左）（同左提供）

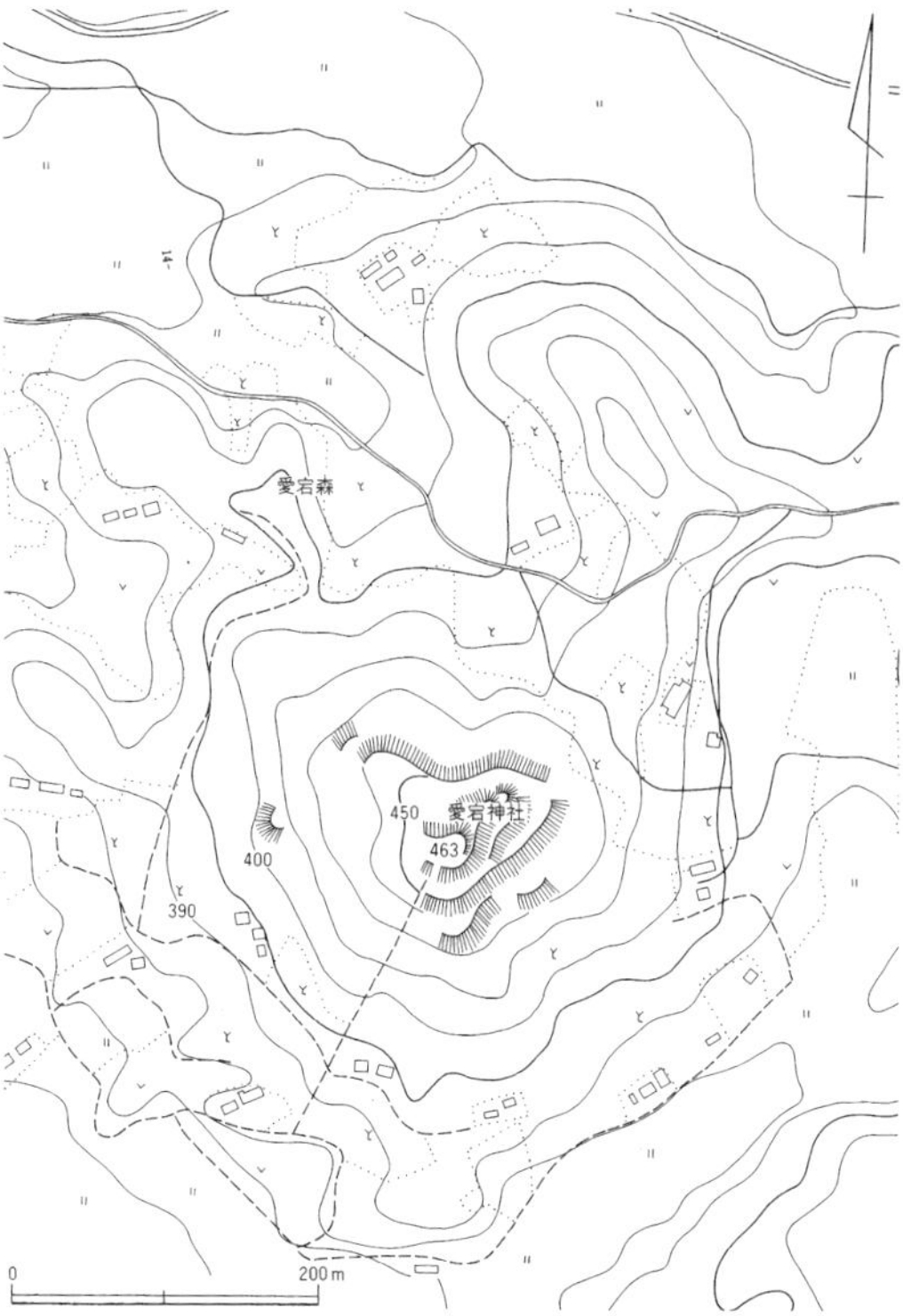

第２図２　小手森城縄張図１（菅野：1988による）
（福島県文化財センター白河館提供）

写真16　小手森城と西麓の平地

遁した晩年の石川弾正が、村人と共に反撃し撃退したという月夜畑合戦の地がある。小手森城から月山館までは南東に約三・四km、月山館から百目木城へは南東約三・三kmの直線距離である。

一ノ郭は山頂の小さな平場で、ここには愛宕神社がある。その北東側下段には別の平場がある。二ノ郭とも思われる。さらに一ノ郭から急崖を下がった西にも広い郭があり、三ノ郭かとも想定される。城域には何重かの帯郭も見られ、南から一ノ郭に直に登る坂道（参道）は竪堀とも見られる。城下（山麓）には「大町」「樋町」という地名が残る。[4] 小手森城合戦の記録では一から三ノ構が存在しているが、それがどこにあたるかは今後十分な検討が必要である。

石川弾正顕彰会第一二回例会（平成二十八年十一月十九日）の当城踏査の記録があるので次に示す。[5]

登城者は海抜三八〇m付近から同四六三mの山頂の愛宕神社境内（本郭、一ノ郭）まで、おおよそ二五〇mの急な坂道を登った。坂道は、神社の参道であり、上半分は石段となっており、途中には帯曲輪がいくつか観察された。

麓（海抜約三五五m）からの比高約一一〇mに位置する本郭は思ったほど広くはなく、この場所に八〇〇人以上が籠城するのは無理と思われ、本郭以外の二・三ノ郭や帯曲輪にも守備兵がいたと想定され

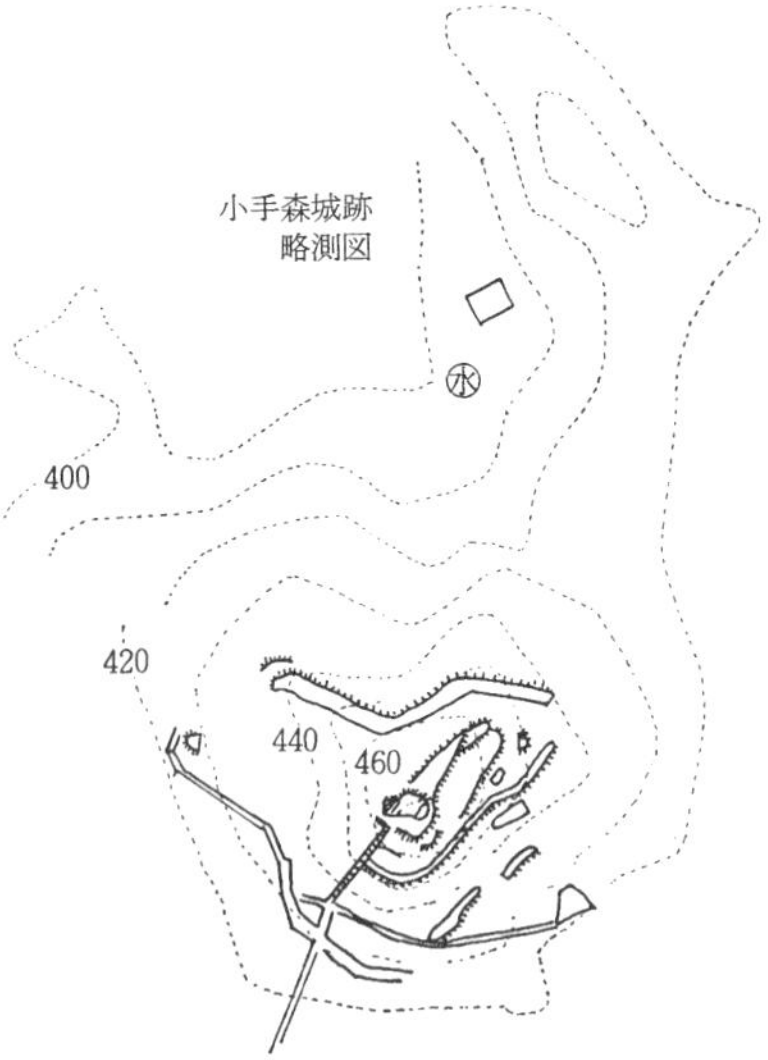

第３図　小手森城縄張図２（菅野：1981による）

写真17　大町橋（旧道）から見た小手森城

る。

本丸の北東側の二ノ郭かと想定される場所には、江戸期享保二年（一七一七）の「馬頭尊」、延享二年（一七四五）の「庚申供養塔」、天明二年（一七八二）建立の「秋葉塔」等の多くの供養塔が建立されている。

いずれにしても、平時には使用せずに、戦時の籠城用の施設と思われる。日常の住いの根小屋は別の場所に存在したと考えられる(6)。

小手森城は、山容が孤高で美しく、守りが堅固な地に造られた。落城・廃城の後は、信仰の山として地域住民の心の拠り所となった。近隣の人びとが、供養塔を祀り、折に触れこの地を訪れ地域社会や家族の安寧を願ったと考えられる。

写真18　供養塔

籠城兵や村人の子孫たちにとって、この山に登ることは、先に百目木城で考察したように、日常は「愛宕神社へ行く」ということになるが、その深層心理は「私たちの先祖の故地へ」であったと思われる。「聖と俗」を含む城と城下、聖は先人の故地小手森城跡（神社）、俗は日常生活の地の旧城下であった。これは戦国期城館の廃城後のあり方に共通する事象である。

小手森城の略歴については次のとおりである。

小手森城は、石橋氏が塩松を領有するときに、伊達郡との境界（小手口）を防禦するために、菊地氏に命じて築城した。菊地氏は累世この小手口（川俣口）を守ったが、石橋氏滅亡後は、大内氏の領地になったと伝わる。[7]

当城は戦国末期、仙道の覇権を求める伊達政宗の塩松侵攻に対抗して、塩松の人びとが二度にわたり籠城、そして落城した城として知られている。

一度目は、天正十三年（一五八五）、小浜城主大内備前が籠城したが、伊達・田村連合軍の攻撃によって落城した。城兵等老若男女八〇〇人、牛馬に至るまで皆殺しとなった。この後、小手森城は、戸沢の月山舘と共に、伊達政宗から大内攻略に貢献した石川弾正に与えられた。

二度目は、天正十六年（一五八八）閏五月、作物を刈り取ってしまうほどの伊達政宗の攻撃に対して石川弾正がこの城に籠城したが、城兵五〇〇人が討ち取られ落城した。この時、石川弾正は、討ち死にしたという風聞もあったが、実は相馬小高に逃れた。百目木城にいた父摂津守も同じく逃れ、小手森城に続いて百目木城も落城した[4][6]（図１・２）。

２　月山館

月山館（築山館・月山城）は、二本松市戸沢字大六天に所在し、元南戸沢小学校の南西方向、海抜四九五ｍの山頂及び尾根群や山麓一帯に位置する。[8]

石川弾正顕彰会第一四回例会において吉田陽一氏の案内指導で現地を踏査した。[9]

百目木から月山館までは、前百目木小学校校門前の「こえだの坂」（百目木城西端の大堀切）を通り、里地区の大明神付近を経て東和地区に入る。元南戸沢小学校（元南戸沢村名主邸）前を通過すると、その目前に位置する月山館に到着となる。これとは別に口太川沿いの針道街道を北東に下り、東和の落合から北に道をとる方法もある。百目木からは直線では約三・三㎞の距離である。

本郭（一ノ郭）の麓まで車道があり、海抜四八八m付近から山頂の本郭まで、数百mの緩やかな坂道となる。この坂道は神社の参道であり、途中には郭（平場）等が観察される。城の構造（縄張り）は南西方向に開く「つ」字状（馬蹄形）の構成である。

本郭を中心とする郭群（一ノ郭群）、本郭の西の日石方向に長く伸びる大きな郭群（二ノ郭群）、本郭の南の稲荷神社方向に長く伸びる郭群（三ノ郭群）、という三つの構えに大別される。いずれの郭にも帯郭が付随している。

本郭の入口には、「八阪神社」の石鳥居と標柱石「月山八阪大明神」が建っている。本郭は、ほぼ東西方向に伸びる細長い平場で、最北西端に「八阪神社」が

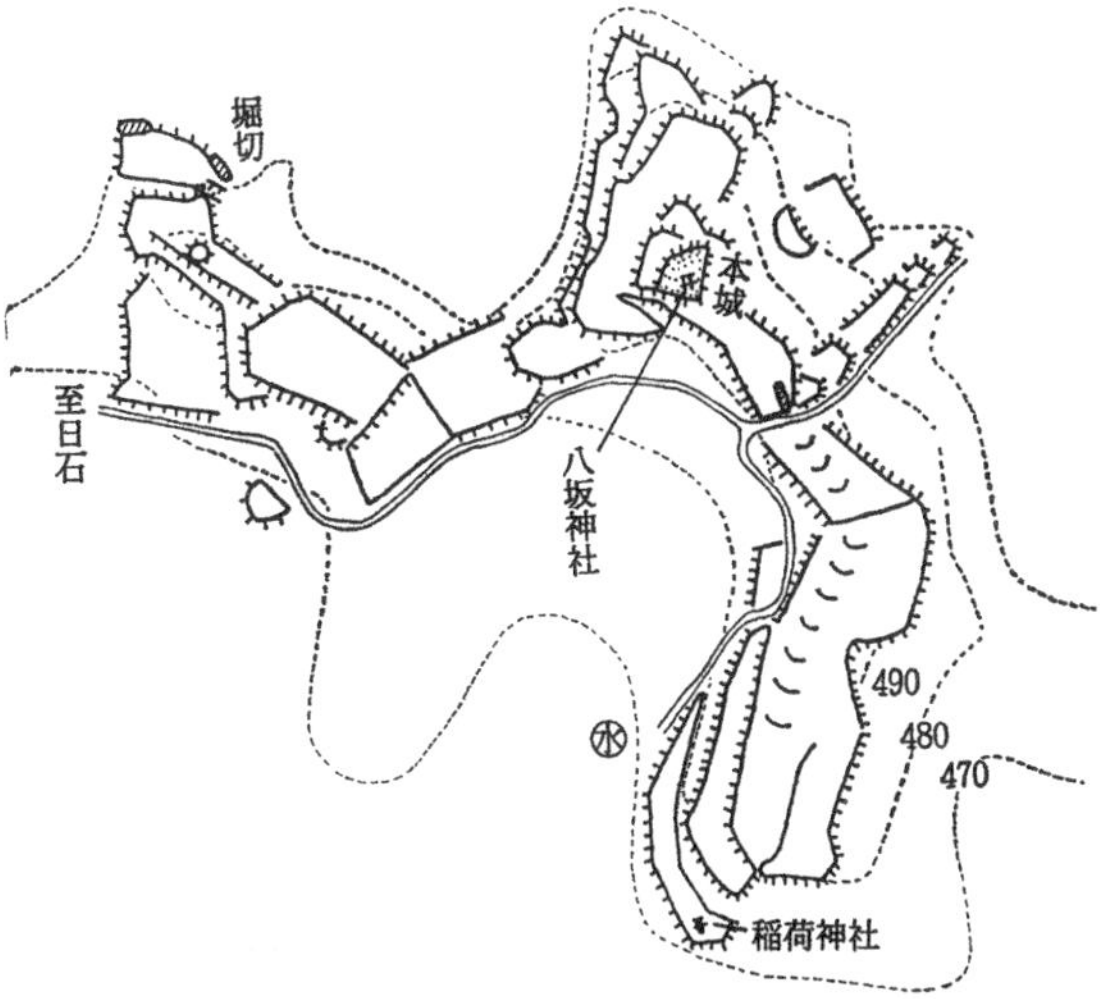

第４図　月山館縄張図（菅野:1981による）

写真20　一ノ郭へ向かう道

写真19　月山館一ノ郭

写真21　西側（日石方向）の郭

写真22　稲荷神社方向の郭

位置する。その入口部には供養塔があり、全体としては同神社境内地となっているが、ここが月山館の中心部である。神社の後方付近は、削り出しによる急崖となり、その西に小さな郭、その下段に大きな郭が広がり帯郭が連続する。

　二ノ郭群は、広く大きな平場が西方向に幾つも連続する大規模な構えである。三ノ郭群は、南へ伸びる大きな尾根を、一部自然地形を残しながら削平して構築している郭である。

　本城を南あるいは南西側（敵方）から見ると、頂上の本郭に向かって郭や帯郭が幾重にも階段状に連続しており、開いた両腕のような二と三ノ郭の間を奥深く攻め込むと挟撃されるという形式の城であり、攻め難く守るには堅固な城となる。

　北戸沢田向館の菊地氏が、氏族を引きつれてこの地に住み、大内次郎右衛門と名乗ったという[10]。菊地家系図には、十二代頼宗菊地次郎右衛門尉が築山城（月山城）に住んだと記され、元亀・天正の間（一五七〇〜一五九一）に盛りの人であった。大内次郎右衛門はこの頼宗のこととされる[11]。

　なお、月山館城主に縁の子孫が当地に居住しているという。

第三節　村の城館群

1　田沢八館

『旭村郷土誌』によれば、田沢の「田沢八館」（二本松市田沢）は、戦国時代「元亀・天正年間（一五七〇～一五九一）、浪士が横行して略奪をなした。この時所々に館を築き民家を移し、家財を運び協力して防いだところ」である。[2]これを一般には、村人百姓が村の家族と財産を守るための避難所として、時には自衛籠城施設として築いた「村の城（百姓の城）」と呼ぶ。

このような避難・防衛のための戦国時代の村の城は、全国的に知られている。城は「武家の権力のシンボル」（侍の城）という考え方は安土・桃山時代以降である。

田沢八館は、明治時代の郷土史編さんのときに初めて文字として記録された。それ以前は口伝によってのみ子孫に伝えられた。近世の村政要覧ともいえる村書上や『積達大概録』等にも登場しない。つまり針道組田沢村は二本松藩や代官所に古館の存在を報告しなかった。同様の例は、糠沢組の各村（本宮市白沢地区）にもあり、村人たちの「古館の所在報告」に対する慎重な姿勢が窺える。いずれの地区も戦国時代には伊達、田村、相馬の狭間の地点であり、多くの戦闘がこの地で繰り返されたという経験によるのであろう。

その理由は、一に古館はかつての合戦の遺構であり、平和な時期にあからさまに表面に出すのを憚ったこと、二に古館は、野武士の来襲や一揆等、万一のときの避難所・隠れ処、自衛・籠城施設ともなりうる場所であり、その存在・位置を秘密にしておく必要があったこと、である。

　このような田沢八館は、地籍図や地名伝承によると

写真23　仲山館（左奥は羽山）

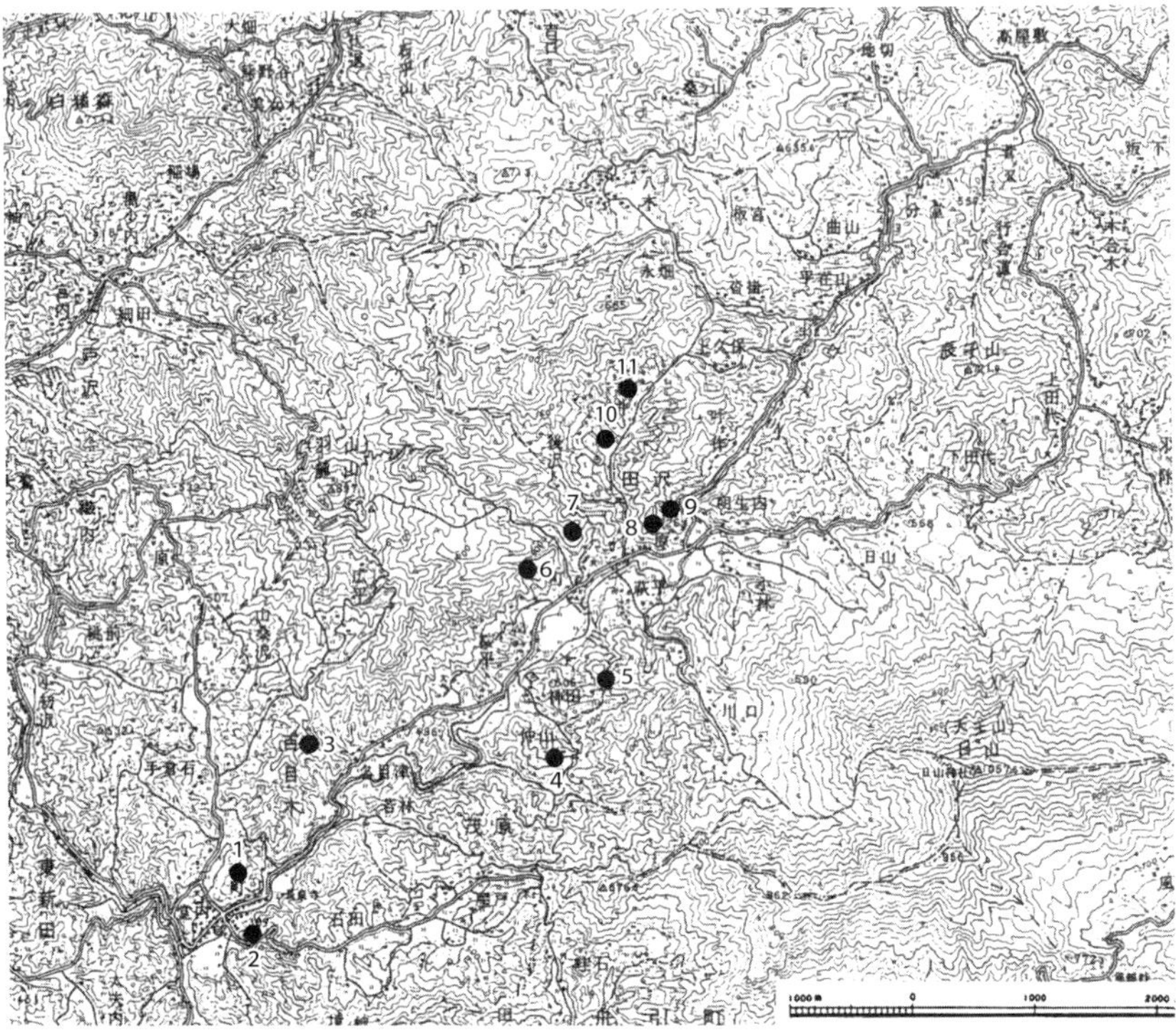

1　百目木城　　2　百目木前館(対の城)　　3　百目木旧館　　4　仲山館　　5　前山館
6　海老内館　　7　明内館　　8　原小館　　9　和田館　　10高井館(A)
11　高井館(B)

第５図　田沢八館及び百目木城（本舘・前館・旧館）の位置

第３表のとおりである。

前山館、海老内館、明内館は百目木から津島を経て浪江・小高に通じる小高街道沿い、原小館、高井館Ａ・Ｂは百目木から高井・沓掛そして八木を経て山木屋・相馬（中村）に通じる相馬街道沿い、和田館は、曲山を経て山木屋・相馬方面に至る相馬街道と小高街道の分岐点に位置する。高井館の南には、馬を休めたという駒寄場がある。

第３表　田沢八館の名称

№.	館　名	所在地	備　考
1	前山館	二本松市田沢字小屋館	小屋館ともいう
2	仲山館	同　　　　　仲山	
3	海老内館	同　　　　　海老内山	
4	明内館	同　　　　　明内館	近くに熊野神社がある
5	原小館	同　　　　　原小館	
6	和田館	同　　　　　和田山	
7	高井館	同　　　　　後田山	高井館Ａとする
8	高井館	同　　　　　舘山	高井館Ｂとする

（注）高井館は２か所あるが、これまでの筆者論文を一部変更し南側の高井館をＡ、北側の高井館をＢとする。

仲山館は、茂原から田村市移を経て常葉へ至る常葉街道沿いに位置するが、三春相馬（中村）街道から見ると隠里的な場所に立地する。本郭や帯郭が整っている本格的な城構えである。明内館は前面に階段状に郭が多数並び威圧感があるので、単なる村の城ではない可能性も残る。

これら田沢八館に籠もった人びとは、戦国期において暮らしや家族を守るために、優れた知恵と強い意志をもって時代を生き抜いた。さらに塩松石川氏の領域内にある田沢八館は、村の城として村人の避難所・自衛施設であると同時に、時としては石川氏支城としての役割があったことも当然想定される。

２　籠もる・逃げる　生き抜く村人たち

村の城、田沢八館の歴史的意義を考えるために、その前提として中世から近世における百姓の自立と自己防衛の姿を次に振り返っておく。

時の支配権力（領主層）に抵抗する百姓たちは、「籠もる、逃げる、強訴する」ことによって自らの要求の実現を図った。もちろんそのためには多くの悲惨な犠牲を払ったことも極めて数多い。

⑴　籠もる人びと

すでに述べたように中世戦国の世には、領主の城だけではなく、村にも城（百姓の城）があった。合戦等何か緊急の場合、領主の城の近くの者はその城へ籠もり、城から遠い村の者は村の城（山小屋・小屋）に籠もった。それを山あがり、小屋あがり、小屋入り等と呼んだ。時には、寺社に籠もることもあった。

文亀元年（一五〇一）九月、土丸・大木・菖蒲・船淵の入山田四か村（現大阪府泉佐野市）の村人は、守護の細川軍の攻撃に備えて山に上った。鹿狩りだと村中に触れ回って、四か村の村人たちが手に手に武器をとって山に上り敵を待ち伏せした。土丸村では、全ての私財を運び出したことが知られている。[13]

天正十五年（一五八七）七月、蘆名方の大内備前や二本松畠山旧臣が苗代田の小屋館（本宮市岩根）に侵攻した。この地は南北朝期の岩色城として著名だが、この当時は古城であり使用されていない。多くの戦禍から逃れるために散り散りになっていた百姓たちは、この頃在所へ帰っていたが、用心のため武士たちも含めこの古城に集まって生活・耕作等をしていた。[14]

慶長五年（一六〇〇）の関ヶ原合戦に関連して、反徳川の立場であった上杉景勝方の陸奥伊達郡の梁川城に籠もった百姓たちが、戦後村々に帰ることを「小屋おり」と呼んでいる。籠城は「小屋上り」となる。[15]

⑵　逃げる村の人びと

逃げる百姓たちの行動については、その概要を次に宮崎克則氏の考察によって見ておく。[16]その行動は走りや逃散と呼ばれる。

走りは、欠落・出奔・逐電等ともいわれ、個人あるいは数家族程度で他の領地へ逃げることを指している。走りの行動は、周辺地域、せいぜい一～二日の行程で行き来できる範囲である。

寛永七年（一六三〇）、会津藩の越後国蒲原郡滝谷村（現新潟県中蒲原郡村松町）の親子四人が新発田藩領駒林村に逃げこんだ。「喜右衛門と申す者　親子四人にて候　一人は男の子　一人は女の子　右、式部様の御代に寛永七年、越後の内新発田御領分駒林村に走り、まかり有り候」とあることから、その家族夫婦と子ども二人は、その後、承応二年（一六五三）まで駒林村に二四年間も住み続けていることになる。なお式部様は、会津藩四〇万石の加藤明成である。

陸奥安達郡椚山村の慶応四年（一八六八）までの欠落人数を見ると、村の惣人数は五六〇人（男二七八人、女二八二人）であるが、寛政十年（一七九八）～慶応四年までの七〇年の間に、欠落人は八五人あった。内帰村五人、その他に他所者五人、御追放二人であり、帰村率はわずかに五・九％ほどである[17]。

次に、逃散は一村から数村規模で、村全体が集団で山の中や他領主の領内へ逃げ出すことをいう。中世から近世へと続く行動であり、年貢や年貢率の減免や削減等を要求する手段であるが、藩経済の基本である年貢を負担する村人（耕作者）をなんとか自領に戻すために、これに領主が応じることも多い。

村集団での逃亡では、参加者全体の団結や規律を守り、逃散を成功させるために一味同心が大切であった。神前で盟約を結び、起請文を書いて参加者全員が署名した後、これを燃やしその灰を混ぜた神水をみんなで回し飲むという「一味神水」の儀式を行うのが常である。

また、逃げた百姓を戻すために、大名間等で人返しの交渉や協定もあった。ただし、大名たちの本音は、百姓を走らせては損、走り者を自領に受け入れ、囲い込んでしまえば得、儲けものとなる。従って人返し協定は建て前の部分もある。

慶長十六年（一六一一）に仙台藩と米沢藩、同十七年に仙台藩と相馬藩、元和七年（一六二一）に仙台藩と南部藩の間で人返し協定が結ばれている。

このような百姓の姿が宮崎氏の『逃げる百姓、追う大名』の中で語られている。

なお、生き抜くために百姓は強訴する。二本松藩針道組や大槻組が中心となって起こし、大きな犠牲を払った安達・安積地方農民による寛延百姓一揆（積達騒動）等、主に百姓一揆を指すが、これらについてはここでは省略する。

（注）

（1）A日下部善己「百目木城」『福島県の中世城館跡』福島県教育委員会　一九八八
　B日下部善己「百目木城」『日本城郭大系』3　新人物往来社　一九八一
（2）「伊達日記」『仙道軍記　岩磐軍記集』歴史図書社　一九七九
（3）「仙道記」『仙道軍記　岩磐軍記集』歴史図書社　一九七九
（4）菅野家弘「小手森城」『福島県の中世城館跡』福島県教育委員会　一九八八
（5）「小手森城跡」『石川弾正顕彰会第12回例会資料』石川弾正顕彰会　二〇一六
（6）菅野家弘「小手森城」『東和町史』2　東和町　一九八一
（7）安西彦貴『積達古舘弁』柳沼善介校訂・発行　一九六六
（8）菅野家弘「月山館」『東和町史』2　東和町　一九八一

(9) 吉田陽一「月山館跡」『石川弾正顕彰会第14回例会資料』石川弾正顕彰会　二〇一七
(10) 成田頼直「積達舘基考」『東和町史』2　東和町　一九八一
(11) 大鐘義鳴「相生集」『岩磐史料叢書』(中) 歴史図書社　一九七一
(12) 日下部善己「城館はどのように認識されてきたのか」『論集しのぶ考古』同刊行会　一九九六
(13) 藤木久『戦国の村を行く』朝日新聞社　一九九七
(14) 小林清治・高橋明・渡部正俊・若松富士雄・山崎清敏・若林伸亮・田中正能「中世」『本宮町史』1通史編Ⅰ　本宮町　二〇〇二
(15) 小林清治『秀吉権力の形成　書札礼・禁制・城郭政策』東京大学出版会　一九九四
(16) 宮崎克則『逃げる百姓、追う大名』中央公論社　二〇〇二
(17)「慶応三年調べ欠落人数　椚山村」『大玉村史』史料編　一九七六

第四節　文化施設の整備　－「二本松八祭」への道－

塩松石川氏は、地域開発を進める一方、人心掌握のために寺社仏閣の創設等、いわば文化施設整備による文化振興事業にも積極的に取り組んでいる。百目木の虚空蔵堂の造営、菩提寺江月山長泉寺の創設、八幡神社の創設、さらに日山旭神社の屋根葺替え等である。

それによって、自国の領民の心を安定させ、日常の暮らしの安寧を願うと共に、求心力を高めたものと思われる。

なお、古峯神社は後年の創設であるが、その場所は、百目木城の腰郭の位置であり、古来から祀られた霊所であるのでこの項に含めておく。

1　八幡神社　―附　古峯神社―

(1)　神社の概要

百目木の八幡神社は、福島県二本松市百目木字八幡山に所在し、祭神は、譽田別命《ほんだわけのみこと》である。祭礼は春三月十五日と夏八月十五日（旧暦）であった。夏大祭は宵祭り・本祭り・後祭りの三日間であった。

写真1　百目木八幡神社

通称「八幡様」である。

近年は春四月第二日曜日と秋大祭十月第二土・日曜日（宵祭り・本祭り）である。

百目木城主石川弾正が、百目木舘山に城郭を構築するにあたって、行者道玄を召し出して鎮宅祈祷修法を行わせたとき、五色の雲が立ち昇る霊所があった。これが現在の八幡山であり、石川公は大いに感応された。早速臣下に命じ、上移館主田村宮内少補を名代として、重臣斉藤武左衛門、門馬修之助等神使として、筑前国三笠野郡宇佐野宇里村鎮座八幡宮（宇佐八幡宮）に遣わした。その分霊を当地に移した。これが弘治元年（一五五五）三月十五日のことであり、八幡山と名付けてこの地を霊所としたという。本殿は、明暦元年（一六五五）、宝永七年（一七一〇）、明治四十三年（一九一〇）に新築した。

宝永七年八月十五日遷宮した堂宇は弘治元年より一五六年後になる。当時五両以上の奉賛（寄付）金を納めたのは名主武田八郎右衛門ら六名であった。大工は田沢村遠藤玉左衛門、同藤九郎、山木屋村遠藤長十郎で、百余日をかけて完成した。

石の鳥居は、文久二年（一八六二）八月十五日建立した。当時の世話人は渡部隆甫（渡辺半右衛門）、渡部半之介、渡部善右衛門ら四名である。

明治二年（一八六九）八月十五日仲秋祭から神輿の渡御が行われた。その後、神輿は大正四年（一九一五）年十一月中に新調した（大正二年という伝承もある）。当時の有志者は社総代始め一七名である。神輿新調者は、安達郡大平村（現二本松市大平木ノ崎）渡辺文治である。当時の支出内訳は次のとおりである。金八五円神輿代、一三円金具代、八円神楽代、二円神輿台代、一円五〇銭天狗面代、地区の奉賛（寄付）金合計は、一二三一円四〇銭であったという。

(2) 百目木八幡神社に関する記録

①『積達大概録』（文政二年〈一八一九〉）『二本松市史』6近世Ⅲ（昭和五十七年）

百目木村

鎮守　御渡八幡、九尺之宮、八月十五日　九月九日祭り也

②『相生集』（天保十二年〈一八四一〉）第十一稿　神廟類

百目木

八幡　どぶ内にあり　八月十五日
稲荷　堂ヶ入りにあり　九月九日

③一立齋廣重筆『陸奥安達百目木驛八景圖』（弘化二年か三年〈一八四五か四六〉）
渡辺半右衛門発注、遠州屋又兵衛版
八まん

④平島郡三郎他『安達郡案内』（明治四十四年〈一九一一〉）安達郡役所刊
旭村
村社八幡神社
大字百目木にあり、誉田別命を祀る。弘治元年石川弾正の創建する処といふ。

⑤『旭村郷土誌』（大正元年〈一九一二〉）
（福島縣訓令第三十四號　明治四十四年六月三十日　福島縣知事　西久保弘道）
［郷土誌編纂の訓令］
緒言（略）
大正元年
田澤尋常高等小学校長　柴田善治
百目木尋常小学校長　甲野藤吾三郎
旭　村　長　遠藤市松
第八章　社寺及宗教　第二節　神社
八幡神社

位置及建築＝旭村大字百目木字堂内にあり、神殿は縦三尺二寸横三尺五寸総彫物あり、雨屋及拝殿は質素なる和風茅葺にして明治四十三年の再建なり。
社格＝村社
祭神縁起＝譽田別命を祭る、弘治元年乙卯年穐舘主石川彈正創立奉勸し明暦元年乙未年官舎再建し寶暦七庚寅年に於て村中にて建立し明治四十三年建替をなす、然れとも神殿は以前の侭なり。
氏子＝大字百目木一圓にして百五十戸
社有財産＝境内地百四十坪
什　寶器＝神鏡一面
特別保護建築物＝
維持法＝祭典式費及榮繕費は大字の負擔

⑥『旭村郷土誌』（昭和八年七月〈一九三三〉）
（福島縣訓令第二號　昭和七年一月十四日　福島縣知事　村井八郎）
［郷土誌編纂の訓令の改正］
緒言（略）
昭和八年七月
旭　村　長　菅野　徳智
田澤尋常高等小学校長　鈴木　正
百目木尋常小学校長　國分　基宜
第三章　郷土の人文地理　第四節　社寺及宗教　二　神社

名稱　八幡神社
神社格　村社
位置及建築　旭村大字百目木字堂内に鎮座す、神殿は縦三尺二寸横三尺五寸總彫物あり、雨屋拝殿は質素なる和風茅葺にして明治三十八年の再建なり。
祭神縁起　譽田別命を祀る、弘治元年乙卯年穐舘主石川彈正創立奉勸進し明暦元乙未年官舎再建し寶暦七庚寅年に於て村中にて建立し明治三十八年拝殿建替をなす、然れども神殿は以前の侭なり、大正二年御神輿を再造す。
什器寶物　神鏡一面
財産　境内地百四十六坪
氏子数　大字百目木一圓にして二百十戸
祭禮及維持法　毎年旧三月十五日春祭、旧八月十五日大字百目木御神輿渡御、祭典式費及榮繕費は大字の負担とす。

⑦『岩代町史』４民俗・旧町村沿革　日下部善兵衛「旭村」（昭和五十七年）岩代町刊
百目木字堂内にあり、譽田別命を祭神とする。弘治元年（一五五五）城主石川弾正によって創建されたといわれ、明暦元年（一六五五）、宝永七年（一七一〇）に堂宇が建立され、明治四十三年（一九一〇）に建て替えられた。例祭は以前、旧暦の三月十五日の春祭、旧八月十五日に大祭があり、現在は十月十五日になっている。祭日には、大正二年（一九一三）につくられた神輿が渡御にでる。

⑧『百目木鎮守八幡神社御神徳遷移之沿革記』（昭和五十八年）
祭神譽田別命

百目木舘主石川弾正殿、舘山に舘工築に際し、行者道玄を召して鎮宅祈祷修法のみぎり、三社託宣の霊現に依り一心に祈願奉る時、五色の雲立ち登りし霊所有り。是が現在の八幡山にて、石川公大いに感応され、早速く臣下に命じ上移舘主田村宮少補殿を名代として、重臣斉藤武左衛門、門馬修之助等神使として上行し、謹上再拝筑前国三笠野郡宇佐野宇里村鎮座八幡宮依り謹上御分霊奉齋祀也。時に弘治元年三月十五日八幡山と号し此の地に霊所として齋祀。現在の本殿は、宝永七年八月十五日御遷宮奉りしもので弘治元年より百五十六年後相成り。当時名主武田八郎右衛門外、高橋源之亟、佐藤茂右衛門、三浦九兵衛、大柳善兵衛、吉田権七郎、彦想、以上の皆様方は金五両以上の奉賛金を奉納された方々でございます。御宮重釼大工は田沢村遠藤玉左衛門、同藤九郎、山木屋村遠藤長十郎の皆様が、百余日を以て奉遷新殿完成致しました。

石の鳥井（鳥居）は、文久二壬戌年八月十五日建立致しました。当時の御世話人の方々は渡部隆甫、渡部半之介由童、渡部善左衛門由忠、源幸茂以上の皆様方です。

明治二年八月十五日仲秋祭より神輿渡御がされました。現在の神輿は大正四年十一月中に新調されました。當時の有志者の皆様方は左の通りです。社総代渡辺忠□□、斎藤清十郎、大柳善作、発起人大柳忠次郎、松本惣太郎、渡辺定吉、斎藤一衛、秋元亀之助、斎藤半治、大柳三之亟、菅野千吉、斎藤市之助、斎藤高治、斎藤角治、三浦壹吉、斎藤顧吉、本田叶、以上の皆様方でございます。御神輿謹調者は、安達郡太平村渡辺文治殿です。当時の支出の内訳は次の通りです。金八拾五円神輿代、拾参円金具代、八円御神楽代、貳円神輿臺代、壱円五十銭が天狗様御面代、奉賛金会計は、貳百三拾壱円四十銭です。

八幡神社は御奉祀以来今年で四百二十八年になりました。氏子の皆様方の敬神の賜と感謝申し上げます。

八幡神社社務所

（注）
舘工築は構築か、田村宮少補は田村宮内少輔か、渡部隆甫は渡辺半右衛門、渡部半之介由童は渡辺半之助か、渡部善左衛門由忠は渡辺善右衛門か、と考えられる。（筆者注記）

附　古峯神社

(1) 神社の概要

古峯神社（古峯様《こぶがらさま》）は、百目木町（観音木戸）から百目木城（館山）に至る道路沿いの平場（腰郭）に位置している。参道は急な長い石段が続くが、この階段を登り切ったところにかつては城山観音があったので、これを観音木戸と呼んでいる。

写真２　観音木戸

安政二年（一八五五）七月八日夜九つ失火、百目木町は大火となり四〇軒が焼失した。地区民は大変な苦難を強いられたが、その際、藩庁からは、被災者一人につき三合のかゆ米が特別に支給された（「岩代町史」二）。

明治になって、時の消防組頭の秋元亀之助が百目木地区無火災三大誓願をたてて古峯ヶ原山に行って修法し、その分霊を当地に祀った。この場所は百川修験道の火祭の霊所で、古来よりの霊所であるという。

現在のお宮は創設以来四回目に再建されたものである。

(2) 古峯神社に関する記録

「舘山鎮守古峯神社御神徳御霊座記」（昭和五十八年）

安政二年、百目木町は大火となり上町方部に二戸残して倉庫以外は全焼致しました。明治に至り時の消防組頭秋元亀之助殿百目木地区無火災三大誓願を以って古峯ヶ原山に至り三枚岩屋に修法致し御分霊を是の地に奉齋祀り致しました。是の霊所は百川修験道火祭の霊所にて、古来よりの霊所でございます。

現在の御宮は御鎮座以来四回目に再建されました御宮です。時の御世話人様は、高本波二、鴫原政治、小谷政勝、大柳孝之介、菅野清、斎藤勝一、斎藤正吉、以上の皆様方です。

八幡神社社務所

2　江月山長泉寺　－塩松石川氏菩提寺　－附　名目津壇－

(1) 寺院の概要

百目木の江月山長泉寺《こうげつざんちょうせんじ》は、百目木字荒町六〇に所在し、百目木城主塩松石川氏の菩提寺である。戦国時代の長享年間（一四八七～一四八八）、石川摂津守草創、永岸和尚の開山と伝える曹洞宗の寺院である。本尊は、運慶作とされる聖観世音菩薩である。永岸和尚以降江戸前期までの住職の名は現在

写真３　江月山長泉寺

写真４　高源山長泉寺（石川町）

のところ不明である。

混乱した戦国期が終わり江戸期になると、本山末寺の制度や寺請制度（檀家）の整備によって、田村三春万年山天澤寺第十一世峰室太雄和尚（寛永十一年〈一六三四〉六月八日卒）が、江月山長泉寺の再開山（第一世）となり新たなスタートを切る。よって田村三春万年山天澤寺の末寺となる。天澤寺は度々、大本山総持寺輪番住職を務める名刹である。

長泉寺はかつて、石川県総持寺（元総持寺）を大本山としていたと伝えるが、現在は、福井県吉野郡の永平寺と横浜市鶴見区の総持寺の両寺院を大本山とする。

百目木城主塩松石川氏の位牌や大般若経六百巻を所蔵している。毎年八月七日に「大般若経会」が開かれ、近郷の山木屋、田沢、太田、西新殿、小浜の同宗派寺院僧侶、計七人が一堂に会して大般若経の転読が行われる。

境内には、観音堂（一時は毘沙門堂）がある。旧三月十七日と旧七月十日が祭日であり、かつては、檀信徒による観音講も盛んであった。「安達三十三観音」巡りの第六番之札所である。

江月山という山号は、前面に流れる口太川（百瀬川）に、美しく月影が映るようすから名付けたという。また、一時、山号を「江源山」と呼んだともされる。

境内には、「長泉寺の松」、付近には、福島県緑の文化財「長泉寺の栗（おばけ栗）」と「長泉寺の杉（ゆうれい杉）」がある。

なお、石川氏総領家（宗家・本宗）の石川郡三芦城主奥州石川氏の菩提寺は、「高源山長泉寺」という。後年、伊達家家臣となった宗家の角田（宮城県）移住と共に、この寺も角田に移転し、本寺として角田石川氏の菩提寺となり、石川郡の高源山長泉寺（本尊は地蔵菩薩）はその末寺となった。

(2) 江月山長泉寺に関する記録

①『積達大概録』（文政二年〈一八一九〉）

百目木村（抄）

寺　江源山長泉寺、曹洞宗、三春天沢寺之末寺也、本尊聖観音運慶之作、長享年中石川摂津守草創、永岸（孝）和尚開山也、江月山共云り、境内ニ観音有、三月十七日七月十日当祭り、安達第六番之札所なり

②『相生集』（天保十二年〈一八四一〉）

百目木

長泉寺　曹洞

江月山という、前に流るる川に月影のうつるにて名付しという、長享年中石川摂津守建立、永岸和尚を開山とす、本尊聖観音運慶の作、三春領天澤寺の末、石川家代々の牌あり

百目木弾正墓

百目木と名目津の間川岸にあり、其子孫相馬にありて毎年七月に参詣して燈籠を捧ぐという。

（注）

昭和五十一年、名目津地区の人びとの協力によって、旧相馬郡小高町〈現南相馬市〉在住で石川弾正光昌後裔の石川昌安氏が名目津壇に墓標を立て先祖の供養をした。

③『旭村郷土誌』（明治末期～大正初期）

江月山長泉寺

百目木字荒町にあり、本尊は聖観世音菩薩（木造丈八寸、伝運慶作）。三春町天沢寺の末寺で、長享元年（一四八七）峯室大雄和尚の開山創立。安永九年（一七八〇）火災に遭い、現在の堂宇は寛政四年（一七九二）の再建による。安達三十三観音六番札所。

④『安達郡案内』（明治四十四年〈一九一一〉）

旭村（抄）

長泉寺　曹洞宗

大字百目木字荒町にあり、本尊は運慶作聖観世音菩薩とす、百目木城主石川弾正の位牌及大般若経六百巻所蔵す。

⑤「石川摂津守・石川弾正昌位牌」（家紋［鶴丸］付厨子入）

表

曹清院殿徳翁全山大居士

（鶴丸）捐館　　各尊儀

壽昌院殿源室紹圓大居士

裏

曹　文禄元壬辰四月二十五日石川弾正昌

壽　大永二壬午六月二日石川摂津守

(注)
大永二年は一五二二年。文禄元年は一五九二年。

⑥『石川氏一千年史』(大正七年〈一九一八〉・修訂版　昭和六十年)

○興国二年（一三四一）六月

第十三代貞光公　実は家光公の子也

興国二年（北朝暦応四辛巳年）六月三日公卒す（中略）

六男光久母は貞照院泉二郎三郎と称す、安達郡小牛（手）杜を分領す、石河弾正忠と称す、

○応永二十年（一四一三）正月

第十六代満朝公（中略）応永二十年正月五日公卒す、（中略）

三男盛光、母は仝上泉十三郎と称す、安達郡百目木を分領す、石川治部大輔と称す、

○康正三年〈改元長禄元年〉（一四五七）三月

十八代持光公　三月二日公卒す。長泉寺殿巨川道源大居士と法諡す。

(注)

1　永享八年（一四三六）、「高原院」を、「高源山長泉寺」と改称す。と、十七代　義光公伝に記載がある。なお、持光公の襲封は、正長元年（一四二八）である。

2　塩松百目木石川氏は、代々当主が弾正を名乗っていたものと想定される。

⑦「源姓　石川氏」（抄）『衆臣家譜』（天保九年〈一八三八〉）（別項のとおり）
⑧「百目木八景大津絵節」（齋藤實編『百目木の話』）
荒町ひとめの長泉寺
⑨「明治九年十二月　百目木村長泉寺住職辞令」『県庁文書F七八』（一八七六年）
十二月八日　晴
教導職試補　梅　田　俊　苗
岩代国安達郡百目木村長泉寺住職中付候事
⑩『江月山長泉寺屋根葺替え落慶記念誌』江月山長泉寺護持会・江月山長泉寺屋根葺替え工事建設委員会（平成十七年）

附　名目津壇

(1) 名目津壇（百目木弾正墓）の概要

名目津壇は、百目木字下名目津に所在する。江戸期の記録には、百目木と名目津の間の川岸に所在し、その子孫（相馬石川氏）は相馬に在って、毎年七月に参詣して燈籠を捧ぐという、と記されている。明治以降も子孫が幾たびも訪れて供養をしていると聞き及ぶ。

昭和五十一年には、旧相馬郡小高町（現南相馬市）在住の子孫石川昌安氏が名目津壇に墓標を立て先祖の供養をした。

なお、壇のまわりには一三本の杉の木があったと伝えられる。また、この地は通称「おたんば」と呼ばれるが、「御壇場」を意味すると考えられる。

付近には、名目津橋があり、この地は、石川弾正が伊達氏と戦った古戦場といわれ、この川に架かる名目津橋を香炉橋とも呼ぶ。

(2) 名目津壇に関する記録

江月山長泉寺の項で載せた史料は除く。

○『岩代町史』4「旧町村沿革　旭村」（昭和五十七年）

名目津壇

百目木名目津、口太川の右岸にある。百目木城主石川弾正が、伊達氏の大軍と戦い大敗した古戦場として、墓塚、数基の石碑があって、墓塚には「まゆみ」の老木が植えてある。近くには名目津橋があって、昔は香爐橋と呼ばれていた。

3　百目木虚空蔵尊（虚空蔵堂）

(1) 虚空蔵尊（虚空蔵堂）の概要

百目木虚空蔵堂は、二本松市百目木字風呂ノ入四八に所在する。鎌倉時代の暦仁年中（一二三八～一二三九）、僧常念が創設したとされ、江月山長泉寺持ちである。

堂宇は、三間四面の伝統的建造物で、裏側上部の板壁に塩松石川氏家紋「鶴丸」と名主武田家家紋「四菱」が配される。弘治二年（一五五六）、百目木城主石川弾正が建立し、寛文九年（一六六九）百目木村中にて修繕をしたと伝えられる。

木造丈八寸の福一満虚空蔵尊が本尊であり、弘法大師作と伝えられる。

写真５　虚空蔵堂

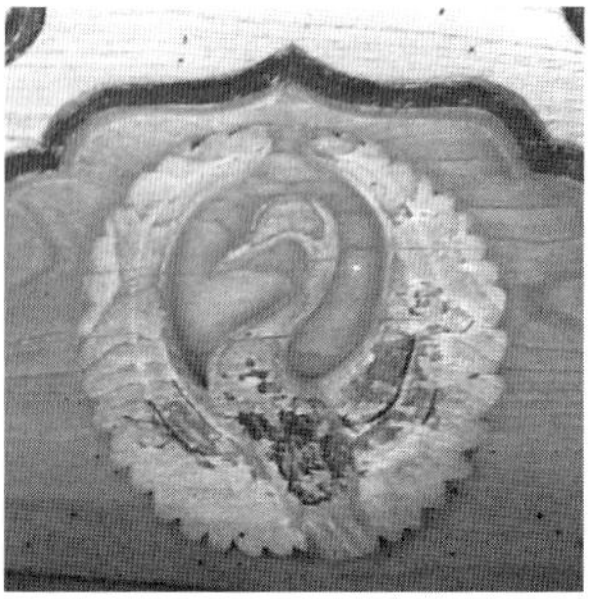
写真６　鶴丸

この本尊は秘仏とされ、開帳（開扉）は六〇年毎である。中間の三〇年に半開帳がある。近年の開帳は、昭和五十三年、平成二十二年である。後者は本来、平成二十年が本開帳年にあたるが、都合により平成二十二年となった。

祭礼（縁日）は、旧暦の三月二十三日と九月十三日である。

かつては、「百目木の虚空蔵様のお祭り」として、梵鐘が美しく響きわたる中、近郷近在の多くの参詣者が集う祭日であり大変賑わった。

(2) 二本松八祭

江戸期、二本松藩領内の祭礼の内、二本松藩庁から歩行目付が、特に春・秋の年に二度派遣されるのは、「木幡山弁財天」と「百目木虚空蔵」の二か所だけであった。

この二か所を含む次の八か所は、「有職至要　諸役人勤方　乾」の「歩行目付」の項目に記載されているが、「二本松八祭」と呼ばれ、城下の両社と共に藩が許可した、いわば藩公認の祭礼であった。その他の町村の祭は私的な祭礼であった。

○長谷堂観音　二月十七日　○大平村白真弓観音　三月十七日　○米沢村観音　二月十七日
○塩沢村雷神　五月六日　○玉井村薬師　三月八日　○百目木村虚空蔵　三月十三日、九月十三日

○木幡村弁財天　三月十三日、九月九日　○根崎町愛宕山　六月二十四日

弘化二年（一八四五）か三年頃、江戸の浮世絵師・歌川（安藤）広重は、陸奥国安達郡百目木村の名主渡辺半右衛門家（造酒屋）を訪れ、求めに応じて浮世絵「陸奥安達百目木驛八景圖」を描いている。この八景の一つに「虚空蔵晩鐘」がある。

渡辺半右衛門と広重の出会いの場は、桜花爛漫、春の例大祭時の虚空蔵堂境内と考えられ、その時のことが広重の子孫によって語り伝えられている。

(3)　虚空蔵堂付属の堂宇・仏像や伝説等

このことについては、先著にて触れているが、他項との表現上のバランスをとるために再度解説を加える。

①　子安観音堂（山の神様）

虚空蔵尊の境内、覆堂の中にあり、江月山長泉寺の管理に属する。万延二年（一八六一）二月に建立した。本尊は丈四寸八分の木造である。婦人の安産を祈る堂であり、山の神様とも呼ぶ。子どもを授かると堂内から小さな枕をお借りし、無事出産すると新しい枕を添えてお礼に参詣する。

②　釣り鐘堂（鐘楼堂）

先の鐘楼の梵鐘（釣り鐘）は、太平洋戦争末期、昭和十九年（一九四四）に金物供出された。この虚空蔵堂境内の梵鐘は、鋳造時にかんざし等の金銀細工品が信者から多数寄進されたため、金等の含有量が多く良質で、その美しい音色は隣村等、かなり遠方まで届いたと言い伝えられている。なお、供出後、七〇年の時を経て、平成二十六年十月、関係者の努力で再建された。

写真７　大日如来坐像

写真８　阿弥陀如来立像（『東和町史』２：1981による）

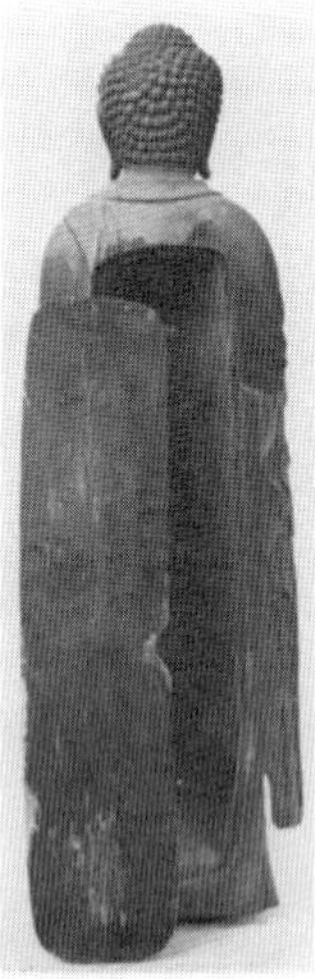

写真９　同背面（『東和町史』２：1981による）

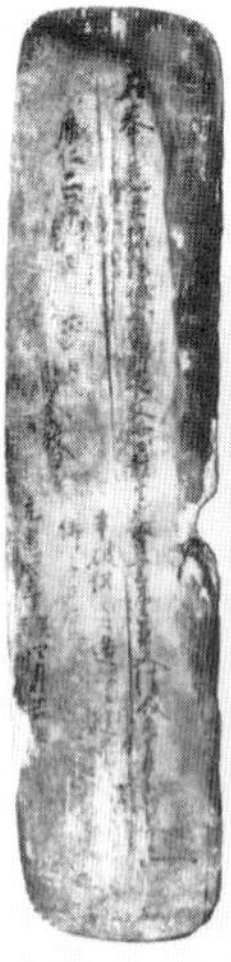

写真10　墨書銘（東和町史パンフレット表紙による）

③ 銅造大日如来坐像

丈九尺の金仏で、渡辺半右衛門の寄進である。虚空蔵堂境内石段の下、表参道に安置されていたが、現在は台座の石積だけが残る。太平洋戦争末期、大砲等の弾にするという国策に従って金物供出された。昭和十九年十一月十二日あるいは十二月十九日の出来事という。

④ 木造阿弥陀如来立像

虚空蔵堂には鎌倉時代以降、高九八・七cmの木造阿弥陀如来立像が安置されていた。

暦仁二年（一二三九）造像、一木造で眼と肘先を欠いている。背括りがあり、背板に墨書銘がある。虚空蔵堂創立とされる常念の名が見える。仏師は西広、修理が元亀四年（一五七三）である。

いつの時代かは不明だが、この虚空蔵堂から元安達郡戸沢村の某寺に移り、やがて太田町阿弥陀堂（現福島市）へ迎えられたという。現在は、福島市の有形文化財（彫刻）に指定されている。

⑤ 別当橋

字町（上町）の旧岩代町農業協同組合旭事業所

脇から虚空蔵堂の裏参道へ通じる道路には、以前は木橋が架けられていた。これを別当橋という。なお、この橋を虚空蔵橋とも呼んだかも知れない。

⑥ 虚空蔵様のお使い

ウナギは、虚空蔵様のお使いとされており、虚空蔵信仰の篤い百目木地区では、堂下を流れる口太川でウナギを獲ったり、食べたりしてはならないと、子どもの頃から躾けられている。

(4) 虚空蔵堂に関する記録

①『積達大概録』（文政二年〈一八一九〉）

百目木村

町向ニ虚空蔵堂、三間四面、本尊弘法大師之作、暦仁年中僧常念か草創ニて長泉寺持也、三月廿三日九月十三日祭礼也

②『相生集』（天保十二年〈一八四一〉）

虚空蔵

弘法の作暦仁中僧常念草創長泉寺持、三月廿三日九月廿三日

橋

やらい、虚空蔵、此外二

③ 応需　一立齋廣重筆『陸奥安達百目木驛八景圖』（弘化二年か三年〈一八四五か四六〉）（浮世絵版画）

「虚空蔵晩鐘」　歌川（安藤）広重筆の百目木驛八景の内

④『大玉村史』上（昭和五十一年）所収文書

一、祭礼・縁日には、御歩行目付が出向くように、巳十月に本多吉兵衛に、土屋右衛門が申し渡した。但し歩行目付がいない時は、同心目付を派遣すべき事。
一、木幡山弁財天
一、百日木虚空蔵
右二カ所は三月・九月と一年に二度。
一、大平村白真弓観音　三月十七日
一、米沢村観音
一、初瀬堂　二月十七日
一、塩沢雷神　五月六日
一、根崎町愛宕　六月二十四日
一、杉田薬師
一、玉井薬師
この他の祭礼・縁日には歩行目付・同心目付は派遣せず。
一、亀谷観音
右は午六日に御家老中から仰せ出され、以来毎年、御歩行目付を派遣いたし、町同心も差し出すように町奉行中へ申し付ける事。

⑤「有職至要　諸役人勤方　歩行目付」『二本松市史』4近世1（昭和五十五年）
歩行目付
一町在方神社祭礼左之通罷越申候事

長谷堂
一　観　音　二月十七日
米沢村
一　観　音　二月十七日
玉井村
一　薬　師　三月八日
木幡村
一　弁才天（三月十三日　九月九日）

大平村白真弓
一　観　音　三月十七日
塩沢村
一　雷　神　五月六日
百目木村
一　虚空蔵（三月十三日　九月十三日）
根埼町
一　愛宕山　六月廿四日

梅宮茂「城下・町在方の祭礼」『二本松市史』9文化（平成元年）
二本松八祭

⑥『安達郡案内』（明治四十四年〈一九一一〉）
虚空蔵堂
大字百目木字向町にあり、大同二年の建立にして本尊は弘法大師作福一満虚空蔵といふ。堂宇古雅愛すべく、境内の樹木欝欝として口太の渓流其下を流れ、幽邃の状人をして自ずから崇敬の念起さしむ。

⑦『旭村郷土誌』（大正元年〈一九一二〉）
虚空蔵大菩薩
旭村大字百目木字向町にあり、大同二年創建にして弘治二辰年、館主石川弾正建立し寛文九酉年村中にて修繕す　本尊仏は木造丈は八寸弘法大師の御作福一満虚空蔵尊なり
子安観世音

旭村大字百目木字向町虚空蔵尊の境内にあり
本尊は丈四寸八分の木造にて万延二酉年二月建立す
婦人の安産を祈る堂なり百目木長泉寺の管理に属す
大日如来
丈け九尺の金仏なり虚空蔵境内石段の下にあり

⑧「旧町村沿革　旭村」『岩代町史』4（昭和五十七年）

虚空蔵尊

大字百目木字向町にあり、本尊は福一満虚空蔵尊（丈八寸、伝弘法大師作）で、大同二年（八〇七）創建、堂宇は弘治二年石川弾正が建立し、寛文九年（一六六九）修繕という。旧三月二十三日・旧九月十三日を祭日とする。本尊の御開帳は六〇年ごとである。

境内に子安観音堂があり、万延二年（一八六一）の建立という。本尊は丈四寸八分の木像で、安産を祈願する。

写真11　子安観音堂（山の神様）

⑨『東和町史』2史料編1　東和町（昭和五十六年）

木造阿弥陀立像背板銘

右奉造立弥陀仏者師長父母出離生死登蓮台兼又法界衆生平等利益也
暦仁二年己亥 □ 日　　半破仏之□造次之建立
常念敬白　　仏子西広

元亀癸酉四月吉日

暦仁二年（一二三九）造像。一木造。眼と肘先を欠く。背括りがあり、背板に墨書銘がある。虚空蔵堂創立とされる常念の名がある。仏師は西広、元亀四年（一五七三）修理。

⑩『福島の文化』福島市史別巻Ⅶ（平成元年）

木造阿弥陀如来立像

百目木長泉寺虚空蔵堂旧蔵、現在は、福島市指定有形文化財高九十八・七cm、一木造。造像が暦仁二年、修理が元亀四年（背板の内側の墨書銘）

百目木長泉寺虚空蔵堂から元安達郡戸沢村の某寺に移り、そこから太田町阿弥陀堂（現福島市）へ迎えられたという。

⑪『百目木虚空蔵梵鐘再響記念誌』江月山長泉寺護持会・百目木虚空蔵梵鐘再響プロジェクト（平成二十九年）

⑫関連史料（抄）

○『百目木八景大津絵節』（江戸・明治・大正）

「虚空蔵様のお祭りにならして響かす鐘の音」あるいは「虚空蔵様のお祭りにゴーンと響かす鐘の音」

○『百目木小唄』（昭和十一年〈一九三六〉）

（橋本光夫作詞　村田友之作曲　本田徳義振付）

七番「鐘が鳴る鳴る　虚空蔵様で　願をかけましょ

いとしこの子の　まめなように」

○『百目木賛歌』（平成）

（服部克也作詞・作曲・編曲）

四番「お城跡　御前の碑　釣り鐘堂　一つ松

いにしえを受け継ぐもの　白く包まれる　冬」

（注）

第五章第四節の各項目に関する記録の出典等は記したとおりであるが、その所収誌等については、すでに別章節にても掲げてあるので、ここでは重複を避けるために省略した。

第六章　地域社会の歴史と誇り

―国境の地域社会を支える人びと―

第一節　会津・越後国境の村　室谷と三条

1　会越林道が結ぶ国

⑴　会津と越後を繋ぐ林道

会津（陸奥）と越後の間には大変険しい越後山脈が連なる。これを境に背中合わせのように福島県大沼郡金山町と新潟県東蒲原郡阿賀町が隣接している。ここを繋ぐ「林道本名室谷線」は新潟県地域振興局津川地区振興事務所（HP）によれば、両町を結ぶ「全長二一㎞の林道である。急勾配、急カーブが続くため、現在、改築工事を行い林道整備に努めており、近年は林道沿線で利用間伐が活発に行われている」という。林道本名津川線（林野庁）ともいうが、会越街道や峰越連絡林道と呼ぶこともあるようで、昭和五十七年十月竣工という。なお福島県側の道路を三条林道ということもある。

この林道は、福島県大沼郡金山町本名の本名発電所付近で国道二五二号線から分岐し、只見川やその支流霧来沢沿いに進み、三条集落に至る。その先の霧来沢の支流大石田沢に沿って西へ、そして北に上り、日尊の倉山（標高一二六二ｍ）と貉ケ森山（同一三一五ｍ）のほぼ中間地点の標高一一三〇ｍ付近で国境を越え新潟県阿賀町域に入る。その後、室谷川支流の大久蔵沢沿いをさらに西に下り、この沢が室谷川と合流する地点付近を右に大きく九〇度に曲がって室谷方面に向かう。室谷川さらには常浪川沿いに進むとやがて津川に至る。越後山脈を越えて会越を結ぶ壮大な山岳道路である。

沿線の金山町本名の三条地区には、直径二m以上、樹齢二〇〇年以上という「本名スギ」と呼ばれる極めて良質の天然スギが分布している。[1]日本列島の自然がそのままに息づく地域でもある。

会越国境付近には御神楽岳（標高一三八六・五m）を最高峰にして多くの峰々が連なっており、御神楽岳・雨乞峰・本名御神楽（同一二六六m）等と呼ばれる。三条地区の人びとは、会津側の本名御神楽を手前御神楽や福島御神楽、越後側の御神楽岳を後ろ御神楽、新潟御神楽とも呼んでいた。[2]

この御神楽岳の登山口となっているのが三条と室谷であり、登拝者はこの地からスタートする。小さな集落であるが会越林道の南側の三条は、日本海・越後側からの文化移入を暗示するとし、後に紹介する「本名村三条民俗誌」では北隣の室谷と関連づけて考えられている。それは北側の集落である室谷にとっても同様で、会津（陸奥）からの文化流入を最初に感じられる山里なのである。

(2) 山　論

山の自然は、木材・カヤ・竹・ツル等の建材や編み物工芸材、ゼンマイ・コゴミ・ワラビ・キクラゲ・キノコ等の山菜やトチやクルミ・クリ等の堅果類の食料、割木、柴木・杉葉・木炭等の燃料、落葉等の肥料等、貴重な多くの生活物資を地域住民にもたらす。このような林産資源の豊富な奥山をめぐっては、古来その土地や産物等の権利を得るための争いが絶えない。国や村の境界線の越境問題や入会《いりあい》の権利争い等である。

寛永十八年（一六四一）、本名村との間に山論が発生して以来、越後と会津（陸奥）国境の争いが頻発したが、[3]貞享五年（一六八八）に山境が確定した。[4]

この山境証文によれば、奥州（会津）と越州国境の赤柴山、駒ヶ嶽（別称、餅葉山）、十二ヶ嶽（別称、狸森山）、ちゃせん山、大くぞ山、すたに山（別称、こくぞ山）、ひその倉山、ぶんどうそうり山、白岩山、御神楽嶽、笠倉山、末那板倉山（別称、談合峰）、鋒峠、高陽山（別称、三森山）、仁王杉山、合計十五の山毎の境界である。

境界を接する関係村は、越後蒲原郡小川庄室谷村・九島村・栗瀬村・明谷沢村・安用村・柴倉村の六か村、会津郡蒲生村一か村、大沼郡伊北ノ内瀧沢村・同郡金山谷本名村・坂下村・水沼村・大石村の五か村、河沼郡蜷川庄中野村・黒沢村の二か村、奥（会）越合計で二国四郡一四か村に及ぶ。これら村々の郷頭が出会い対談のうえ、古来からの境界である峰切水落（分水嶺）をもって山境と定めた。関係村々の肝煎や郷頭、合計二〇名が連署捺印し相互に証文を交わした。(5)

(3) 筏流し　只見川から阿賀野川へ

近代的な交通機関や道路・橋梁等がない時代には、河川の舟渡しや筏流しが不可欠で、重要な役割を演じた。奥会津地方では只見川水系の大小河川が大きな役目を果たした。会津（只見川）と越後（阿賀野川）を結ぶ水運である。

木材の搬出にあたっては、筏流しが唯一必須の手段であった。

山口孝平氏の研究によれば、(6)近世初期から伊南・伊北・金山谷（南会津郡・大沼郡）では、伐り出した木材を筏に組んで伊南川・只見川から流し、さらに阿賀川を経て津川に送りこんで、越国出しをしていた。近世は角材が多く、近代には木材の損傷を避けるために丸太のままが多かった。流れが急で川幅が狭い野尻川（昭和村・金山町）のような谷川では、角材や丸太をそのまま流し、只見川との合流地点の川口（金山町）付近で、筏に組んだ。二人で操る一房の筏は、やがて川幅が広く流れが穏やかになる

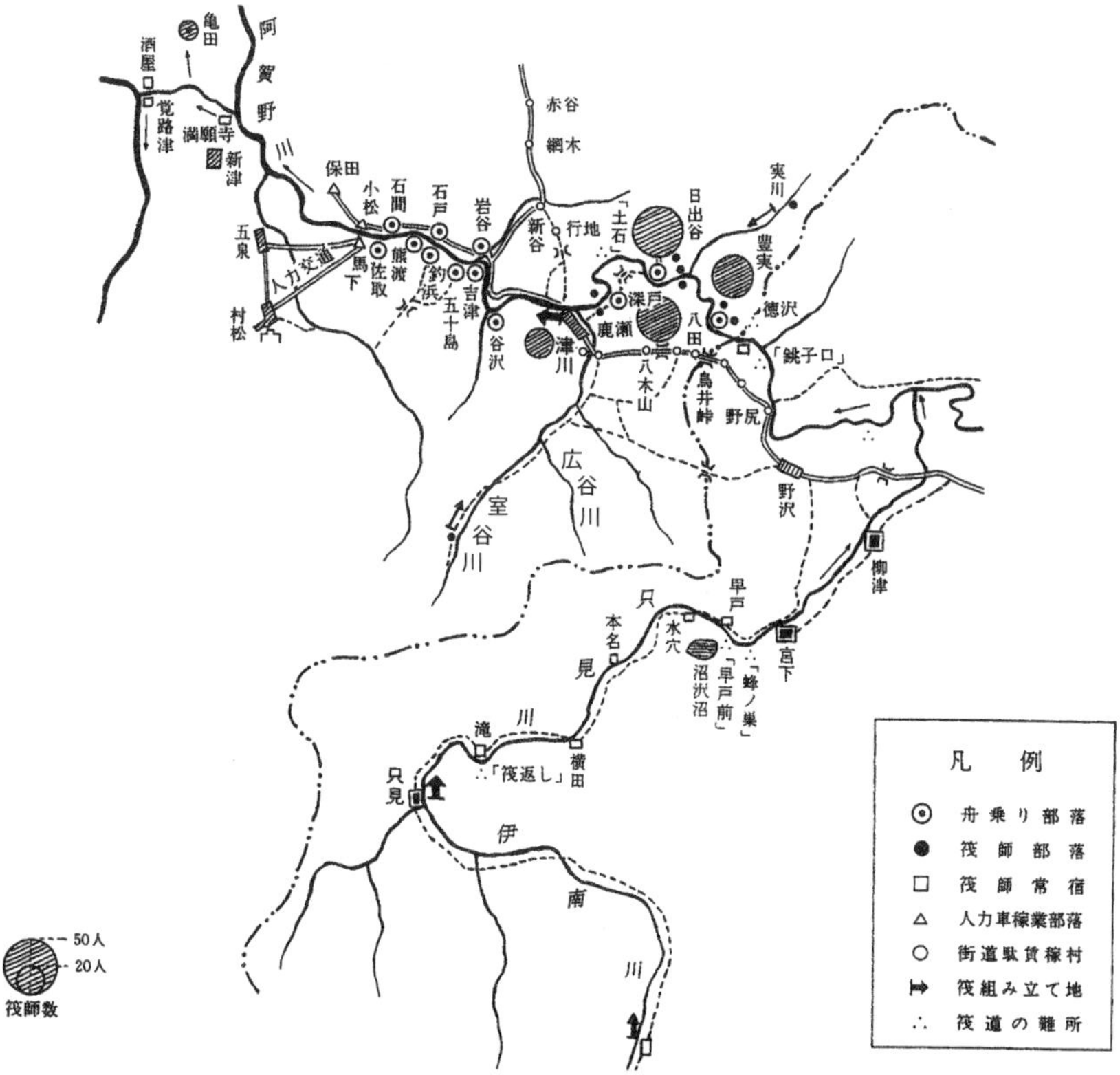

第1図　筏流しと舟乗りの集落図（斎藤昭：2013に加筆）

と、縦横に連結（増結）して三房以上に組み替え、前に四人、後ろに二人が乗って操縦して「本乗り」と呼ばれる形で川下げしていた。津川付近の生まれが多い筏乗りの人は、当地では「玄人」と呼ばれ、櫓や櫂を担いで徒歩で当地までやってきて、そして筏に乗って長期間それを操り新潟まで下っていった。

　伊南川・只見川水系の右記のような状況も含めて、東蒲原郡津川を中心とした阿賀野川水系全体の筏流しについては、多くの研究成果があるが、それらを齋藤昭氏が簡潔に総括しているので、それによって会越を繋ぐ筏水運について考えていきたい。

齋藤氏によれば、[7]この地方の筏流しは、近世そして明治に入ってからも盛んになり、大正期に最盛期を迎えた。明治から大正にかけて津川の筏問屋では、乗り子（筏師）を数百人も抱えていたという。第1図にあるように日出谷・鹿瀬・豊実・津川の人が多かったが、徳沢や野沢の人も伊南川や只見川を下ったという。

山の木材を購入した山師（材木業者）の依頼で、山の木が伐り出され、川辺までソリや馬、人力で運ばれる。それを阿賀野川水系の大小の多くの河川を使って、くだ流し、あるいは仮筏に組まれて本流まで流される。やがて、流れが穏やかな場所で本筏に組まれ本格的な筏流しが始まることになる。

それには、上川、内川、下川という三つの筏がある。

上川筏は、奥会津からの川筏である。伊南川河辺で筏を造り、只見で本筏を組み、只見川から阿賀野川の河湊津川まで六〇日ほどかけて下ろした。途中「筏返し」（金山町）、「早戸前」・「蜂ノ巣」（三島町）、「銚子口」（西会津）等多くの難所を越えなければならなかったし、日程を大きく左右する悪天候や水量不足も大変難儀なことであった。一人当たり二房を流し下ろした。

内川筏は、上川村の柴倉川・室谷川から常浪川を経て津川に下ろす。下川筏は、上川筏・内川筏を津川で組み替えて新潟まで下ろす筏を指している。

筏の単位は「房（棒）」というが、上川筏の場合は、長さ八間、幅二間で藤ヅルで組んだ。内川筏は長さ八間、幅一間、これらを津川で組み替えて長さ一二間、幅二間の下川筏とした。

津川は古来からの阿賀野川舟運の中心地であったが、筏流しの重要な中継地点でもあり越後東部経済の拠点都市であった。

筏師の常宿が、只見川上流では滝・横田・本名・水穴（金山町）、早戸（三島町）を始め流域の村々にある。

なお、天野武氏によれば[8]、阿賀野川上流から木材筏を搬送し、津川の河湊で内川筏等を大河筏に組み立て直し新潟に向かう筏乗り（筏師）の手間賃は、三人役といわれ、一般の労働賃金の三〜四倍程度であったという。もちろん命がけの危険な大仕事でもあった。

２　奥会津の暮らし　三条

奥会津は豪雪地帯である。新潟県東蒲原郡阿賀町（旧室谷村）と境界を接し、かつて伊佐須美神社が鎮座したと伝わる御神楽岳の南麓、福島県側の登山口に、三条集落（福島県大沼郡金山町本名）がある。

(1)　平家伝説の里

この集落は、只見川の支流の霧来沢（通称

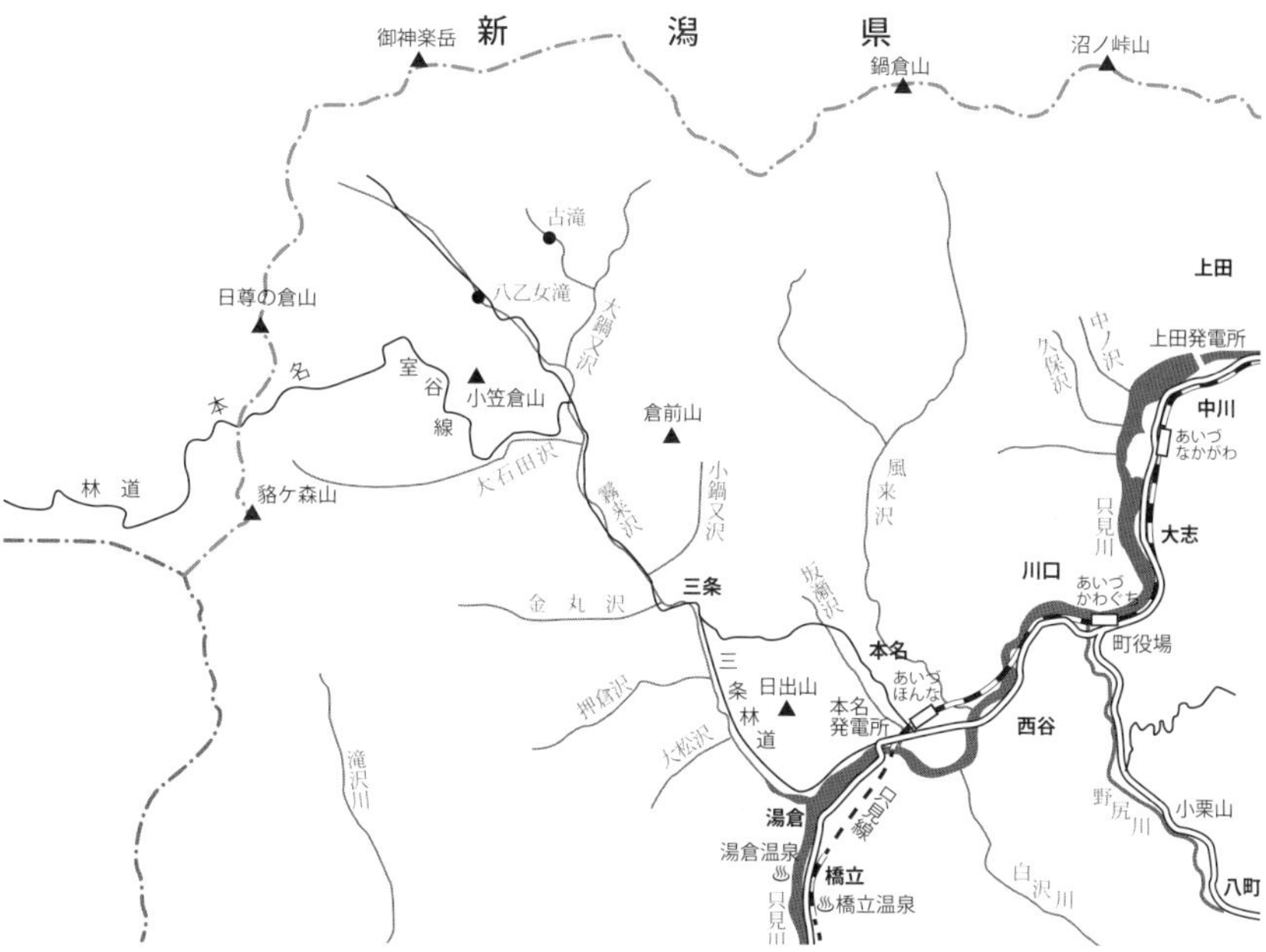

第2図　林道本名室谷線と三条

三条川）の上流、海抜三六〇ｍほどの谷底低地に位置する。ここには平家の落人伝説があり、人びとはウグイス言葉と呼ばれる尻上がりの美しい言葉を用いる。

　御神楽岳等の国境の越後山脈の豊富な水を集めた霧来沢は、湯倉温泉付近で深く広い谷となり、只見川に合流する。この霧来沢の上流に向かって、左側に大松沢、おしくら（押倉）沢、金丸沢、大石田沢、右側に小鍋又沢、汐入沢（大鍋又沢）等の大小の渓谷群が続いている。その奥には八乙女滝や古滝等の美しい瀑布群がある。

　周囲にはスギ、ブナやトチ等の豊かな天然林が覆う山々や透明感溢れる豊富な水量の谷川等、美しく壮大な自然景観が展開する。豊かな雪解け水が流れ下る渓谷にはイワナやハヤ、カジカ等が泳ぎ、山岳地帯や林間にはカモシカやクマ等大小の動物が生息している。早春の雪解けの頃には残雪の中からコゴミが柔らかい緑の新芽を出し、やがて白いコブシの花が山の斜面にその存在を知らせるように咲く。

　この奥山一帯には、春から秋にかけて外部から釣り人が訪れ、越後会津両御神楽岳の登山者の起点となる。冬はクマ撃ち（マタギ）の狩猟活動の場ともなる。また各家々の一年分の薪を伐り出す春木山[9]の現場でもある。

　かつては、中心集落の本名から北西方向の山に向かう尾根道（峠道）が三条地区への唯一の通路で、約八㎞の距離であった。日出山（標高六六三・九ｍ）の後方を迂回するように、峠に向かって長い坂道を登り、峠からは三条集落をめざして下ることになる。自動車は通行できず徒歩でしか往来できなかった。昭和二十六年頃から、奥山の木材を運搬するために、現本名発電所[10]付近を起点に只見川そして霧来沢の沿岸を通る道路、三条林道の建設が始まり、自動車が通行できる道路が通じた。本名の街からは比較的平坦で緩やかな上りで約四・三㎞の道となり、峠道に比べて約二分の一の距離に短縮された。これにより人の交流や特産物の運搬も特段に容易になり、三条地区に新たな時代が訪れた。

この林道を使って、営林署の森林保全・造林等の担当者や地元組合の管理者や作業員、木材伐採の業者、奥地の天然林から伐り出したブナ等の木材を運ぶトラックが盛んに往復するようになった。この林道がやがて、会越国境の越後山脈を越えて越後東蒲原郡の室谷集落や津川方面へと通じ、会越相互の人や物の交流が盛んになること、それによって観光振興もなされて当地域が潤い、さらに活性化することを、三条地区民から大いに期待されていた。

しかし、冬期間、この林道は数メートルに及ぶ積雪と雪崩の危険のため車の通行はできず、他地域との車両での往来は途絶えることになる。緊急あるいは特に必要な場合は集落各戸総出で協力し、一団を組みながら雪を踏み分け、徒歩で本名の街や只見線本名駅方面に出かけた。霧来沢沿岸の林道が積雪で完全に塞がった場合は、旧来の八㎞の尾根道を行き来することになる。

写真１　三条の集落

この奥会津三条地区の人びとの仕事と暮らしに着眼し、昭和十三年（一九三八）から長期間にわたり調査研究を続けたのは、山口弥一郎先生である。それまでの五回（五年）の調査の成果を『東北民俗誌会津編』の中に「本名村三条民俗誌」[11]と題して発表している。三条地区を総合的に研究した貴重な基本文献であり、先生のこの研究がなければ、この地区のことは学術的にもこれほど明らかにならなかったといえる。当該書籍は三条地区はもとより会津の庶民の暮らしを鮮やかに描いた不朽不滅の名著である。筆者は本名三条地区のトチの実の食用化技術調査報告[12]のとき、そして今回も各所で「本名村三条民俗誌」

写真2　三条地区の中門造りの家並み

を道標としている。

三条地区は、『新編会津風土記』[13]には九戸とある。山口先生が初めて民俗調査に訪れた昭和十三年は一二戸、昭和二十四年七月は一二戸（世帯数は一三）、昭和二十七年七月は一二戸、男四〇人、女三四人、計七四人。中丸荘一郎氏の報告では昭和三十八年の世帯数一二戸、人口約八〇人[2]、さらに昭和四十五年の世帯数一〇世帯、四九人である。なお金山町全体の昭和四十五年の世帯数は一六三〇世帯、人口は六五一一人である。[14]

三条集落の多くの家は、直屋ではなく曲がり屋であり、曲がっているところを「ちゅうもん」と呼ぶ。会津の曲屋構造を山口先生は「チュウモン（中門）造り」と呼んだ。金山町には、福島県重要文化財（建造物）に指定されている「旧五十島家住宅」[15]がある。これは元は同町沼沢に所在した民家で、江戸時代十八世紀半ば頃、会津馬屋（厩）中門造り形式が成立してきた頃の遺構とされている。[16]

三条集落の民家の中門（曲がり）は主に切妻造りであり、外観はやや違うが家の内部構造は大筋ではこの旧五十島家住宅と同様の佇まいである。

また、当地区は、上坪・中坪・下坪の三つに地域区分され、地区全体は、仕長と呼ばれる世話人がまとめる。

昭和三十三年十二月には三条地区に電灯が灯った。昭和三十六年には、簡易水道が完成した。昭和四十一年十二月には電話が開通した。

主な生業は農林業であり、産物はコゴミ・ゼンマイ・ワラビ・キクラゲ・キノコ等の山菜、ソバ・米・野菜・大豆、木材、木炭等である。特に本名・三条のゼンマイは品質がよく評判であった。

昭和四十年代、全国的に生活環境の整備と行政サービスの受益促進等のために小さな集落の再編成や移転統合が行われていた。それら全国各地の地域住民にとって、日常の仕事と暮らしや集落の将来像のあり方等に数多くの課題が山積していたためである。昭和四十八年策定の金山町の振興計画[14]に町内三つの集落の集団移転が提案されており、三条集落についても、候補の一つとして本名本村への移転が検討され始めた。後年、地域住民の同意を得て集団移転が実施され、農林業は通勤の形態をとるようになったという。従って現在は、三条集落に定住している人はいないと思われる。

ここに至って山口先生の三条地区の民俗調査・研究がいかに時宜を得た優れたものであったかを特記し、改めて敬意を表したい。

(2) 秋あげ

奥会津では、冬期間、吹雪くと雪が上からではなく横から舞い上がるように降る。三条地区も同様で一晩に一ｍほども積もることがあり、根雪は数メートルに及ぶ。この谷沿いに敷かれている道路は冬期間、積雪と雪崩によって通行不能となる。谷に望む山の斜面を削って造りだした断面形がＬ字状の道路は、冬の積雪・雪崩によって元の斜面の形に戻ってしまうからである。

他地域との出入りは、徒歩のみとなる。吹雪や大雪や雪崩等、天候不順のときはそれもなかなか叶わない。急病人等緊急の場合は、ソリに乗せて尾根道（峠道）を集落総出で搬送したという。

この冬期間は、特に必要なとき以外は安全のために集落外には出ないし、出ることができない。車が通れなくなる冬期間の生活のために、当地では特に食料や燃料を数か月分から半年分ほど一括貯蔵確保する必要がある。越冬準備の行動である。これを秋あげと呼び、雪が降る前、十一月～十二月初めに必要物資を本名の商店等からたくさん買い入れ、車道が使える間に自宅に搬入する。もちろん秋の田畑の収穫物の米・ソバ・野菜や山菜・トチの実等の山野の産物、ミソ、山菜や野菜の漬け物等も作って保存する。暖房調理用の薪は春木山によって一年分は晩冬から早春に伐り出して貯蓄しておく。

集落の各家の人びとと同様、他の地方から赴任してきた分校の教員も秋あげをする。晩秋十一月頃に長期保存可能な食料や灯油等の生活必需品をたくさん購入して小型トラックに積んで搬入する。昭和四十年代後半頃では、米、小麦粉、乾麺、ミソ・醤油、酒、野菜、棒タラやニシン等の干物、缶詰・ハム・ソーセージ等加工食品、ラーメン・カレー等のインスタント食品、ドラム缶入り灯油等である。

数メートルの積雪があり、車の通行が困難な厳冬の期間も「先生の一人ぐらい生かしておくから」と話しながら、集落の人びとは手厚い援助で教員を支える。

秋あげ品や山の幸の調理から、ニシンの山椒漬け、トチもち、棒タラの甘煮、野菜の漬け物、甘酒等、奥会津三条の冬のおいしい料理の数々が各家庭から生み出される。

(3) 三条分校

三条分校は、福島県大沼郡金山町本名字中坪四七五六に所在した。明治三十年（一八九七）十二月、本名小学校三条分校は、三条季節分校として設置された[17]。昭和二十三年に校舎が増築され、昭和二十四年には季節分校常設分校となった。昭和三十一年には、同分校を改築した。昭和三十三年十二月に学校に電灯が灯った。昭和三十六年に学校に簡易水道が完成した。昭和四十一年十二月には学校に電話が開通した。

昭和四十二年四月、一・二・三年による三学年複式学級（いわゆる複々式学級）となり、四年以上は本校にバス通学となった。昭和四十七年度末の昭和四十八年三月三十一日をもって常設分校としてはその役目を終え、昭和四十八年四月一日からは、三条地区の小学生全員はスクールバスにて本名小学校へ通学することとなった。従って、三条分校は冬期間のみの季節分校となった。後年、児童数の減少や本名への集落移転等によって季節分校も明治時代以来のその重要な役割を終えた。

当時、通勤が難しい分校教員は地区内に住んでおり、同地区の一一戸目となる。正月に一時帰省する教員のために、雪が積もって平面ではなく傾斜面になった道に集落総出で爪かんじきで雪踏みをしながら道をつけ、麓の本名発電所近くの国道付近まで護送した。正月休み明けに分校に戻る教員を、また同様にして迎えに出る。

写真３　三条分校

写真４　分校玄関

分校は、三条地区の宝であり、子どもはもちろん、施設も運営も、そして教員も地域社会の全ての人びとによって支えられている。

３　越後室谷

常浪川支流の室谷川上流左岸に位置し、南は福島県南会津郡只見町、南東は同県大沼郡金山町に接する。周囲には、御神楽岳、貉ケ森山、日尊の倉山等が聳える。御神楽岳は室谷川の支流広谷川の源流部にあたり、上川村の村章のデザインにもなっている。

室谷村は、真水淳氏によれば、次のような歴史をたどる。[18] 応永八年（一四〇一）、清野靫負という人が開いたと伝わる。文献上は天正十七年（一五八九）の会津若松諏訪神社の所領書上が初見である。古代末以来長く会津の領域であった。明治八年（一八七五）の戸数は二一戸、人口は一二五人である。

主産業は林業で、材木の伐り出し等である。山役として銀五匁を貞享二年（一六八五）から会津藩に納めた。また、当地は、ゼンマイ摘みが盛んで、「室谷ゼンマイ」として名高い。

明治八年（一八七五）、広瀬、論田新田の二村と合併し神谷村となる。明治二十二（一八八九）年、他の三村と合併して西川村となった。昭和二十九年、上条、東川の二村と合併して上川村となり、室谷はその大字となった。

この室谷川北岸には、長岡市立科学博物館の中村孝三郎氏が発掘調査し[19]、後に国史跡となった室谷洞窟、その下流には国史跡小瀬ヶ沢洞窟[20]がある。この二か所は縄文時代草創期の洞窟遺跡として、日本の縄文時代の幕開けの時期の実像を語る貴重な遺跡である。[21] 室谷は、洞窟遺跡とその調査研究の原点・ふるさとともいえ、日本考古学研究史からも極めて重要な地域である。いつの日かこの地を訪ねたいと考える考古学・人類学・歴史学・民俗学等の研究者、そしてここに日本人のルーツや日本列島の貴重な自然の姿を求める歴男歴女は数多いと思われる。

（注）

（1）関東森林管理局『会津国有林の地域別の森林計画書（会津森林計画区）』自平成十九年四月一日　至平成二十

九年三月三十一日　林野庁（ＨＰ）
（2）中丸荘一郎『社会科学習から見た地域社会に於ける観光地の研究』　一九六三
（3）富井秀正「藩政の展開－山野入会－」『東蒲原郡史』通史編1　東蒲原郡史編さん委員会　二〇一二
（4）加藤文弥「入会と塩－山論－」『金山町史』下巻　金山町　一九七六
（5）「貞享五年戊辰正月廿一日　山境之事」（小川庄室谷村ほかと会津郡、大沼郡、蜷川庄村々との山境証文：富井秀正解説）『東蒲原郡史』資料編3　近世二　東蒲原郡史編さん委員会　二〇一〇
（6）山口孝平「只見川の水運」『金山町史』下巻　金山町　一九七六
（7）齋藤昭「揚川発電所の建設と筏流送の終焉」『東蒲原郡史』通史編2　東蒲原郡史編さん委員会　二〇一三
（8）天野武「生産と生業の諸相」『東蒲原郡史』資料編8　民俗　東蒲原郡史編さん委員会　二〇〇四
（9）安藤紫香「奥会津の橇と春木山」『福島の民俗』16号　福島県民俗学会　一九八八
（10）㈱東北電力本名発電所は昭和二十七年九月着工、昭和二十九年八月送電開始の只見川水系の大規模発電所の一つである。
（11）山口弥一郎「本名村三条民俗誌」『東北民俗誌会津編』富貴書房　一九五五
（12）日下部善己「食用としてのトチの実－堅果類の食用化（その1）－」『ＴＩＭＥ ＡＮＤ ＳＰＡＣＥ』１－１　福島第四紀研究グループ　一九七三
（13）「本名村　端村三条」『新編会津風土記』四　歴史春秋社　二〇〇二
（14）福島県大沼郡金山町『金山町振興計画』一九七三
（15）草野和夫『旧五十島家住宅調査報告・復原移築工事報告書』金山町教育委員会　一九七八
（16）草野和夫「旧五十島家住宅」『民家・町並み・洋風建築』二〇〇八
（17）本名小学校「三条分校学校経営要覧」一九七〇

(18) 真水淳「上川村」「室谷村」『東蒲原郡史』資料編7 旧町村誌 東蒲原郡史編さん委員会 二〇〇九
(19) 中村孝三郎「洞窟巡礼」『新潟県史』しおり 通史編1 新潟県 一九八六
(20) 小熊博史「中村孝三郎と洞窟遺跡」『季刊考古学』151 雄山閣 二〇二〇
(21) 小林達雄「縄文文化の幕開け」『新潟県史』通史編1 一九八六

第二節 陸奥（磐城）・常陸国境の里 高萩街道 片貝

1 片貝名所

福島県東白川地方は、東北地方から関東地方への出入口の一つである。水戸街道がその基幹路線であるが、それ以外にも産物と旅人の交流、産業や生活に不可欠な街道や生活道が幾つかある。水戸街道から分岐する近世の「高萩街道」もその一つで、陸奥国棚倉や塙や東館等から常陸国高萩に至る山間の道で、多くの人や物が往来した。その街道沿いで、陸奥最南東端の宿駅集落が片貝村であり、常陸・磐城国境の里でもある。当地には、近世の片貝村文書が代々大切に保存され今日に伝わっており、その姿を今に伝えている。

ここでは、この国境の山里片貝の名所や旧跡を紹介する。かつて、藤田農林様の協力によって地区内各地の文化財等の所在地に「片貝名所」の表示板（木札）が立てられた。それらの地点を中心として、片貝地区の先人の営みと地区の姿について述べていく。

(1) 片貝村・折籠村・干泥《ひどろ》村

江戸時代の記録によれば、片貝村は、元禄十五年（一七〇二）には石高二七二石、田畑六四町三反余、文政元年（一八一八）には、家数三三戸、人数一五〇人、馬五〇頭で、農閑期には、男性は野鍛冶・炭焼き、女性は薪取り・放牧馬の監視に従事していた。

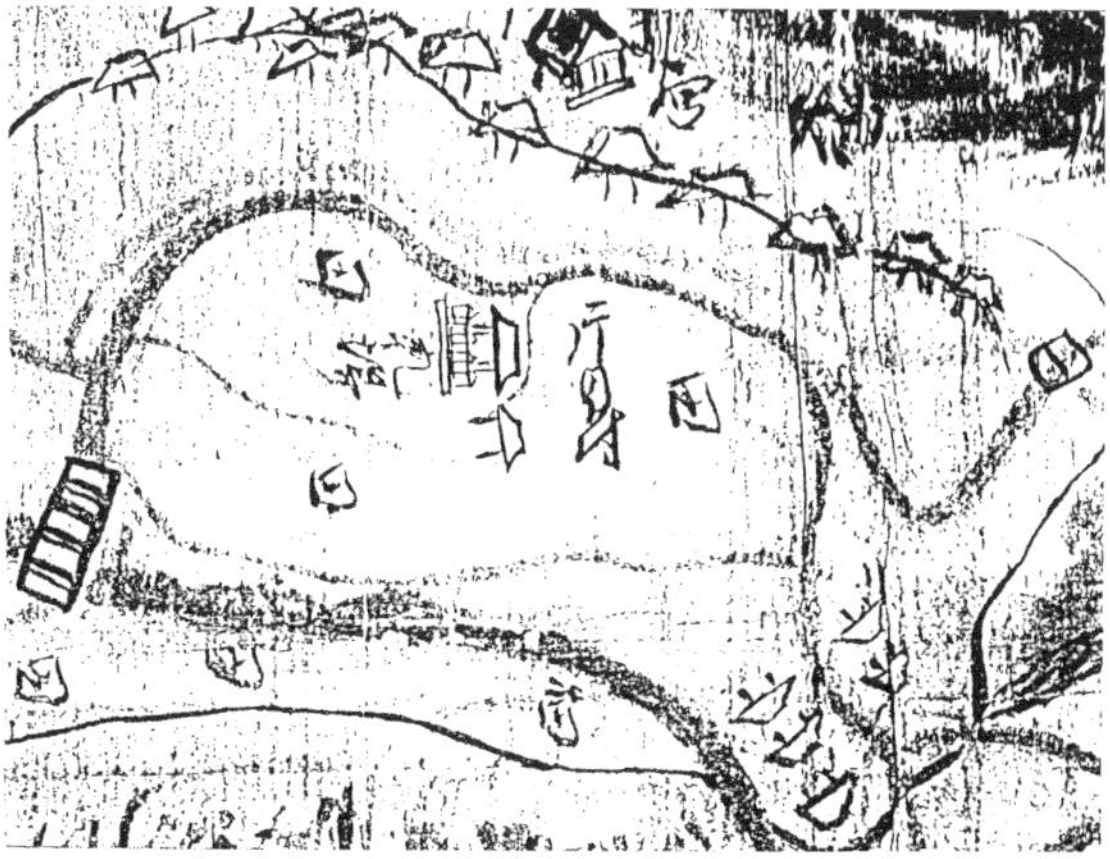

第１図　片貝村絵図（部分）（片貝村：1818による）

また、元禄期の折籠村は、五〇石、干泥村は、七八石である。湯岐《ゆじまた》温泉は、元は「鹿の湯」と呼ばれていたが、幕末の水戸藩士・藤田東湖が湯治に来て、「湯岐」と名付けたといわれている。宝暦七年（一七五七）には湯銭一七貫四〇四文を棚倉藩に納めているので、藩にとっては「金のなる温泉」であり、殿様も入浴したという記録も残る。

また、殿畑は、元禄三年（一六九〇）に新開地としてその名が登場し、矢塚は「あかうだ新田」として村絵図に記されている。

これらの村は白川郡に属し、常陸の佐竹領の後、慶長七年（一六〇二）に幕府領（天領）になり、元和八年（一六二二）以降は棚倉藩領となって幕末に至る。明治元年（一八六八）に陸奥から分置された磐城国に含まれ、明治十二年（一八七九）からは白川郡が東白川郡となり、それに属することになる。

⑵ 干泥の湯（温泉源井）

東白川郡塙町大字湯岐字梅野窪に所在する。国道三四九号線と県道塙―高萩線が合流する湯岐字干泥地内に「干泥の湯」の源泉がある。湯の起源については、四〇〇〜五〇〇年前とも伝えられている。湯は、塙花崗岩体の中の断層や裂かを通して湧出している。アルカリ性の単純温泉で、温度は三二℃、湧出量は毎分三〇・六ℓ、PH七・六である。

干泥の湯は、干泥温泉（源泉）宿として、石井喜一郎氏まで五代にわたって営業がなされ、東白川郡内はもちろん里美村等茨城県北部、遠くは日立市等からも来客があり、多くの湯治客で賑わった。現在は休業中である。

この湯は、アトピー、漆かぶれ、汗疹、湿疹、できもの、乾せん等の皮膚病に特に効果的で、赤ちゃんの汗疹にはとても効き、母視たちを安心させた。また適度な温度のため籾の発芽にも利用されている。なお、干泥温泉（源泉）の他、塙町農業構造改善センター、湯岐山荘、湯遊ランドはなわにも供給されている。

写真１　干泥の湯（温泉源井）

⑶ 太鼓石

塙町大字湯岐に所在する。国道三四九号線と塙－高萩線が合流する塙町干泥から、国道を片貝方面に約〇・六㎞ほど行ったところの左側に、和太鼓に似た大石が道路に突き出た形で存在する。これを太鞍石と呼んで親しんでいる。

　この太鼓を打つと雨が降るという伝説があり、触れないようにしていたという。

写真２　太鼓石

⑷　境　松

　塙町大字片貝と大字湯岐の境目に所在する。片貝の茶屋場を過ぎ、国道三四九号線の坂道を干泥方面に進んで行くと、小さな峠にさしかかる。この頂上付近には、かつては大きな松の木が道路を覆うようにして立っていた。人びとはこれを「境松」と呼んだ。境松は片貝と外界を区切る、あるいは湯岐と他地区を区切る峠の松であり、戦時中は片貝村から出征する兵士をみんなでここまで送り、見送ったところであり、「見送りの松」ともいう。

　国道の改良工事にあたっては、現状保存の声も大きかったが、諸般の事情でこの松は伐採されることになった。今は苔生した大きな切り株が往時を偲ばせる。

⑸　茶屋場、札場、木戸場

　塙町大字片貝に所在する。片貝地区には、「場」の付く地名が幾つか見られる。

　茶屋場は、高萩街道の峠（境松）付近の茶屋のあった場所で、現在の片貝の兎田地内である。

写真３　境松

札場は、棚倉藩の命令等を書いた木製の看板（高札）を掲示した場所であり、一般的には「高札場」と呼ばれる。文化十五年（一八一八）の片貝村絵図には「札場」と記されている。それによると現在の片貝の消防屯所付近であるが、その道路向かい側の家付近であるともいう。

木戸は、城館や宿駅、そして集落・家等の出入口（の戸）を示す言葉である。木戸場は現在の片貝の前通り（メインストリート）の東端部である。

⑹ 安永の供養塔（杓子石・供養碑）

塙町大字片貝字五升蒔地内、片貝小学校に通じる道路沿いに所在する。この一角に、杓子のように湾曲した形の大きな石碑が立っている。江戸時代の安永四年（一七七五）二月吉日に建立された。この碑には、梵字と「光明真言三界…」という文字や建立年月日等が刻まれている。かつてはこの供養塔の前でみんなで念仏を唱えたという。

写真４　安永の供養塔

宝暦五年（一七五五）～寛政二年（一七九〇）にかけて、東白川地方では毎年、伝染病や大嵐、大洪水、日照り等の自然災害が続き、片貝地区周辺の人びとは大変な苦労を重ねていた。

そこで、これらの天災を鎮め、死者の霊を慰め、豊作や平穏な生活を願って、村人が挙ってこの碑を建立したものと思われる。

供養塔の解説碑文『光明真言の碑について』（平成十一年建立）によれば、この石材は片貝の前枝木から運ばれたもので、刻まれた文字は僧侶の比丘義観上人が当地域の無病息災を祈願した経文という。

この碑の周囲には宝永年間（一七〇四～一七一一）に建立された如意輪観音や地蔵菩薩と思われる石仏等が多数併置されており、この場所付近は外界から侵入する多くの悪霊（疫病、天災、悪人等）から片貝集落と村人を守るための聖なる地点であったかも知れない。

なお、かつて故金沢春友氏（元塙町長）の助言と支援により、片貝青年団の協力を得てこの碑を直立した状態に立て直したという。

(7) 片貝中学校跡の石段

塙町大字片貝字五升蒔一二六に所在する。この石段は、旧片貝中学校（現在の片貝小学校のプールの場所）の正面玄関に至る石の階段であり、現在は石段のみが残っている。

片貝中学校は、昭和二十三年一月一日、笹原中学校片貝冬季分室を笹原小学校片貝分校に併置することによって創立された。同年四月一日、冬季分室を常設とし二学級編成となった。そして同二十七年六月二十三日に待望の新校舎が落成した。この時に、二本の松の木の間のところにあった石段は、中学校の正面玄関前に移設された。

昭和二十九年四月一日、学区民の願いが叶い、独立して笹原村立片貝中学校となり、同時に笹原小学校片貝分校も独立し片貝小

写真５　片貝中学校跡の石段（右端は片貝名所の表示板）

学校となった。同三十年三月十日、町村合併により塙笹原町立片貝中学校に、さらに同月三十一日、塙町立片貝中学校になる。

同三十一年十二月一日、片貝小学校矢塚分校に、片貝中学校矢塚季節分校を設置した。同三十九年十一月一日矢塚季節分校を廃止し、スクールバスの運行を開始した。

昭和四十七年三月一日、片貝中学校を廃止し塙中学校に統合した。

このような片貝中学校の歴史と伝統を示す石段である。

⑻ 十殿神社

塙町大字片貝字後択に所在する。この神社は、江戸時代宝永元年（一七〇四）九月に創建された。片貝簡易郵便局の後方の山の中腹に位置している。祭神は倉稲魂命《うがのみたまのみこと》と伝えられ、九月九日を祭日とするが、現在は十一月三日である。

写真６　十殿神社

創建時の棟札（奉納札）には「奉蔵籠諸願成就祈所」と記され、当時の大工は那倉村の藤田の長右門である。

以来、江戸期では、享保十二年（一七二七）、安永二年（一七七三）、享和元年（一八〇一）、天保十五年（一八四四）に改築等を行っていることが神社の棟札によって知ることができる。文化十五年（一八一八）の片貝村絵図には、「宮」としてこの神社が記されている。さらに、当社は明治以降も幾度か改築を行っていることが、同様に奉納札によって分かる。

享和元年や天保十五年の札には、「十殿大明神」と記されており、当時このように呼ばれていたと思われる。

この神は、ササギ（ササゲ）のつるに足を取られて転び、ゴマで目を突き刺してしまったので、片貝ではササギとゴマは栽培しないという。また、製鉄、鍛冶、鋳物等の鉄生産に関係が深い神ともいわれている。

十殿大明神は、明治三年（一八七〇）二月に「十殿神社」と改称して現在に至るが、明治以前には「十殿権現」という表現もあったことが記録に見える。呼び名が二つあったのかどうかは現時点では不明であるが、他地域の例では十殿大明神という言い方が一般的であるという。

なお、明治十年（一八七七）九月二日、片貝字森ノ下にあった、享保十二年（一七二七）六月創建と伝えられる愛宕神社（火産霊神）を十殿神社境内へ遷座した。

(9)　観音堂（観音さま）

塙町大字片貝に所在する。片貝から殿畑方面（県道塙－高萩線）と南田代方面（国道三四九号線）への道路の分岐点の小高い山の先端に片貝の観音堂があり、地区民は親しみを込め「観音さま」と呼んでいる。建築時期は、明治三十六年（一九〇三）旧四月十六日である。祭日は陰暦の四月十五日であったが、現在は四月の第三日曜日で、農休日にもなり片貝体育協会の出店等がある。

昔、祭日には、馬を連れて観音堂に行き、馬と共にその堂を三周し

写真７　観音堂

て参拝した。また、東館方面等から多くの出店もあり、賑わいをみせていた。その時配られる赤飯と出店での買物（おもちゃ類）が子どもたちの大きな楽しみであったという。

境内には「片貝区　観音力石」と刻まれた円柱状の石があり、地区民による力比べが行れた。力自慢たちは、その力石を両腕に抱えて堂の周りを何回回れるかでその力を競った。

現在の堂宇は、明治三十六年に新築し、昭和四十三年十一月三日に改築した。

写真８　観音力石

なお、文化十五年（一八一八）の「片貝村絵図」には「とう」（堂）として建物が描かれている。

⑽　片貝発電所

塙町大字片貝に所在する。かつて片貝地区では、殿畑方面から流れ下ってきた片貝川が片貝の平地に出るところ、現在の新片貝橋付近に水力の発電施設を設置していた。

この発電所は地区民が経費を出し合って設置し、四季を通じて片貝の家々に電気を供給した貴重な施設であった。管理・出力等の関係から夜遅くまでは送電されず、午後九時頃を過ぎると停電になってしまったが、日々各家庭に電気を送り続けた。

寒風が厳しい冬期間は、発電機の水車に寒冷な川の水が入ると、その水が凍ってタービンが回らなくなり、発電がストップしてしまうことから、管理には大変苦労をした。

なお、片貝の集落から発電所に通じる道路を、地区民は親しみを込めて「電気道」と呼んでいた。

⑾　小野田自然塾

塙町大字片貝字殿畑に所在する。フィリピンのルパング島から、太平洋戦争後おおよそ二九年を経た昭和四十九年三月十二日、小野田寛郎元陸軍少尉が日本に帰還した。

当施設は、この小野田氏が生還から一五年目、大自然の中で、その活動を通して青少年を育成していこうと、平成元年六月八日、片貝字殿畑の地に開設した自然体験・青少年教育ゾーンである。

平成元年二月五日、殿畑地区では、小野田自然塾促進協議会を結成して協力・支援体制を整えた。

キャンプ場、管理棟、ドーム等を備え、自然を守り、自然との共生を活動の基本として豊かな人間性を育む活動を、主に夏期を中心に実施している。

ここでは、塙町青少年育成町民会議の自然体験指導者セミナーや子ども体験キャンプ等も行われている。

⑿　片貝近道

塙町大字片貝字長久木と生袋の間に所在する。石堀子《いしぼっこ》から片貝方面への通路は、片貝川沿いの谷道がある。これに対して、石堀子から北西へ迂回し生袋方面に至る山道があり、片貝方面への近道として利用されていた。徒歩での移動の場合はこの道

写真９　小野田自然塾

写真10　片貝近道

が最短距離であった。

⒀　荷見秋次郎先生頌徳碑

塙町大字片貝字石堀子に所在する。

荷見秋次郎先生は、文部省の学校保健教育行政を長年にわたり担当し、養護教員の職制と養護教員養成機関の設置に尽力した。特に、全ての学校に養護教諭を配置するために努力され、いわば養護教諭の父として尊敬されている。

写真11　荷見秋次郎先生

写真12　荷見先生の頌徳碑

（頌徳碑建設実行委員会：1967による）

昭和四十二年七月三十日、その功績を讃えて、全国みどり会が頌徳碑を、荷見家の協力を得て建立した。

先生は明治四十一年（一九〇八）十月二十四日、塙町（旧笹原村）大字片貝字生袋二七番地に、荷見鴨之助の次男として誕生した。片貝小学校（旧笹原尋常高等小学校片貝分教場）を卒業後、旧制茨城県立太田中学校を経て東京医学専門学校に進学し、昭和六年（一九三一）三月に卒業した。同校の付属病院に勤務の後、昭和七年六月六日文部省に入省した。戦時中は軍医（陸軍中尉）となった。

戦後は文部省に復帰し、東京教育大学体育学部講師を併任し、体育局学校保健課教科書調査官を務めた。昭和四十一年七月五日辞任、翌日逝去され、従四位勲四等旭日小授章を授与された。

医者、教育者そして学校保健行政の要であった先生である。

⒁　落葉松峠

塙町大字片貝字長久木に所在する。石堀子《いしぼっこ》から矢塚方面へ至るつづら折りの道をしばらく進むと、やがて峠にさしかかる。周りには落葉松がたくさん生い茂っていた。ここを落葉松峠と呼び、片貝地区と矢塚地区の境界になっている。この峠を下るとやがて、矢塚の集落が望める。

落葉松峠は分水嶺であり、片貝の水は片貝川、川上川を経て久慈川に合流し、やがて茨城県常陸太田市を経て太平洋に注ぐ。一方、矢塚の水は四時川を経て福島県いわき市で太平洋に注ぐ。

なお、矢塚地区から石堀子方面に至るルートは、もう一本あり、これをあこおだ峠と呼び、矢塚の教員住宅付近から北西方向に進み、石堀子の奥久慈物語付近に至る道である。

⒂　開拓記念碑

塙町大字大蕨字折籠に所在する。折籠地区の多目的集会所から少し西方に行ったY字路に記念碑が建立されている。

太平洋戦争の敗戦後、海外に赴いていた数多くの日本人が帰

写真13　落葉松峠

写真14　開拓記念碑

国したが、日本は荒廃し、耕作すべき土地も大変少なく、食糧事情もよくなかった。そこで多くの人びとは未墾の地に入植し、森林を拓き、原野を耕して豊かな農地をつくり上げ日本再生・復興の原動力となった。

折籠や菅ノ谷地には、他地域からも多くの人びとが入植し、既住の人びとと共に今日の繁栄を築き上げた。

この碑は、このような先人の貴重な足跡を記念し、その記録を将来に伝えるために建立された。

（二〇〇一・一・二十一）

2 伝統行事と片貝小唄

(1) 片貝の伝統行事　子ども編

① 鳥追い（鳥小屋）

一月十四日、小正月の前夜に正月のしめ飾り等を持ち寄り燃やして害鳥を追い、豊作、健康、安全等を祈る。同時に、甘酒、豆腐もち、おでん、焼き鳥等が子どもに振るまわれる。子どもたちにとっては、大変楽しい郷土行事である。大人には、青竹の筒でお燗した酒が出される。

昔は鳥小屋と呼び、ムシロやカヤ等で鳥小屋を作ってそれと一緒に燃やしたが、最近は省略した形態となり鳥追いと呼んでいる。

現在は片貝スポーツ少年団育成会が主催し、地区全体の行事になっている。

② お月見どろぼう

陰暦の八月十五日、お月さまにお供えものをする。

子どもたちは、家々を廻って、お供えしたおはぎ等のご馳走をいただく。誰もいないときは、勝手に取っても咎められないという。

最近は、お菓子等をいただくことが多い。

③ むじなっぱたき

陰暦の十月九日の夜、藁で作った長さ五〇～一〇〇㎝弱の棒で、庭の土をたたき、虫を追い出し、虫除けをして豊作を祈る。

小学校高学年になると、この藁の棒を自分で作り、たたいたときによい音が出るよう工夫した。棒の芯に、ミョウガの枯れた茎を入れると、ポンというよい音がした。

地区の子どもたちは挙って、各家々を廻って虫を追う。その時、次のような文句で囃し立てむじなっぱたきを行う。

今夜は　しゅうどの　もじなっぱたき
さんかくばった　そばばった
大むぎ　小むぎ　よくあたれ
おまけに　こんにゃくもよくあたれ
いち、に、さん

最近の子どもたちは次のように囃す。囃し言葉は時代によって様々に

写真１　行事に使う棒

写真２　むじなっぱたき

変化しているのかも知れない。

十月十日は　もじなっぱたき
さんかくばった　しろばった
大むぎ　小むぎ　よくあたれ
いち、に、さん

各家々では、お菓子等を子どもたちに配ってその労をねぎらう。

(2) 片貝小唄

「片貝小唄」は高萩街道の片貝地区の自然や歴史、風土や伝説、暮らしや文化財等を詠み込んだ片貝音頭である。殿畑の菊池トヨさんが作詞し、横山康洋先生が作曲したものである。毎年、塙町小学校音楽祭で片貝小学校・同矢塚分校の児童たちが演奏し歌った。片貝地区の自然や歴史的個性を見事に表現した人生の応援歌ともいうべきものである。

片貝小唄

作詞　菊池　トヨ
作曲　横山　康洋

一
高萩街道片貝は
太鼓石から境松
茶屋場を過ぎて五升蒔
十殿社も懐かしく
おもちゃねだった観音様と
ここは田舎の東京さ

二
お城の姫が機を織り
かつて平家の落ち武者が
草の根分けて隠れしと
千古を秘めし五葉松は
昔を誇る風の音淋し
ここは殿畑田舎町

三
二キロ流れて落合に
石の掘わり五郎左衛門
三角点に十郎衛門
古に恋を競えしか
白石川に落葉松峠
過ぎて矢塚や菅の谷地

四
菅の谷地なら堂屋敷
お堂の中のお地蔵さん
旅のお方に連れられて
どこにどうしておいでかと
村のこどもが案じます
ここは矢塚のあこおださ

（二〇〇一・二・二十一）

（付記）

小論については、拙稿『ふるさとの歴史と伝説』（地域の自然と文化に学ぶ・塙町立片貝小学校刊）を基礎としている。塙町片貝学区、片貝小学校ＰＴＡ、塙町教育委員会等の関係の皆様のご支援ご協力をいただいた。また、片貝地区の歴史や伝統行事については、菊池好氏のご指導をいただいた。心から感謝いたします。

（参考・引用文献）

（１）片貝村氏子中「十殿神社棟札（奉納札）」一七〇四
（２）片貝村『片貝村絵図』菊池豊助家所蔵（福島県歴史資料館寄託）一八一八
（３）片貝村『片貝村丈量帳』福島県歴史資料館所蔵　一八八七
（４）片貝村『片貝村地籍帳』福島県歴史資料館所蔵　一八八八
（５）東白川郡史刊行会『東白川郡史』東白川郡役所　一九一九
（６）片貝小学校『片貝小学校沿革史』
（７）金澤春友『塙町郷土資料』１　一九六六
（８）荷見秋次郎先生頌徳碑建設実行委員会『荷見秋次郎先生頌徳碑建設報告』一九六七
（９）文部省『目で見る教育のあゆみ（明治初年から昭和二〇年まで）』東京美術　一九六七
（10）福島県小学校長会『福島県小学校教育百年史』一九七一
（11）塙町教育委員会「棚倉藩領片貝村文書」『塙町史資料集』１　一九七五
（12）福島県教育委員会『教育委員会制度発足三〇年のあゆみ』一九七八
（13）塙町『塙町史』第２・３・１巻　一九八〇、一九八三、一九八六

(14) 誉田宏・天野橙一「塙町」『角川日本地名大辞典7－福島県』角川書店　一九八一
(15) 小澤千奈美「輝いた瞳と協力する心」『全国みどり会　ひとすじの道』東山書房　一九八六
(16) 陳野　隆之「郷土が生んだ荷見秋次郎先生を偲ぶ」『全国みどり会　ひとすじの道』東山書房　一九八六
(17) 誉田宏・藤田正雄・山田芳則・天野橙一・片野宗和『歴史の道調査報告書　水戸街道』福島県教育委員会　一九八五
(18) 笹岡　明「ジュウドノ考（その一）」『多珂の古文化レポート』3　多珂古文化研究会　一九九〇
(19) 塙町教育香員会『時代の響き　塙町の文化財』一九九〇
(20) 誉田宏・山田芳則「東白川郡」『日本歴史地名大系7－福島県の地名』平凡社　一九九三
(21) 塙町企画振興課『自然と語り、人と語る』塙町　一九九四
(22) 笹岡　明「中世多賀山周辺の製鉄－ジュウドノ社をめぐつて－」『茨城史林』第18号　茨城地方史研究会　一九九四
(23) 塙町企画振興課『マイタウンはなわ』塙町　一九九五
(24) 塙町役場『福島県東白川郡塙町管内図（二・五万分の一）』一九九七
(25) 塙町役場『塙町管内図　（五万分の一）』一九九八
(26) 片貝区『光明真言の碑について』（小貫憲男撰文）一九九九
(27) 塙町総務課『人と自然　夢ひらくまち　はなわ』塙町　一九九九
(28) 菊池トヨ『片貝小唄』・『片貝小唄の内訳』
(29) 塙町役場総務課『広報はなわ』各号　塙町

第三節　仙道・会津境目の村　あだたらの里の火まつり

1　暮らしと伝統行事

仙道（中通り）と会津の境界に位置するあだたらの里（福島県安達郡大玉村）は、両地域の歴史と文化の交差点である。当地の小正月行事の一つとして実施される伝統行事「歳《さい》の神《かみ》」について紹介をする。

各集落の人びとが先人から受け継いで実施している「正月送り」のこの「火まつり」は、地域の宝物（ブランド）であり、誇り（プライド）でもある。小論を通じて、集落の伝統（協同）と人びとの絆、そしてその将来等について改めて振り返る機会となれば幸いである。

あだたらの里の人びとは、安達太良山から阿武隈川に至る広大な森林と肥沃な耕地を活力の源として様々な生産活動を展開してきた。

そして、ここに多くの「いぐね」の集落を形成して豊かな暮らしを築き、地域の継続・発展に努めてきた。

大玉村内には、人びとが大切に守り活かし、伝えてきた多くの年中行事があり、この伝統は、人びとを取り巻く自然と生業と暮らしの中から生み出されたものである。

「歳の神」は、数多い正月行事の中でも、ひときわ多くの人びとが集う行事であり、この場では、共に祈り、会食し、交流しながら大いに楽しむ。その儀礼や世代間交流は、地域・集落・組等の歴史を将来に繋ぐ重要な場でもある。

ここでは、大玉村内各地で盛んに行われ、村を代表する宝物である伝統行事「歳の神」を紹介しながら、正月を迎え、過ごし、送る、ふるさとの人びとの暮らしについて考える。

２　小正月と歳の神

日本の正月には、大正月《おおしょうがつ》と小正月《こしょうがつ》の二つがある。一般に考える正月は、大正月の「正月」であり、その日は一月一日で、月齢でいえば新月の日を一日とする。

小正月は一月十五日で、満月の日を一日とする日本古来の暦である。従って、小正月の年取り（大晦日）は、一月十四日ということになる。

『大玉村史』や文化財調査委員会等の聞き取り調査によれば、大玉村の小

第１表　大玉村の歳の神　（平成31年２月23日現在）

番号	写真№	歳の神の実施地	出　典	備考
1	1	玉井宇津野地内	『大玉村歴史文化基本構想』	（上部農事組合）
2	2	玉井黒沢地内	同	
3	3	玉井本揃地内	同	
4	4	玉井大木原地内	同	
5	5	玉井福間地内	同	
6	6	玉井台地内	同	
7	7	玉井南町地内	同	
8	8	玉井角川地内	同	
9	9	玉井北東町地内	同	
10	10	大山宮ノ前地内	同	
11	11	大山舘地内	同	
12	12	大山草津川地内	同	
13	13	大山仲北地内	同	
14	14	大山岩高地内	同	
15		大山神原田地内	今回調査	東日本大震災以降は簡略化して実施
16		玉井東光地内	同	今年は都合により１月６日（日）に実施（東光、前ヶ岳）
17		大山仲ノ在家地内	同	震災以降は簡略化していたが、令和２年（2020）から従来通りに実施予定（大山４番組）
18	15	大山大江新田地内	『議会だより　おおたま』112号	平成31年１月12日（土）に「第１回大江新田冬まつり」として実施
19		大山諸田地内	今回調査	（玉貫、柿崎）

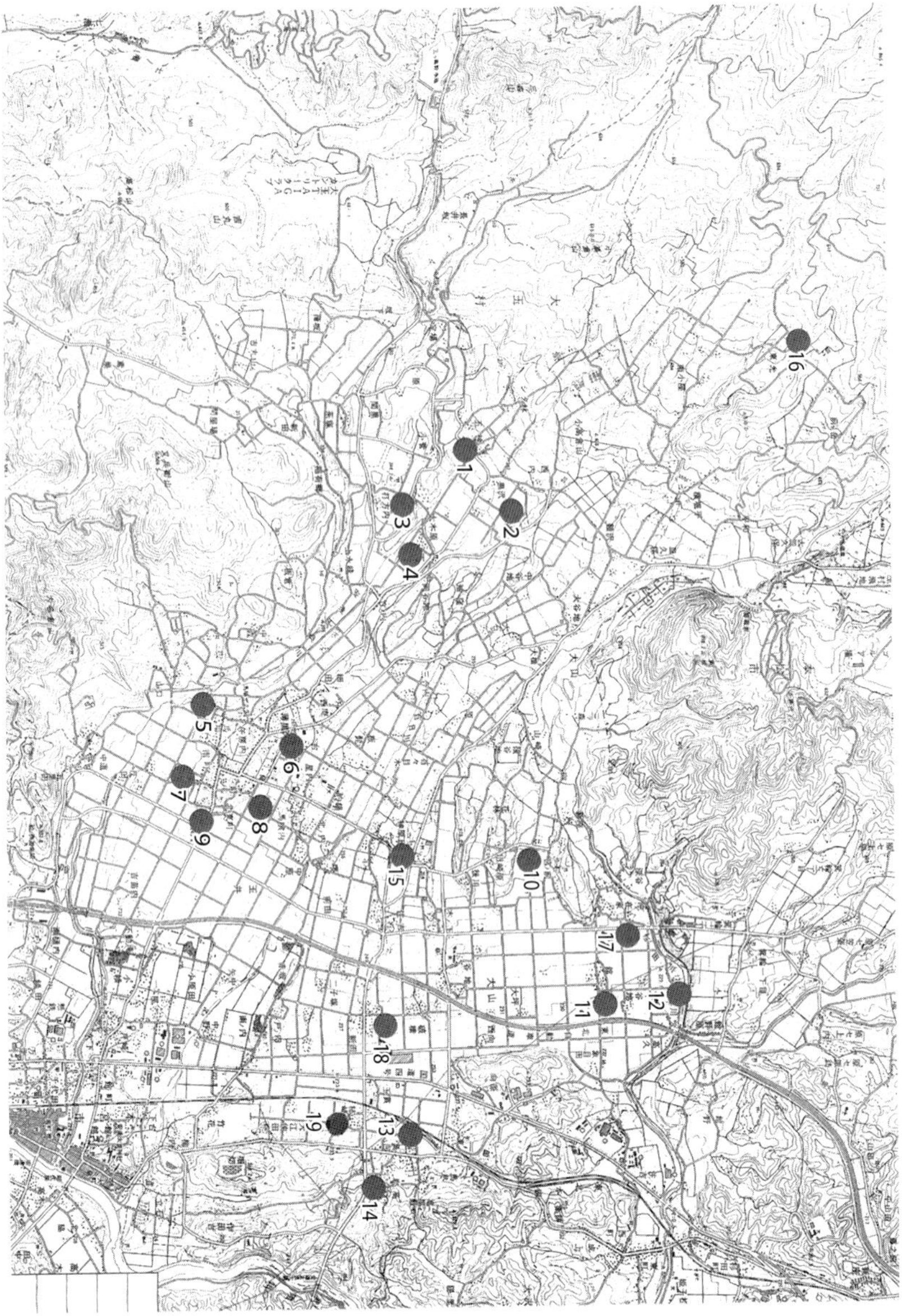

第1図　歳の神の分布図（番号は第1表の番号と同じ）

写真１　宇津野地内

写真２　黒沢地内

写真３　本揃地内

写真４　大木原地内

写真５　福間地内

写真６　台地内

写真７①　南町地内

写真７②　同右

写真８　角川地内

写真９①　北東町地内

写真９②　同右

写真10　宮ノ前地内

写真11①　舘地内

写真11②　同右

写真12　草津川地内

写真13　仲北地内

写真14①　岩高地内

写真14②　同上

正月は次のようなようすであった。

一月十四日の日中から深夜にかけて、だんごさし（だんごならし）〈十六団子、三十六団子〉、棚さがし、田植え踊り、七福神、成木責め、長虫（蛇）追い、モグラ追い、カサドリ等、多くの行事が行われる。また、正月送りの「歳の神」も小正月の重要な行事の一つである。

一月十五日には、朝に小豆粥をつくり、この日に、男二五歳と四二歳、女三三歳等の厄落としの祝いをした。

これらの小正月行事は、五穀豊穣を祈願し豊作を予祝すると共に、吉凶を占ったり、悪霊を払ったりするものである。

さて、一月十四日に、女はだんごさしや料理の準備、男は松送り祝い（歳の神、どんと焼き）の準備をした。歳の神は、藁や青竹で高く大きくつくった本体（鳥小屋）の中や周りに、正月の松飾りやしめ縄、書初めの紙等を持ち寄って一緒に焼くという、集落の正月送り、火まつりである。この高く大きく燃える火の炎や煙に乗って年神様が天に帰っていくとされており、この火は大変神聖なものと考えられている。

写真15①　大江新田地内

写真15②　同上

長い青竹の先に、もちを刺したり、挟んだりして焼く。この火で焼いたもちやだんごを食べたり、残り灰を持ち帰って体に塗ったり、玄関にまいたりすると、その年は風邪をひかず、無病息災で過ごせる、また、燃えた書初めの紙が空高く舞い上がれば、習字がますます上達する、とも伝えられている。

現在の「歳の神」の本体造作は、年末あるいは年始に行う。その火入れは一月七日（七草）の午後六時〜六時三十分頃である。漆黒の闇を赤々と照らすふるさとの「火まつり」は神々しく壮観である。〝おおたま平野〟全体が見える場所からこの夜景を展望できれば、心洗われる瞬間となるように思われる。

なお、小論はあだたらふるさとホール（大玉村歴史民俗資料館）第七四回企画展「歳の神《サイノカミ》17《セブンティーン》〜あだたらの里の火まつり〜」に関する調査・研究を基礎としている。何かとご指導ご支援をくださいました渡辺敬太郎、武田喜市、戸田伸夫、牧野敏雄の各氏を始め村民の皆様、大玉村議会事務局、大玉村教育委員会、あだたらふるさとホール（大玉村歴史民俗資料館）、大玉村文化財調査委員会、大玉村歴史文化クラブ、大江新田冬まつり実行委員会等の関係の皆様に心から感謝申し上げます。

（二〇一九・一一・二十三）

〈参考・引用文献〉

（1）渡辺金一「民俗」『大玉村史』上巻　大玉村　一九七六

（2）武田喜市他「年中行事調査関係資料」

（3）桜井徳太郎『民間信仰辞典』東京堂出版　一九八〇

（4）大塚民俗学会『日本民俗事典』弘文堂　一九九四

（5）岩井宏實・萩原秀三郎『日本の年中行事百科1正月』河出書房新社　一九九七

（6）大玉村教育委員会編『大玉村歴史文化基本構想』大玉村　二〇一八
（7）議会広報編集特別委員会編『議会だより　おおたま』112号　大玉村議会　二〇一九
（8）日下部善己「歳の神17　～あだたらの里の火まつり～」（第74回企画展リーフレット）あだたらふるさとホール（大玉村歴史民俗資料館）二〇一九

第四節　岩代・磐城国境の街　三春―相馬中村街道　百目木

1　百目木小唄と大津絵節

(1)　百目木小唄

中世戦国時代の百目木城下から近世の宿駅百目木宿として、さらに明治時代から戦後の高度成長期頃まで安達郡東部の中心街の一つとして栄えた百目木の姿をよく伝えるのが「百目木小唄」である。

この「百目木小唄」は、今から八五年前、昭和十一年（一九三六）、当時、福島県安達郡旭村立百目木尋常小学校や茂原分教場の先生（訓導等）として勤務していた、三人の先生によって作られた[1]。この歌は、当時運動会等で、みんなで歌い、併せて踊ったそうである。作詞は橋本光夫先生（出身地：鈴石）、作曲は村田友之先生（初森）、振付は本田徳義先生（杉沢）である。

二本松市岩代地区の「大正琴サークルももせ」の元会員、百目木向町の高本トシイさんのお姉さん、齋藤ナヲエさんがこの歌の楽譜を大切に保存していたので、それを元に、「大正琴サークルももせ」の指導者の酒井裕子先生が採譜して楽譜を再現し、大正琴で演奏できるようにした。(2) 現在、地元の市立旭小学校の学習活動にも活かされている。

この歌には、現在の二本松市百目木や茂原等、同市旭地区内の史跡や名勝、歴史や文化財、仕事や暮らし、そして歌川（安藤）広重によって描かれた「百目木八景」等が見事に詠み込まれている。(3) 歌詞は三〇番まである。なお、広重の百目木八景の正式名称を（ ）書きし補った。

百目木の歴史や文化、旧跡・名勝や文化財、そして伝説や百目木小唄が今日に伝わっているのには、幾つか理由がある。その一つに百目木小学校ＰＴＡ、教師と保護者による郷土誌編さん（郷土教育）活動がある。それは歴代の会員が各自調査・執筆したもので、その当時の地域の様相を見事に反映している。これら関係者の尽力に敬意と感謝を表してここに特記する。

なお、小論については、元岩代町立百目木小学校教諭の杉山ミチ先生、元岩代町役場総務課長の大柳鶴雄氏のご指導をいただいた。記して感謝したい。

百目木小唄(3)

橋本光夫 作詞
村田友之 作曲
本田徳義 振付

①
ハア　宵《よい》の百目木　さ霧《ぎり》で暮れる
灯影《ひかげ》うるめば　いとしあの娘《こ》の
眼もうるむ
ヨイトコ百目木　ヨイトサノセ（以下畧）

②
ハア　月の花山　おぼろに更けて
戀《こひ》も櫻《さくら》の　戀も櫻の
花に咲く

③
ハア　日山《やま》の襞雪《ひだゆき》　霞《かすみ》に消えりゃ
桑畑《はた》もうなへよ　中耕《さくり》も切らんしょ
紅襷《べにだすき》

④
ハア　月は朧《おぼろ》よ　花山すそに
花がちるちる　かはいあの娘《こ》の
背に肩に

⑤
ハア　野火の燒痕《やけあと》　千石《ごく》山で
萌《も》えた蕨《わらび》が　姉さ行きやしょ
さしまねく

⑥
ハア　愛宕《あたご》山から　城下町見れば
櫻咲いたよ　オラが村衆の
心意氣《こころいき》

⑦
〔虚空藏の梵鐘〕（虚空蔵晩鐘）
ハア　鐘が鳴る鳴る　虚空藏様《こくぞうさま》で
願《ぐわん》をかけましょ　いとしこの子の
まめなよに

⑧
ハア　東阿武隈《ひがしあぶくま》　日《ひ》山の裾《すそ》にゃ
旭かゞやけ　黄金《こがね》花咲く
オラが村

⑨
ハア　逢《あ》ふた二人を　樋《ひ》の口《くち》橋は
ほろり涙で　西と東に
ふりわける

⑩
ハア　羽山《はやま》そよ風　おろして青い
平田圃《たいらたんぼ》の　唄もほがらに
田草とり

⑪
ハア　花は霧島《きりしま》　日山の嶺《みね》に
二八乙女《おとめ》の　胸の色かよ
強く咲け

⑫
ハア　花館久岐《くき》から　移ヶ嶽《うつしやま》見れば
今朝も曇か　いとし殿御《とのご》が
氣にかゝる

⑬
〔百瀬川の螢〕〔百々川の螢〕
ハア　百瀬《もゝせ》川原の　夜露《よつゆ》が戀し
またも濡《ぬ》れましょ　結ぶ縁《えにし》の
螢狩《ほたるがり》

⑭
〔沖田の早乙女〕
ハア　そろたそろたよ　菅笠手甲《すげがさてこう》
空も青空　沖田早乙女《おきださおとめ》
田植唄

⑮
〔弥来の石橋〕〔弥来夕照〕
ハア　またの逢瀬《あふせ》は　彌来《やらい》の橋よ
十二月《つめ》の十日《とをか》にゃ　松の二葉《ふたば》の
縁結《えんむす》び

⑯
ハア　川は口太《くちぶと》　流も清い
はねたヤマベが　はねたヤマベが
夕日《ひ》に光る

⑰
ハア　鳴神《なりがみ》すそから　流れる水は
機姫《ひめ》がさらすか　ゆかし其の名も
御前瀧《たき》

⑱
ハア　しめり加減《かげん》よ　石戸《いしど》の山へ
明日は刈上げ　みんなそろふて
しめじ狩

⑲
ハア　誰が見るやら　日山ヶ原に
咲いた桔梗《ききょう》は　深山《みやま》乙女の
花模様《もよう》

⑳
ハア　お盆櫓《やぐら》の　太鼓の音に
村の若衆の　村の若衆の
氣も勇む

㉑
ハア　川口原っぱに　刈敷《がっちき》かれば
日山《やま》は曇だ　又も降らすか
村時雨《むらしぐれ》

㉒
ハア　鳴神山から　すゝきの穂風《ほかぜ》
畦《あぜ》もたわゝに　ひゞく太鼓の
獅子祭《しゝまつり》

㉓
ハア　紅葉《もみじ》燃《も》えたつ　清流《ながれ》に沿《そ》ひて
温泉《おゆ》の湯の作　いつもかはらぬ
湯のけむり

㉔
ハア　松に夕日の　かゞやく長泉寺《おてら》
蓮《はす》の花さく　三十三の
札《ふだ》どころ

㉕〔渡辺の青嵐〕（渡辺晴嵐）
ハア　流れかはらぬ　昔のまゝに
　渡る太鼓橋　香りなつかし
　　松嵐《まつあらし》

㉖
ハア　オラが村さの　自慢《じまん》の煙草
　乾《ほ》せよのせ〳〵　収納《しうなふ》終《お》へたら
　　買ふてやる

㉗〔坪石の秋の月〕
ハア　すだく虫の音《ね》　昔を偲《しの》ぶ
　館の坪石《つぼいし》　お城跡《あと》かよ
　　秋の月

㉘
ハア　百目木名物　十一月三日《みつか》の晩景《ばんげ》
　上げた花火が　裾《すそ》の流れに
　　花紅葉

㉙〔館の一ッ松〕（舘山の一ツ松）
ハア　館の一本松　淋《さび》しかないか
　春は來たのに　花が咲いたに
　　只一人

㉚〔羽山の暮雪〕
ハア　羽山《はやま》の白雪《しらゆき》　夕日がそめる
　溶《と》けて流れりゃ　百目木娘の
　　化粧《けしょう》の水

（2）百目木八景大津絵節

百目木の名所古跡をきかしゃんせ
花山公園一つ松東に細水不動瀧
矢来の橋は蛍がり八幡様や愛宕様
居ながら拝む妙見のおって越えれば
搦手の欅の古木が門じる志
石川様の家庭の坪の石
荒町ひとめの長泉寺

虚空蔵様のお祭りにならしてひびかす鐘の音
今日の祝のご酒をちょうだいし
家の造りを見てやれば八棟造りの
そうたるき裏のお山を眺むれば
松竹梅にほてい竹前のふん水
眺むれば金魚や銀魚が子を
生んでお家は益々鯉の瀧のぼ里

（石井一男「百目木八景大津絵節」『百目木の話』による）

（注）
「搦手の」を「搦手御門」、「ならしてひびかす」を「ゴーンとひびかす」という言い伝えもある。

2　青年団活動と新制中学校

（1）百目木青年團の歌について

太平洋戦争後、敗戦から立ち上がり、新しい文化国家建設の大きな柱となったのは、郷土再建、日本再生・復興に燃える青年や若妻たちの活動であった。各地の公民館は、婦人学級や青年学級活動、図書館教育（含む巡回図書）や視聴覚教育（映画教室）活動、郷土史研究（郷土史編さん）活動等、多くの事業・活動を積極的に推進して戦後の民主国家建設を社会教育・文化振興の面から支えた。

当時の福島県教育委員会（社会教育課）は、その折り存在した県下三六〇の全ての市町村に社会教育・文化振興の拠点施設となる公民館を設置することを大目標としていた。やがてその努力が実り、全国に先駆けて、県内全市町村に公民館設置を実現した。[4]

これに先立って、安達郡内においても、以下のような動きがあった。

福島県教育委員会安達地方事務所長から、昭和二十二年（一九四七）五月二十九日付け二二達教で、小中学校長宛に「公民館の設置について」が通知された。[5] その前文には、「これからの日本に最も大切なことは、すべての国民が豊かな教養を身につけ、他人に頼らず自主的に物事を考え平和的に協力的に行動する習性を養うことであります。そしてこれを基礎として盛んに平和的産業を興し新しい民主日本に生まれ変わることであります」とあり、それらを実現するために公民館の役割は重要であることを述べてその設置を求めている。

その公民館や地域社会の中心となったのは青年学級・婦人学級であり、青年団活動であった。それは旧旭村百目木地区においても同様であり、それを象徴するのが青年団歌である。

「百目木青年團の歌」は楽譜が不明なので、作詞・作曲者は現時点で不詳であるが、この歌が歌われるようになった理由は、杉山ミチ先生によれば、次のとおりである。

「昭和十六年（一九四一）十二月八日に始まった太平洋戦争は、昭和十九年頃から非常に激しいものになっていた。戦争に勝つまでは！と、男子は、兵隊になり、女子は、挺身隊として工場で働き、国民学校の尋常科の五〜六年生や高等科の生徒たちは、家の仕事はもちろん、農家の手伝い、薪背負い、炭背負い、そして松根油作りの手伝いにかりだされた。

しかし、昭和二十年（一九四五）八月十五日の終戦を迎え、何もかも変わった世の中になり、人びとの心も荒れていくようになってしまった。これでは、ふるさとや日本の将来が危ないと、青年たちが立ち上がった。この『百目木青年團の歌』は、旭村の戦後復興に若い力を結集する歌、いわば応援歌となり、この歌と共に青年たちは大いに活躍した」ということである。

その歌詞を、高本トシイさんが思い出し、菅野洋一さん、齋藤昭男さん、杉山俊彦さんが曲を思い出しながら歌った。それを大正琴サークルももせ（杉山ミチ代表）の指導者の酒井裕子先生が大正琴の楽譜に作り上げた。そうしてつくられた「百目木青年團の歌」は、第二回塩松石川氏（石川弾正）顕彰祭で酒井先生と大正琴サークルももせ会員によって素晴らしい復活演奏が披露された[6]。

百目木青年團《だん》の歌

作詞・作曲者　不詳

一、雲にそびゆる　旭岳《あさひだけ》
鐘《かね》の音《ね》ひびく　虚空蔵《こくうぞう》の
ふもとに生まれし　健男児《けんだんじ》
我ら百目木青年の
ああーあ　栄《は》えある吾《わ》が心

二、清《きよ》く流れる　口太《くちぶと》の
金波銀波《きんぱぎんぱ》を　背におうて
茨《いばら》の道を　切りひらく
我ら百目木青年の
ああーあ　雄々《おお》しき　意気《いき》を見よ

(2) 旭中学校校歌について

太平洋戦争後、新生日本・文化国家建設をめざして新しい教育制度、いわゆる六三制が昭和二十二年（一九四七）にスタートした。同年五月三日、福島県安達郡旭村立旭中学校（初代添田稔男校長）が、百目木・田沢両小学校に併設される形で開校した。当時の生徒数は二三四名（男子一二〇名、女子一一四名）であった(7)。

昭和二十三年十二月から校舎建築に着工し、三期にわたって進められ、昭和二十七年五月に完成した。昭和三十七年三月十二日（十三日という記録もある）、校旗・校歌が新たに制定された。

その校歌は、東野辺薫作詞、古関裕而作曲である。地域の自然や夢と希望に満ちた中学生の理想と未来を展望する歌詞に、青少年の躍動感溢れる心身の姿が目に浮かぶように表現された歌曲が載せられていると感じる校歌である。当時の『校旗・校歌披露式要項(8)』に作詞者・作曲者のプロフィールが掲載されているので、以下に紹介しておく。

作詞者の東野辺薫先生は、福島県二本松市出身で、旧制福島県立安達中学校を経て早稲田大学国文科を卒業した。第一八回芥川賞を受賞した。当時は、著作業（作家）、日本ペンクラブ員、福島県文学会会長であった。

代表作は、戯曲二部作「黎明を待つ人々」、長篇小説「国土」、小説「和紙」（芥川賞受賞作品）、「緑が丘」「丘を流れる雲」（中学コース）、「白い花」「信子の場合」（NHK放送）、長篇小説「女体軌跡」（民友新聞連載）、その他短篇数十篇等である。

東野辺先生は、旭中学校校歌の作詞にあたって次のように述べている。

「古い時代の校歌にはいろいろの徳目をたくさん織りこみ多分に教訓的な固苦しい内容のものが多

かったが、旭中学校の校歌にはこういった傾向をさけ楽しくうたいながら識らず識らずのうちに母校を慕い郷土を愛する気持ちが養われるような内容にと心がけたつもりである」

作曲者の古関裕而先生は、福島県福島市出身で、福島師範学校附属小学校を経て福島県立福島商業学校を卒業した。昭和二十九年にＮＨＫ放送文化賞を受賞した。当時は、作曲家として、日本放送協会（ＮＨＫ）嘱託、日本コロムビア株式会社専属（昭和五年十月から）であった。

代表作は、早稲田大学応援歌「紺碧の空」「露営の歌」「暁に祈る」「愛国の花」「若鷲の歌（予科練の歌）」「鐘の鳴る丘」「君の名は」「長崎の鐘」、その他映画、劇、放送音楽等である。

古関先生は、同校歌の作曲にあたって次のように述べている。

「若い中学生諸君の唱和し易い曲、そして明るく次代を背負う力に満ちた曲をと心掛けて作曲した………

東北の田舎の中学生だからと引込み思案にならず世界を相手とする大きな人物たらんとする気力に満ちた人間になって頂き度いそんな気持も、この曲の中に入っているつもりです」

写真１　岩代町立旭中学校校旗・校歌披露式要項（旭中学校：1962による）

旭中学校校歌

東野辺　薫　作詞
古関　裕而　作曲

1、
ゆるがぬ日山　眉《まゆ》あげて
匂う朝空　わが理想《りそう》
誠実《まこと》を交《か》わし　情操《こころ》ゆたかに
いそしみ学ぶ　きょうの幸《さち》
あゝあ　旭　われらが母校

2、
百百瀬《ももせ》の流れ　せせらげば
夕べに願う　永遠《とわ》の道
共に励《はげ》んで　世に新しく
光かかげん　あすを呼ぶ
あゝあ　旭　われらが希望

3、
ゆうゆうの雲　浮かんでは
想《おも》いはるかに　湧《わ》く力
いく年月《としつき》も　学び舎《や》高く

旭中学校校歌

明朗に、力強く
♩＝112
作詞 東野辺　薫
作曲 古関裕而
mf
1. ゆるがぬ ひーやーま、ま ゆーあげ て
2. ももせの なーがーれ、せ せーらげ ば
3. ゆうゆう のーくーも、う かーんで は
におう あさぞら、わ が りーそう ー
ゆうべ にねがう、と わ のーみー ち
おもい はるかに、わ く ちーかー ら
まことをー かわし こころゆー たかに
ともにはー げんで よにあたー らしく
いくとしー つきも まなびやー たかく
いそしーみー まなぶ・きょう ー のーさー ち ー、あ
ひかりーかー かげん・あ す をーよー ぶ ー、あ
うたえーばー ひびく・こ だ まーあー り ー、あ
あ、あさひ. われらがぼこうー。
あ、あさひ. われらがきぼうー。
あ、あさひ・われらがぼこうー。

歌えば響《ひび》く　　　　こだまあり
あゝあ　旭　　　　われらが母校

（注）
（1）大柳次男他編『百目木小学校百年のあゆみ』百目木小学校PTA　一九七三
（2）杉山ミチ「百目木小唄の復活」『塩松東物語』3　石川弾正顕彰会　二〇一三
（3）齋藤實編『百目木の話』百目木小学校PTA（渡辺善一会長）教養部　一九八〇
（4）今井豊蔵「公民館設置と青年教育を重点に」『教育委員会制度発足30年のあゆみ』福島県教育委員会　一九七八
（5）「昭和二十二年五月　公民館の設置ついての連絡」『岩代町史』3資料編Ⅱ　岩代町　一九八三
（6）大正琴サークルももせ「百目木青年團の歌」『第二回塩松石川氏（石川弾正）顕彰祭要項』石川弾正顕彰会　二〇一四
（7）岩代町立旭中学校創立50周年記念事業実行委員会『創立50周年記念誌　うめばちそう』同実行委員会　一九九七
（8）岩代町立旭中学校『校旗・校歌披露式要項』一九六二

第五節　国営林道が繋ぐ里と町　玉ノ井林用軌道（トロッコ道）

1　森林と日々の暮らし

(1)　はじめに

あだたらふるさとホール（大玉村歴史民俗資料館）は、平成元年の開館以来、地域の歴史や文化に関する様々な企画展や特別展を実施して、回を重ねること七〇回を迎えた。第七〇回の節目の企画展は、『トロッコ道《みち》を行く～思い出の「玉ノ井林用軌道《たまのいりんようきどう》」と山で働く人々～』と題して、第一期（本宮編）が平成二十九年九月三十日～十月二十二日まで、そして第二期（大玉編）は十一月十九日～平成三十年一月二十一日まで開催された。ここでは、トロッコ道について紹介していく。

さて、我が国の農業、林業、水産業等で働く人びとは、田畑、森林、川や海に直接働きかけて、私たちが必要な食料や燃料等を生産してきた。これらの営みは、人類誕生以来の遙かなる歴史を有している。大玉地域では、自然と対話し、その資源を巧みに活用した玉井台田遺跡等の縄文人や、湿地を耕して水田を開き、籾を蒔いて稲作農業を定着させた大山破橋遺跡等の弥生人がその生産活動の先駆けである。

さらに当地では、豊かな森と水に囲まれた安達太良山麓を背景にして、かつて林業が多様な生産活動を展開していた。それを象徴する施設が、「玉ノ井林用軌道」（「本宮林道」とも呼ぶ）、愛称「トロッコ道」である。丸太材等を運搬するために、トロッコ専用路（鉄路）が大玉村玉井から本宮市万世の本宮

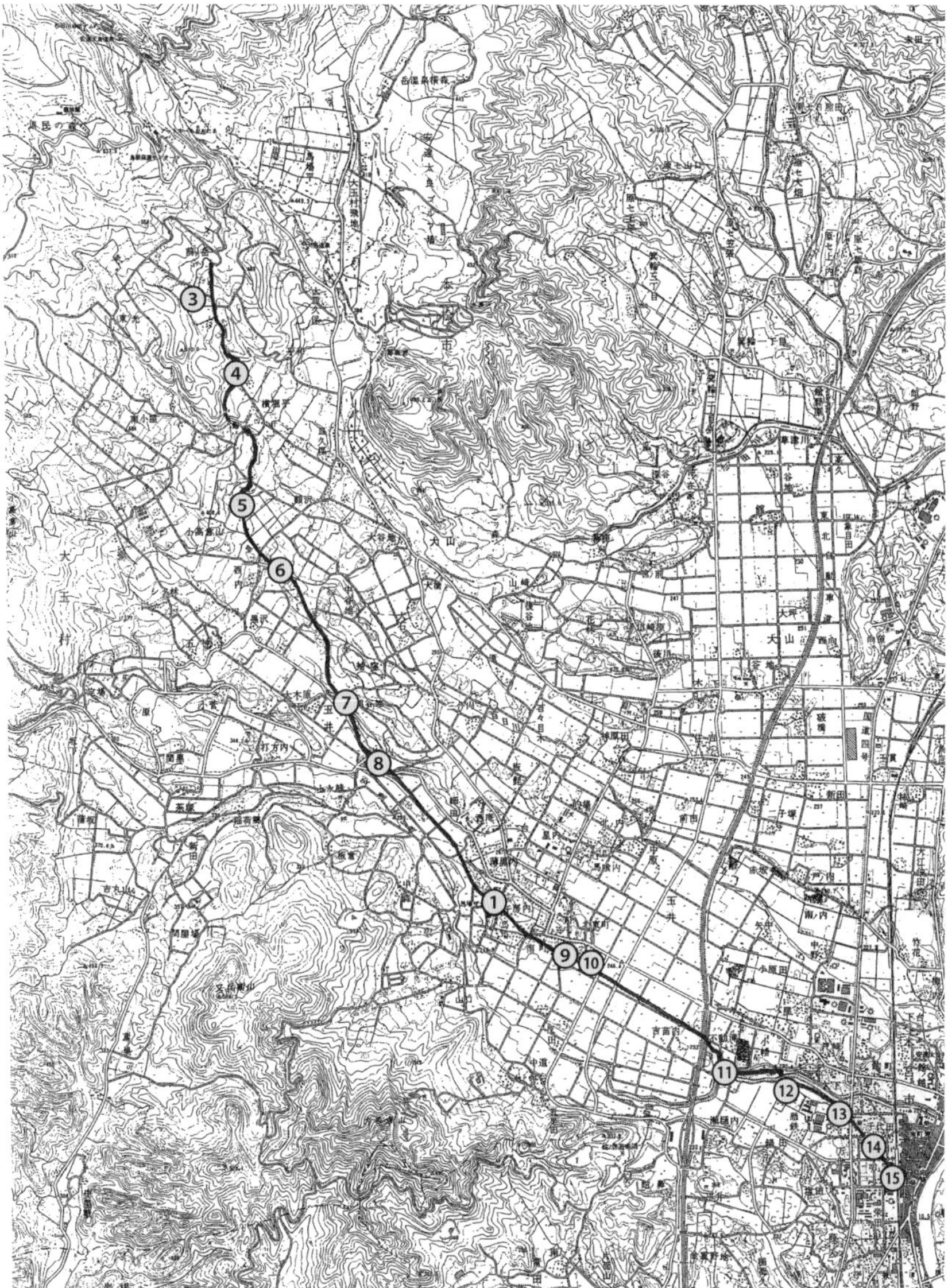

第１図　玉ノ井林用軌道の路線図（○数字は写真図版番号）

第２図　トロッコ道のむかし（絵:松井行雄）
玉井虚空蔵堂付近を本宮方向へ進むトロッコ道　（三村：2003による）

写真１　トロッコ道のいま
松井行雄氏が描いた虚空蔵堂付近のトロッコ道（第2図）の現在の姿

駅まで敷設されていた（第１図）。松井行雄氏は、玉井・虚空蔵堂付近を始めとして、「トロッコ道」の往時の姿を貴重な絵（第２図）に残している。

このような山の生産活動と「玉ノ井林用軌道」の昨今に関する展示会を通じて、大正後期から昭和三十年代という、我が国の社会状況や産業構造が激しく変化する時代を力強く生き抜いてきた先人の姿を振り返りながら、ふるさとの仕事や暮らしについて、改めて考えを深めていく機会にしたい。では、企画展展示解説リーフレットを基にしながら、「玉ノ井林用軌道」と山の仕事について述べていくこととする。

なお、かつて大玉村と本宮町とを結んだトロッコ道の状況等については、国天然記念物馬場桜保存会会長の武田明守氏の案内指導により現地で全線確認調査を実施した。

⑵　森林と人間

『木を植えた男』（ジャン・ジオノ原作）という実話をベースにした絵本が、「あだたらふるさとホール」の本棚にある。

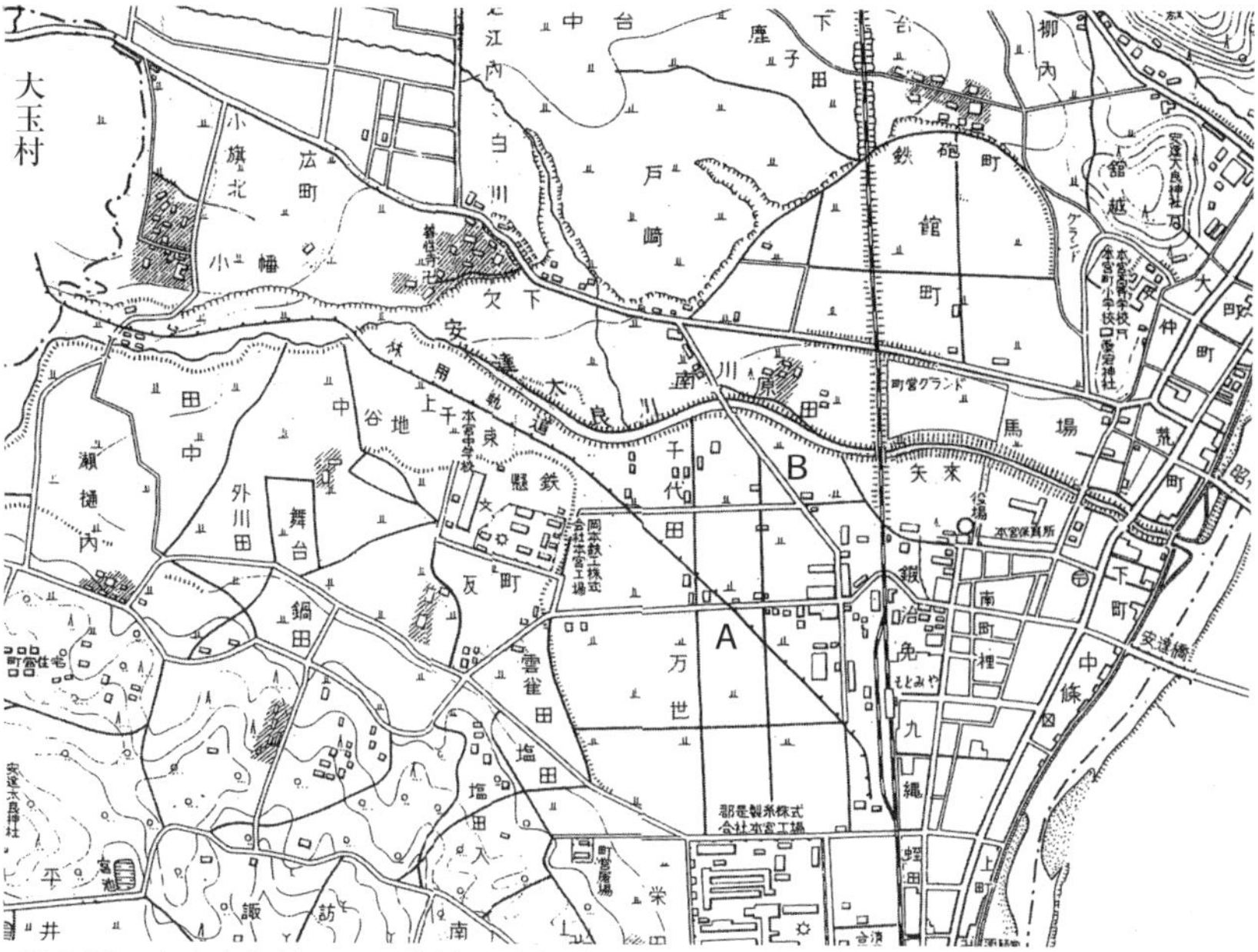

第３図　本宮市街地の玉ノ井林用軌道（本宮林道）北西方面へ走る軌道Ａと車道Ｂ

フランス国プロヴァンス地方の荒れ果てた広大な土地に、何十年もの間、人知れず木を植え続けた男の物語である。荒れた山肌が、長い年月を経て豊かな森林に変貌したとき、人びとは、これが一人の人間のつくった作品、つまり人工林だとは思わなかった。世代を超えるほどの長い年月をかけて植林・手入れされた見事な森林は、まさに自然林そのものであった。

小学生のとき、父親からプレゼントされたこの本を読んで大変感動し、「木を育てる仕事」（林野庁）に就いた女性森林官がいる。その方の「将来の夢」実現への〝はじめの一歩〟は、この絵本だったそうである。

ところでその森林は、我が国の国土面積の約七割、およそ二五〇八万haを占めている。その所有割合は、私有林が六、国有林が三、自治体林が一ほどで、個人や会社、林野庁、地方自治体等によって管理・育成されている。

緑萌える春、青葉繁る夏、紅葉の秋、そして霧氷の冬。自然の恵みと多くの人の手を経ながら、四季折々の美しい風景や、自然と人間との合作である里山等の文化的な景観を日本の森林はつくり出してきた。森林は、大気中の二酸化炭素を吸収し、酸素を発生させる重要な役割を担っている。また、森林は、山野草、昆虫、両生類、哺乳類等、多くの生物たちの棲み処である。森林は、人間と自然が触れ合う空間であり、「フォレストパークあだたら（福島県民の森）」や大玉村「ふれあい村民の森」のように、観賞、教育、森林浴、心身の癒し・リフレッシュ、そして遊び・レクリエーション等の場である。

さらに森林は、林業における生産活動の拠点である。ここから、木材や竹・カヤ等の建材、薪・木炭等の燃料、山菜や堅果類等の食料を供給してきた。

2　玉ノ井林用軌道（本宮林道）

(1)　森林鉄道と林用軌道

かつて全国各地の国有林を中心に、木材運搬等で活躍した森林鉄道・林用軌道は一〇〇〇路線以上もあった。現在はそのほとんどが廃線となり、近代化遺産・産業遺産として、そしてヘリテージツーリズムの対象として保存・公開・観光活用されている例を別とすれば、地元でさえもその存在自体が過去のものになっているものも多い。ここでは矢部三雄氏の研究成果によって、かつての国有林における森林鉄道・森林軌道について述べることにする。

我が国の林業の花形であった日本で最初の森林鉄道は、明治四十三年（一九一〇）五月開業の「津軽森林鉄道」で、その総延長は六七㎞、レール幅は七六二㎜であり、林用軌道としては、明治三十七年（一九〇四）の和歌山県九度山国有林の軌道が最初であるという。

これらの森林鉄道等は、その後の日本の産業の発展に伴って、木材伐り出し場、貯木場・集積場（土場）と山麓の町や鉄道とを結ぶ重要な交通運搬手段として、全国各地に造られた。

しかし、社会構造や流通経済が大きく変化し、流通革命ともいえるトラック自動車輸送が盛んになるに従って、昭和三十四年になると、国（林野庁）の方針として、新しく造る林道は、全て自動車道にすることになった。昭和五十年に、長野県木曽地方の「王滝森林鉄道」が役目を終えると、本州からは森林鉄道がその姿を消し、現在は、鹿児島県屋久島の「安房森林鉄道」のみが運行している。

さて、福島県内について見てみると、かつて次のような森林鉄道や林用軌道があり、土場と鉄道駅等とを結んで木材等を運搬していた。今尾恵介氏監修の『日本鉄道旅行地図帳　二号　東北』によると、主な森林鉄道は、原町森林鉄道、浪江森林鉄道、木戸川森林鉄道、猪苗代森林鉄道である。そして林用軌道は、大野林用軌道、大柴林用軌道、目兼林用軌道、玉ノ井林用軌道、久慈川林用軌道、真名畑林用軌道、奥川林用軌道、博士山林用軌道等である。この他、詳細は林野庁の統計資料や福島森林管理署の「福島の森林鉄道ＷＥＢ史料室」に詳しい。

これら福島県内森林鉄道・森林軌道には、豊かな林産資源を有効活用してきた本県の林業活動のようすが映し出されている。

(2)「玉ノ井林用軌道」（トロッコ道）

「玉ノ井林用軌道」（トロッコ道）は、福島森林管理署資料によれば、福島県安達郡大玉村玉井の土場（玉井字前ヶ岳）から本宮市本宮字万世の本宮駅に隣接する「本宮貯木場（土場）」までの総延長一万七八五ｍ間（延伸部を含む）に敷設された。国有林の木材等運搬用トロッコ専用軌道であり、一般的には森林鉄道と呼ばれる。

　大正十二年（一九二三）頃、同森林管理署の資料では大正十五年（一九二六）から昭和三十年代までのおおよそ三〇年間使用され、昭和三十一年に廃止となった。周辺地域は、当時林野庁福島営林署の管理であった。周知のように、軌道はトロッコ（truck）を走らせるためにレールを敷いた道であり、トロッコは、荷物を運搬する屋根のない台車・手押し車で動力設備はない。

　さて、「玉ノ井林用軌道」のおおよその通過地点は、大玉村玉井前ケ岳、横堀平、南小屋、行人屋敷、亀山、天王下、橋本、竹ノ内、石橋、南町、町尻、吉苗内、不動滝、本宮市小幡、上千束、千束橋、千代田、万世等である。

写真２　丸太材を積んだトロッコとトロッコ道
後ろは安達太良連峰（写真：あだたらふるさとホール蔵）

　現在の大玉村「ふれあい村民の森」付近の貯木場（土場）に集められた丸太材をトロッコに積載して、標高約四六〇m～標高約二一〇mの本宮駅辺まで、おおよそ二五〇mの高低差を利用し、自重とトロッコマンのブレーキ操作によって走り下った。本宮貯木場で丸太を下ろした後は、空になったトロッコを比高二五〇m上の出発地点の貯木場まで引いて（押して）戻る。しかし、その日は自宅近くの現在の馬場桜・桜公園付近にトロッコを留め置き、翌朝、始点まで引き上げた人もいた。このトロッコが子どもたちには、絶好の遊び場であり遊び道具になった。「トロッコ乗り」遊びである。

　なお、トロッコに積載した丸太の数は、当時の写真（写真2）によると、径の大小もあるが、三〇本ほどのようである。

3　トロッコ道の今

(1) 大玉前ケ岳付近から不動滝へ

現在は、トロッコ道のほとんどが自動車道路として利用されているが、部分的には昔の幅通りで、農作業道のようになっているところもある。

トロッコ道の主たる始点は、安達太良山の中腹、現在の大玉村玉井前ケ岳「ふれあい村民の森」付近（写真3）である。ここにあった貯木場（土場）で、丸太材等を積み終えるとトロッコはスタートする。皿下り坂の軌道を本宮駅に向かって、高低差を利用して走り出した。皿久保を経て「横堀平生活改善センター」付近（写真4）を過ぎ、南小屋に至る。

やがて、小高倉山に入ると、急なS字カーブになる。ここはトロッコ道の難所の一つで、「まねぐね坂」（写真5）と呼ばれていた。トロッコマンの腕の見せどころでもあった。この付近にも「土場」があり、そこまでは土ソリ等で丸太材を運び集めた。

写真3　トロッコ道の始点　貯木場（土場）

写真5　まねぐね坂（小高倉山）

写真4　横堀平付近

「元相応寺礎石建物跡」近くの亀山・行人屋敷付近は林間の道（写真6）となっており、トロッコ道の昔の姿を偲ばせる。当地域の戊辰戦争に係わる「戦死三十一人墓」近くにある久保山墓地付近を通って、「天王下八坂神社」の北東側（写真7）に至る。その後、五ノ神方面からの道路と橋本付近で合流し竹ノ内方面に向かう。

竹ノ内の商店街（写真8）を通り、細田の田んぼ地帯を南東方向に直進する。県道本宮石筵線上である。石橋を過ぎると東方向にカーブする。やがて松井行雄氏が描いた「虚空蔵堂」の北側（写真1）へ進む。

写真6　亀山・行人屋敷付近

写真7　天王下八坂神社の前

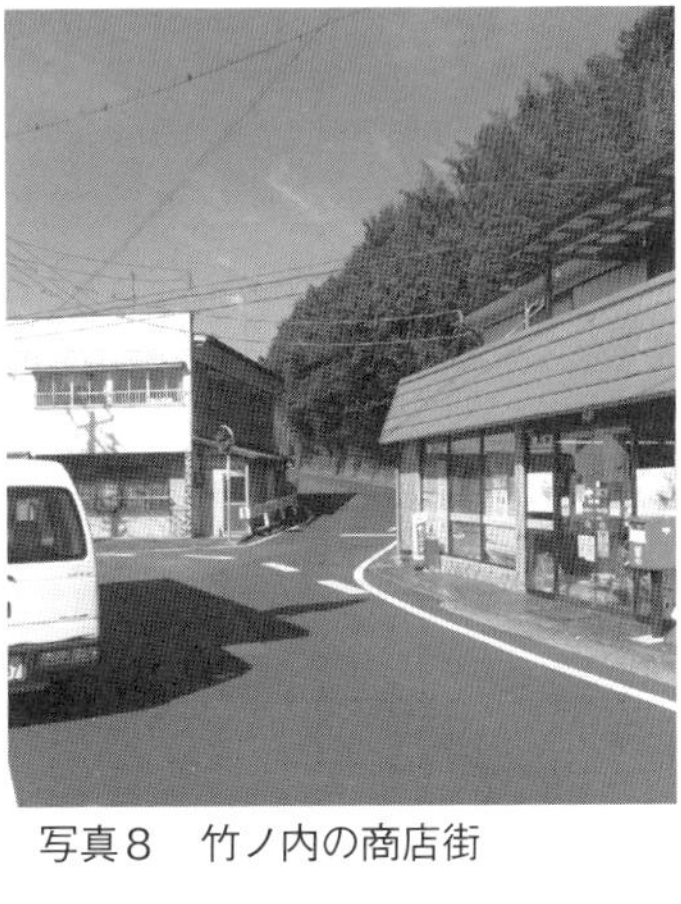
写真8　竹ノ内の商店街

写真9　南町から町尻付近

次に、馬場を経て、旧二本松藩第一の古刹「相応寺」や八幡太郎伝説の「織井の清水」、そして「玉ノ井の井戸」の南側を通過し、南町から町尻（写真9）へとほぼ直進する。この町尻で、トロッコ道の姿は消え、圃場整備された水田地帯（写真10）が続く。かつては、この水田地帯を吉苗内・不動滝方面に直進していた。そして、両地区の境界付近、現在の東北自動車道のボックスカルバート付近に至る。ここでトロッコ道は広い水田地帯から段丘崖を下り、安達太良川沿いの幅の狭い低地に移る。

なお、大玉分のトロッコ道は、後に「ふれあい村民の森」付近からさらに上にあった土場近くまで延長されたとのことである。

(2) 大玉不動滝から本宮万世・本宮駅へ

大玉の広い水田地帯を通過してきたトロッコ道は、大玉村玉井字不動滝（大玉・本宮の境界）付近で、安達太良川岸の低地帯に至る。そのため一時、比較的急傾斜の下り坂（写真11）を走ることになる。

不動滝の急傾斜地を過ぎると、トロッコ道は安達太良川岸の平地に移る。本宮市本宮字小幡付近である。小幡から上千束へと平地を走った後、「千束橋」（写真12）を渡るためにおおよそ一二〇度カーブする。橋を渡り終えると、再び同様の角度のコーナーを曲がり、「ぼたん荘」を経て「本宮第一中学校」（写真13）方向に向かう。南東

写真10　町尻から不動滝方面を見る

写真11　大玉不動滝から本宮小幡への下り坂道

写真12　千束橋

写真13　本宮一中入口付近

写真14　本宮駅側から国道4号線方向を見る

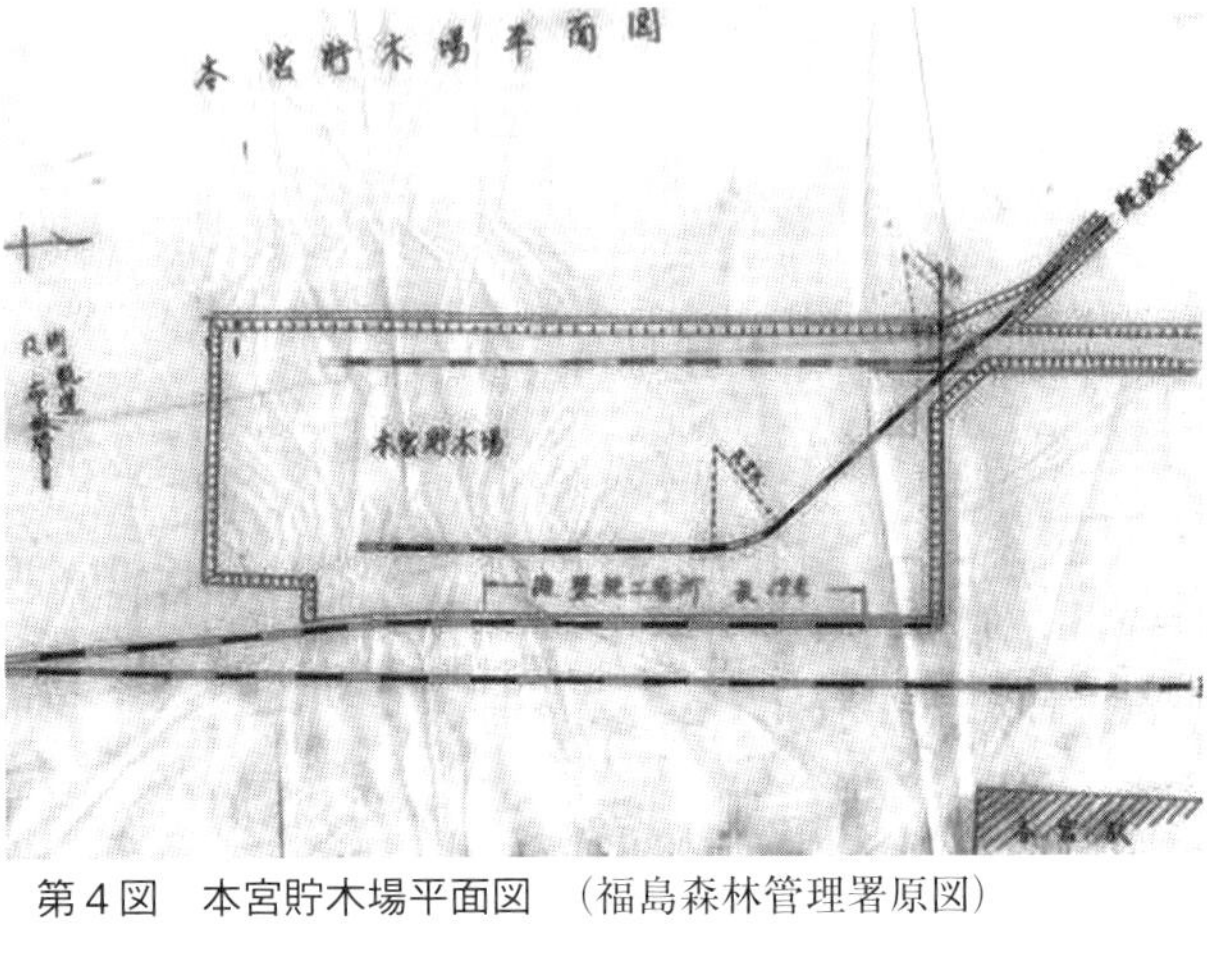

第4図　本宮貯木場平面図　（福島森林管理署原図）

方向に直進したトロッコ道は、国道四号線の「千代田地下歩道」付近を経て、「えぽか」南の住宅地（写真14）を斜めに進み、万世に向かう。

本宮駅に隣接する旧ミツウロコ本宮工場跡付近や現「本宮市営万世駐車場」、かつての「本宮貯木場」（土場）（写真15）で終点となる。

福島森林管理署所蔵の当時の本宮貯木場平面図（第4図）によると、玉井方面からの軌道の終点部分やそれに並行する国鉄の引き込み線、本宮駅舎、そして軌道の布設替え計画路線も記入されている。六〇〇分の一で図示されており、大変貴重な資料である。

昭和三十一年八月の写真（『寫真集山にはたらく』）によると、本宮駅西側の本宮貯木場（写真16）には、大量の木材が重ねられており、当時の林業の繁栄と駅周辺の賑わいのようすが見て取れる。

なお、後年トラック輸送が本格化すると、本宮戸崎付近から本宮駅に向かって真っ直ぐ伸びる道路、「本宮林道」（車道）が整備された。

写真15　本宮市営万世駐車場（本宮貯木場）

写真16　本宮駅に隣接する本宮貯木場
（『山にはたらく』：1989による）

4　「山に生きる」人びとと今に活きるトロッコ道

(1)　山の仕事と暮らし

安達太良山麓に広がる広大な森林は、林業の一大拠点である。林野庁の「福島森林管理署玉ノ井森林事業所」がこの地にあることからも分かる。以下は、団塊及びその前後世代や、それ以前の世代にとっては日常のことであり当たり前のような話であるが、トロッコ道が活躍した時代と山の仕事の姿を少し振り返っておく。

① 建築用材としての森林資源

山の仕事では、木を育てることが基本である。タネを蒔き、苗木を育て、山に植林をする。良質の木材を生産するためには、下刈り（下草刈り）、つる切り、枝打ち（枝下ろし）、間伐、補植、そして雪で倒れた若木起こし等、年間を通した作業が必要である。

写真17　馬車による木出し（『大玉村史』による）

用材として利用できる時期になると、木を伐り倒し、馬車、馬ソリ、集材機、トロッコ（軌道）等で貯木場（土場）や道路沿いの広い場所に運搬された。そこで椪積《はえづ》み作業等によって積み重ねられた。

木の伐採地点から貯木場（土場）までは、主に馬車（写真17）を使って運搬したが、それが不可能な山間部、急斜面や谷筋の場合は、「べー引き」と呼ばれる方法で馬に引かせた。この他馬ソリが使われることもあった。齋藤初治氏は、今から六〇年以上も前、昭和二十年代の「べー

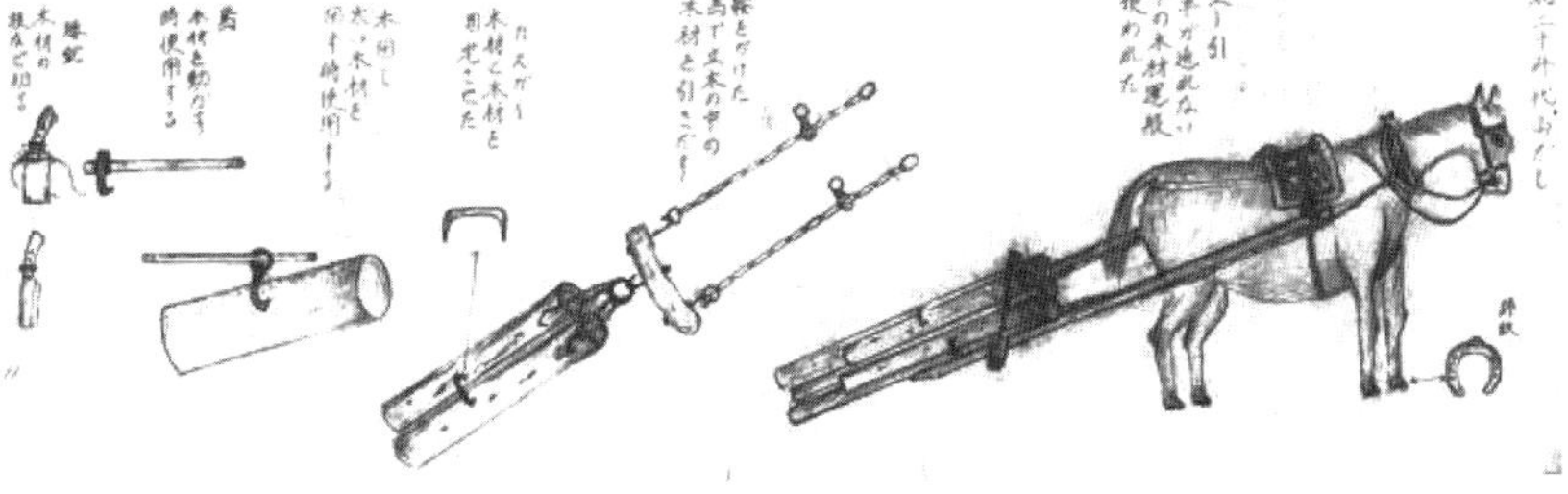

第5図　べー引き等による木材の山出しのようす（絵：齋藤初治）

引き」等による馬による木材の山出し（木出し）のようすを、貴重な絵（第5図）で再現している。

貯木場では、木材を交差させながら積む、椪積み（巻立て）作業によって、安全で形よく木材が積み上げられた。これらの木材は、駅近くの製材所等で柱材や板材に加工されることもあった。やがて、丸太材や柱材等は貨車等で各消費地に輸送されたり、住宅建築現場に引き取られたりした。

② 燃料や食料としての森林資源

写真18　炭焼小屋（『大玉村史』による）

燃料としては、木炭、薪である。雑木等の伐採をし、薪を生産した。また炭焼きも林業の中心作業の一つだった。森の中に炭窯や炭焼小屋（写真18）を作って、そこで寝泊りすることもあった。さらに炭俵作りの仕事もあった。昭和二十七年の大玉地区では、年間の木炭生産量が二万四八〇〇俵、販売量が二万四四一二俵、昭和三十年には、生産が二万一六八〇俵、販売が二万一二四〇俵であった。

食料としては、山菜採りと堅果類拾いがあり、特に春と秋は繁忙期であった。その他、冬は狩猟の仕事もあり、このような山での多様な仕事が地域社会の暮らしを形づくった。

(2) 今も活きるトロッコ道

地域の林業を支えた「玉ノ井林用軌道」は、昭和三十一年、その役割を終えると、やがて鉄路も撤去された。しかしその後も地域の人びとからは「トロッコ道（トロ道）」と呼ばれて親しまれ、地域社会の日常生活にはなくてはならないものとなった。

先ず、トロッコ道は、将棋の角道のように対角線上を最短距離で走る生活道路である。人はもちろん自動車・自転車・一輪車等の往来に利用され、周辺地域の日々の暮らしを支えている。

次に、トロッコ道は、水田地帯を潤すための灌漑用水路の敷設用地である。

かつて、下流域の玉井吉苗内・方六内方部は、水田の灌漑用水不足に悩んでいた。昭和三十三年の大旱魃に際し、受益者一同が願い出て、安達太良川取水馬場堰からの分水が認められた。その水路は、トロッコ道敷地内通過が計画され、福島営林署から軌道敷の使用許可を得て、ここに五十余haを潤す灌漑水路が走ることになった。それによって吉苗内等の水不足が解消でき、さらに昭和三十八年にはコンクリート水路が完成した。それを記念して、玉井の虚空蔵堂境内には「通水記念」の碑（写真19）が建立されている。

写真19　通水記念碑

以下、格調高く「通水記念」の碑文に記された関係者の努力や喜び、そして軌道敷の役割等を振り返る。ふるさとの先人たちが稲作農業と共に生き、子孫に黄金の水と美田を残して郷土の発展を願う尊い姿を伝えている。

郷土の発展幸福の追求は人々の絶えず希求するところである
当吉苗内方六内方部は肥沃広大なる地域ながら水利不便年々潅漑に要する苦労は老若男女を問わず
昼夜を徹してその労苦は言語に絶しこれが解決策の実現は関係者年来の宿願であった

昭和三十三年の大旱魃に際し村当局安達太良土地改良区受益関係者側が一体となり安達太良川取水馬場堀より助け水を仰ぐべく同堀関係者が願い出て通水することを認められるに至った

受益者一同踊躍営林署管轄の軌道敷を借用感激に振る鍬も軽く仮堀を掘鑿通水枯死寸前の状態より脱し得たのである

その後関係各当局と相図りコンクリート水路の施設を計画改良区が主体となり昭和三十七年十一月着工翌三十八年四月完了総工費二百二十万円延長実に八百七十米受益面積五十余町歩関係者百四十余名にして一号より五号方面は吉苗内方部の内規により引水することとして加入ここに玉井里前地区米作農業発展の為の一大工事は見事に完成を見たのである

黄金の水は昔日の労苦を洗いさる如く郷土の発展を語るが如く流れていく

茲に記念の碑を建て宿願完成の喜びを後世に伝えんとするものである

昭和三十八年十一月建立　　松井　博　撰文

さらに、トロッコ道は、「私の自転車道」として利用されている。ある女性が語った「トロッコ道再発見」のエピソードである。

自転車を愛用している玉井のSさんは、よく本宮市方面に出かける。大玉からはほとんどが下り坂なので、楽しい道のりである。何度か通っているうちに、とても快適で、短時間で到着できる〝近道を発見〟した。

ある日、あだたらふるさとホールで、第七〇回企画展の展示写真を見てびっくりした。それは、見慣れた、いつもの〝私の「自転車道」〟だった。しかも、何と、かつての「トロッコ道」だったのである。

(3) あとがき

「玉ノ井林用軌道」(トロッコ道)は、大正後期から昭和三十年代にかけて、基幹産業である林業を支える重要路線として、大玉村から本宮駅まで運転され、安達郡南部地域社会の発展に大きく寄与した。当時、本宮駅まで最短距離で軌道を敷設しようとした事業者は、地権者に対して、将来「玉ノ井林用軌道」の役割が終わったら、今回買収した土地(農地)は地権者に(有償で)返却する、という話をしたとも語り伝えられている。それからすでに一〇〇年近い歳月が過ぎ去り、社会経済環境も大きく変化した。いつもの往来に使用していても、「玉ノ井林用軌道」や「トロッコ道」、「本宮林道」という名称を知らない世代も数多くなってきている。

さて、トロッコ道は、現在、生活に密着した「通勤通学の道・田畑への道・水路の道・憩いの道・散策の道」等の役割を果たしている。また、この沿線には、先人から受け継いできた「あだたらの里」の豊かな自然と多くの名所旧跡(文化財)が所在していることから、今後はさらに、「知る・活かす・伝える　ふるさとの歴史の道・トロッコ道」としての役割も大いに期待されているところである。

なお、小論については、武田明守、斎藤初治、渡辺左内、香月英伸の各氏、そして大玉村から本宮市までのトロッコ道沿線住民の皆様を始め多くの方々にご指導をいただいた。また、林野庁関東森林管理局福島森林管理署、同玉ノ井森林事務所、全林野労働組合前橋地方本部、福島県立図書館、大玉村教育委員会、大玉村文化財調査委員会、あだたらふるさとホール、大玉村歴史文化クラブ、本宮市歴史民俗資料館、本宮市歴史文化サークル、JR東日本本宮駅等の関係機関の皆様から資料提供やご協力をいただいた。ここに明記し感謝する。

(二〇一八・一・一)

（追記）

林野庁関東森林管理局福島森林管理署（当時香月英伸署長）が作成・公開している「福島の森林鉄道WEB史料室」は福島県内森林鉄道の総覧である。森林鉄道（車道や軌道）の歴史や内容・特色が網羅された福島県森林鉄道辞典ともいえる大作であり、是非とも閲覧一読をおすすめしたい。

かつて、林業振興のみではなく住民の足としても利用された森林鉄道は、現在その姿を目にすることはほとんどない。葛尾村郷土文化保存伝習館に「浪江森林鉄道」のトロッコが展示されているのが誠に貴重な例である。以前は、日常生活の足でもあった「奥川森林鉄道」（『西会津町歴史文化基本構想』）や「浪江森林鉄道」の支線（田村市都路町）を始め多くの森林鉄道が、地域の宝として再認識され新たな研究、復元活用がなされつつある。玉ノ井林用軌道（本宮林道）も含めてこの方向性がさらに深まることを期待したい。

（参考・引用文献）

（1）松井博撰「通水記念碑」　安達太良土地改良区役員・水路委員・一号より五号地区委員・馬場堀関係世話人・一～三区長　一九六三

（2）大玉村『大玉村史』上巻・下巻・史料編　一九七六、一九七八

（3）日本民具学会『山と民具』雄山閣　一九八八

（4）全林野労働組合前橋地方本部・全林野写真サークル全国協議会前橋支部『寫真集　山にはたらく　山林労働の今昔と森林づくりの記録（前橋版）』一九八九

(5)ジャン・ジオノ原作　フレデリック・バック絵　寺岡襄訳『木を植えた男』あすなろ書房　一九八九
(6)西裕之『全国森林鉄道』ＪＴＢパブリッシング　二〇〇一
(7)三村達道監修・松井行雄他『大玉まるごと百選』大玉村観光協会　二〇〇三
(8)橋本正夫『汽車・水車・渡し舟2』日本文教出版　二〇〇六
(9)今尾恵介監修『日本鉄道旅行地図帳』2号・東北　新潮社　二〇〇八
(10)矢部三雄「東北森林管理局における森林鉄道の消長について」
(11)林野庁『知ってほしい　森と木のこと』二〇一四
(12)林野庁『一本からはじまる、はじめの一歩』（入庁案内）二〇一六
(13)林野庁「森林鉄道」・「国有林森林鉄道路線データ」（ＨＰ）二〇一七
(14)日下部善己「トロッコ道を行く～思い出の「玉ノ井林用軌道」と山で働く人々～」（第70回企画展展示解説リーフレット）あだたらふるさとホール（大玉村歴史民俗資料館）二〇一七
(15)本宮町『本宮町全図』
(16)大玉村『大玉村全図』

（追加参考資料）
〇福島森林管理署「福島の森林鉄道ＷＥＢ史料室」林野庁関東森林管理局（ＨＰ）二〇一九

附　章　地域社会と先人を訪ねて

1　先哲に学ぶ

⑴　安達郡の考古学の父

高橋壮太郎先生は考古学者・南達地域史研究者で、明治四十二年（一九〇九）に生まれ、昭和四十三年（一九六八）五九歳で亡くなりました。弥生時代遺跡や古墳群の集中分布地である安達郡大玉村の大山地区で育ち、若い頃から近辺の遺跡の土器や石器の採集・調査を行い、元玉井小学校長で郷土史家の曽我伝吉氏（本宮町公民館郷土部）に師事して考古学研究活動をライフワークとしました。

昭和二十年代～四十年代、大玉村内各地で農地改良等の開発事業が行われ、遺跡破壊の危機が迫る中、先生は工事に先立ちほとんど独力で発掘調査を行いました。それら遺跡の内容や特色を記録すると共に多くの土器や石器を採集し、文化財として自宅資料室に保管しました。これらは、東北地方の原始・古代史研究のための重要考古資料として、東北大学考古学研究室を始め東日本各地の考古学研究者に注目されるところとなり、その研究対象資料として活用されました。

先生の献身的調査活動によって収集された多くの貴重な考古資料は、大玉村歴史民俗資料館「あだたらふるさとホール」の開館にあたり、同館に提供・展示され、同村の縄文・弥生・古墳時代等の歴史を明らかにする重要かつ不可欠な資料になると共に、現在も県内外の資料館の展示公開や考古学者の研究の対象資料となっています。

先生の多くの発掘調査研究の中から一遺跡を紹介します。仲島遺跡と呼ばれる諸田遺跡は大玉村大山字柿崎に所在し、柿崎遺跡とも称されます。『大玉村史』上巻によれば、昭和四十一年十一月二十九日、この遺跡が開田工事によって消滅してしまうとの情報を得た先生は、早速関係者に遺跡の重要性を説明して理解と協力を得ながら、ブルトーザーによる工事中にも拘わらず発掘調査を実施しました。十一月二十九・三十日と十二月二・四日の発掘調査によって、土坑一〇か所、焼土（炉跡か）四か所、長方形状区画が連続した形態の幅三〇～六〇㎝の長い溝跡、そして弥生土器を主体にその他土師器・須恵器を発見しました。特に直径九〇㎝、深さ三〇㎝の土坑（後に10号土坑と名づく）には、多量の焼米（炭化米）が充填されていました。これは米の貯蔵施設かとみられ、他にあまり例のない大発見でした。この貴重な土坑や炭化米を含む弥生時代の仲島遺跡（諸田遺跡）の発見については、新聞、ＴＶでも大きく報道されたそうです。

先生は、菅野信朝氏の応援を得ながら、地域の貴重な文化財の保存と継承のために文字通り孤軍奮闘して発掘調査を進め、実測図を作成し、遺物を収納・整理・分析して今日に残る大きな学術的成果を上げました。

後年、この調査の貴重な遺構分布図（実測図）は、弥生時代の共同研究者の一人であった目黒吉明先生（後の福島県考古学会長）によって調製され、やがて『本宮町史』10に、高橋先生の業績として紹介されています。

福島県始め東北地方南部の弥生時代の土器編年に用いられている「下高野式土器」（弥生時代中期）や「諸田式土器」（弥生時代後期）という名称は、福島県大玉村内所在の下高野・諸田両遺跡を標識遺跡としており、先生と共同研究者たちの調査研究の貴重な成果でもあります。

その研究成果は「村の遺跡をたずねて」として『広報おおたま』に連載され、また『大玉村史』にも再録されています。さらに本宮・大玉地域の弥生土器・埴輪等や傾城壇・二子塚の両前方後円墳等について、資料提供・執筆（共同）して、当地の歴史的・考古学的位置づけに努めました。その主な文献は次のとおりです。

日本考古学会『考古学雑誌』46－3（中村五郎・高橋丑太郎「福島県天ガ遺跡について」一九六〇）、福島県考古学会『福島考古』5（高橋丑太郎「安達郡大玉村出土の子持勾玉について」一九六四）、本宮公民館『本宮地方文化史図説』（本宮公民館郷土部員〈代表曽我伝吉〉編一九六〇）、本宮公民館『本宮地方史』（曽我伝吉編、高橋丑太郎「傾城壇前方後円墳・二子塚前方後円墳実測図」一九六一）、さらに没後の資料紹介として、平凡社『陶磁大系2弥生』（坪井清足著、下高野遺跡出土「瓢箪形の壺」一九七三）等。

また、福島県考古学会会員として安達郡内はもちろん本県の遺跡・遺物の調査研究を進めると共に、福島県考古学会理事として本県の考古学研究の発展にも大きく貢献しました。

（二〇一五・八・五他）

(2) 地域の歴史を学び児童・生徒に教える

小林清治先生に私が初めてお目にかかったのは、昭和四十三年春、日本史（日本史概説）の講義であった。当時福島大学教育学部は一般教養と専門科目を並行して履修する制度であったが、学生にとっては学問に対する大きな刺激となるよい方法であった。私は設立間もない福島大学考古学研究会に所属していたが、当時、考古学専任教官が本学にはおらず、小林清治先生が顧問教官を引き受けてくださっていた。昭和四十四年春、同考古学研究会の浦尻貝塚発掘調査のときには、会員と発掘器材のために福島大学のマイクロバスを用意してくださると共に貝塚所在地の小高町（現南相馬市）教育委員会へ同行してくださった。また、同町内の国史跡「薬師堂石仏附阿弥陀堂石仏」等を案内・解説もしていただいた。

卒業論文（日本史〈考古学〉）作成時には、指導教官としてご指導をいただいた。何とか書き上げた私に、自宅まで持参再提出するようお話があり、当時堀河町にあった旧宅にお伺いしたが、書斎の書籍の多さに目を奪われた。また私ごとき学生に対しても丁寧に応対していただき大変恐縮した。

卒業後は教員となるであろう私たちに、先生は、「社会科の教員は、古文書と考古学の勉強をしておくとよいです。学校のある地域の歴史を学び、そしてそれを子どもたちに教えることができます」とおっしゃっておられた。

昭和五十年から、先生は福島県文化財専門委員（後に福島県文化財保護審議会委員と改称）、そして福島県文化財保護審議会会長等、文化財保護の重鎮として、本県の文化財保護及びその関係者を指導されたが、担当として県文化財保護行政の一端を担った私をも導き励ましてくださった。時折ご相談に伺うと、いつも幾つかの選択すべき方法を用意し、進むべき道を示してくださった。

また、考古学の専任教官を福島大学に配置するために先生はご尽力されたが、平成元年、行政社会学部に工藤雅樹先生が着任、考古学研究室が開設され、今は、菊地芳朗先生に受け継がれている。

平成十七年三月、先生が福島県文化財保護審議会委員を退かれるときには、多くの関係の皆様のご賛同をいただき、先生への感謝をこめた送別会を、担当者として企画・運営することができた。この時先生に大変お喜びいただいたことを、私は生涯の喜びとしている。その時もまたいつものように丁寧な礼状をくださったが、その中に今後の私の人生に対する激励のお言葉も添えていただいた。今となっては、これを小林先生の私に対する遺言と思い、いただいた一語一語を大切にしている。

ここに小林清治先生の学恩に感謝申し上げると共に、心からご冥福をお祈り申し上げます。

（二〇〇九・十・三十）

(3) 若い学徒を育て福島県の考古学研究を牽引する

目黒吉明先生に初めてお会いしたのは、あの複式炉と三本柱を持つ縄文時代中期の集落、二本松市原瀬上原遺跡（現在は福島県指定史跡）で、観光ぶどう園造成に係わる緊急調査時であった。昭和四十三年の春、参加者は皆手弁当、足代自前であった。私たち福島大学考古学研究会の学生の多くは考古学的には初心者であったが、先生のご指導をいただきながら目の前の遺構・遺物珍しさで大地に向かった。

あれからの長い年月、様々な機会にご指導をいただき今日に至った。

特に記憶に新しいのは、先生が福島県考古学会事務局長当時、駆け出しの学生が執筆した論文や報告等を同会機関誌『福島考古』に数多く掲載するという、その当時としてはかなり思い切った措置を執られたことである。若い学徒の弱点を承知しつつもその視点を理解され、それらを育てようとする先生のお気持ちの表れであったと今になって思う。そのお心は『しのぶ考古』の編集・刊行の基本方針（若い学徒に発表の場を与える）においても同様に表現されている。

遺跡保護と若い研究者に対する熱く、厳しいお心は、㈶福島県文化センター遺跡調査課長として、さらに現在に至るまでも少しもお変わりになってはいない。この機会に、これまでいただいた学恩に対し深く感謝申し上げると共に、先生の益々のご発展をお祈りい申し上げます。（一九九六・一一・二十一）

(4) ふくしま文化財学の大先達

昭和四十三年春、後に福島県史跡となった原瀬上原遺跡（二本松市）の緊急発掘調査（目黒吉明先生担当）の現場に、大学入学直後の私は福島大学考古学研究会の同士と共に参加しておりました。そこに、軽やかな身のこなしと弁舌さわやかな〝青年考古学者〟が、竪穴住居跡や複式炉の周りを闊歩していました。それが鈴木啓先生に私が初めてお目にかかった瞬間です。

鈴木啓先生は、戦後の文化財保護行政や考古学の先達として、教育・行政・研究の三職に身を置きながら歴史考古学、文化財学、博物館学、城館跡研究等の発展に大きな業績を残されました。この間、私も福島県教育庁、福島県立博物館そして小浜城跡（旧岩代町）等の調査や文化財保護関係の委員会等においで先生から多くのご指導をいただきました。この度、このような貴重な機会をいただきましたので、啓先生との思い出を幾つか綴り、頂戴した学恩への感謝、そして追悼の言葉とさせていただきます。

太平洋戦争後、新しい日本の歴史、地方史を構築するという大きなうねりの中、それを科学的に検証するために〝実物〟を扱う考古学が脚光を浴びました。昭和二十四年、福島県教育委員会社会教育課の梅宮茂先生の呼びかけに応えて、福島師範や県内高校三三校が集い、「福島県学生考古学会」（成田克俊会長）が発足しました。

このような「進取」の風と共に、鈴木啓先生は、文化財保護法が制定される昭和二十五年に福島大学学芸学部に入学し、相馬藩の研究や浦尻貝塚、三貫地貝塚等の調査にあたりました。さらに西会津町上野尻遺跡を教え子の高校生と共に調査し、昭和三十五年「会津上野尻弥生遺跡調査報告」を世に問いました。昭和三十年の「相馬藩の郷士制度」を含めて、これらが、研究者としての先生のデビュー作であったと私は思っております。

昭和四十三年に福島県教育庁社会教育課に赴任した先生は、戦後の本県文化財保護行政第二世代として、大規模開発が次々と迫りくる中、文化財の保存と公開の業務を担います。ここで特筆すべきは、先生が福島県初の「文化財データベース」（文化財や遺跡の分類、時代・時期や所在地・所有者等）の編集事務を担当したことです。昭和四十五年から県文化財専門委員の指導のもと、市町村教育委員会等の協力で調査・編集された『福島県の寺院跡・城館跡』を始め「石造文化財」「金工品」「建造物」「彫刻」「絵画・書跡」等の「文化財基礎調査シリーズ」は、文化財保護行政や研究のための基本的文献となりました。また、これらは、先生や相馬胤道先生を始めとする関係者が文化財保護と研究の将来のために遺した不朽の名作といっても過言ではありません。昭和四十六年の『農業振興地域遺跡地名表』等もその後の埋蔵文化財保護と開発事業との調整に大きな力となりました。

昭和四十七年に福島県教育庁文化課は史跡指定調査（関和久遺跡、現国史跡）を開始しました。昭和五十四年、『佛教藝術』誌上で、編集者の坪井清足先生は「地方官衙《かんが》の遺跡」と題し、古代律令行政機構の各地における実態を示す官衙遺跡発掘調査の特集を組みます。全国の開発に伴う各地の調査体制確立によって、歴史考古学に新しい分野が生まれつつある状況を全国の読者に伝えることが目的でした。ここに、啓先生は「磐城・岩代地方の官衙遺跡」を寄稿し、郡遺跡、根岸遺跡、郡山五番遺跡、黒木田遺跡、関和久遺跡、上人壇廃寺跡、清水台遺跡、郡山台遺跡、腰浜廃寺跡等、当時の本県官衙関係遺跡調査の現段階とその研究成果を全国に向けて情報発信されました。

傘寿を迎えた先生は、『古代文化』（京都）に「梅宮茂と複式炉」を記し、梅宮先生の研究業績や後進育成について紹介しています。かつて本県の文化財保護行政を担当した私たちは第三世代に相当しますが、昭和四十五年の鳥内遺跡（石川町、現福島県史跡）調査で、梅宮先生は「あんたらは、おれの孫弟子だなー」と語っておられました。

鈴木啓先生もまた、国民共有の財産であり福島の宝物である文化財に高い学術的評価を付与して、我が国や福島のブランド・誇りとするために全力を傾けられました。さらに、先生の魅力あふれる人間性が斯界の若手研究者を数多く育ててきました。文化財を核とした地域社会への貢献、後進の指導育成に取り組まれた先生の姿は、県内外の文化財行政や考古学等の世界に脈々と生き続け、現在もなおその輝きを増しています。

ところで、縄文時代中期を研究テーマに卒論をまとめ、その後本県教員に採用された私は、昭和四十八年夏、道南遺跡（西郷村）の発掘調査で担当者鈴木啓先生の班に調査員として招集されました。そこには古川利意先生や寺島文隆氏等もおられました。白河の親不孝橋近くの合宿では、ミーティングを終えると、啓先生の会津小ばなしや古川先生との会津万歳風のかけ合いが毎晩のように繰り広げられ、調査内容以上に鮮明に記憶に残る愉快な時間でした。今、顧みますと、その時の啓先生の小ばなしの笑顔が、その後の私の三職人生への道標だったのかも知れません。

（二〇一八・五・十二）

(5) 研究史と共に学ぶ

寺島文隆さんは、日本列島の自然と歴史・文化の証人である「遺跡」からのメッセージを真摯に受け止め、高校時代から福島県を主フィールドとして研究を深めて、この地の歴史と文化を考古学的成果から再構成するために渾身の力を注がれた研究者といえます。

製鉄、製塩等の産業に係わる分野では、新たな視点と方法で他の追従を許さず、阿武隈中部地区遺跡群（一九七九〜）、相馬開発関連遺跡群（一九八二〜）そして玉川村小半弓遺跡（一九八三）等を起点として調査研究を積み重ねてきました。特に製鉄関係では、「福島県における製鉄遺跡の実態」（『福島県歴史資料館研究紀要5』一九八三）や「福島県の製鉄遺跡」（『福島の研究1』清文堂　一九八六）において、本県における製鉄遺跡調査の成果と課題を整理し、以後の調査研究に新たな方向性を示すと共に極めて大きな影響を与えています。

さらに、同学の皆さんと共に本県浜通り地方北部の金沢地区、大迫地区等の製鉄遺跡群研究を深めつつ、多くのデータと分析を加えて発表した氏の各種論文・報告等は、律令期の陸奥国における製鉄遺跡群の歴史的意義を余すところなく明らかにされており、まさに日本考古学不滅の業績といえましょう。氏なくして、我が国の古代製鉄遺跡等を語ることはとうていできなかったに相違ありません。

また、氏が生涯の仕事とした文化財保護においては、昭和四十八年から福島県教育庁文化課の調査員として同僚の皆さんと共に、高度経済成長期の大規模開発事業に係わる本県埋蔵文化財保護行政・調査の充実強化のために若い力を傾注されました。その後㈶福島県文化センター遺跡調査課に勤務し、平成十四年からは、㈶福島県文化振興事業団遺跡調査部遺跡調査課の課長補佐（業務）として発掘調査現場の指揮を執られましたが、常に、埋蔵文化財保護の視点から踏査と試掘確認調査の重要性を強く意識されていました。

加えて、県政広報番組「地中からのメッセージ」（『210万人のひろば』№225　FTV　一九九〇）出演、奈良国立文化財研究所埋蔵文化財センター研修や各種講演会への出講、普及誌『真金吹く陸奥の行方』・『時代の炎のなかで』（福島県教育委員会・㈶福島県文化センター　一九九五）等を通じて、埋蔵文化財保護・調査の普及啓発に努めると共に、国道四号「道の駅安達」構内の堀込塚群復元（一九九八）や原町市金沢地区の製鉄炉保存展示施設（一九九八）、そして福島県文化財センター白河館「まほろん」の整備（二〇〇一）等を、ご自身の夢の実現をも期して積極的に指導・支援されています。このような氏の優れた視点とアイデア、リーダーシップそして幅広い人間性が、本県埋蔵文化財の保存と活用に大きく貢献してきました。

ところで、少年のような人なつっこい笑顔の往年の考古ボーイ寺ちゃんと私は同年であり、昭和四十八年夏、古式土師器を出土する西郷村道南遺跡の発掘調査現場で同じ釜の飯を食べて以来のお付き合いです。その後、彼の故郷の新地町山海道遺跡（一九七五）、桑折町二本木遺跡（一九七八）、伊達西部条里遺構（一九七九・一九八〇）、国見町二重堀跡（現国史跡阿津賀志山防塁）・金谷舘跡（一九七九）、安達町堀込塚群（一九七九）等を共に調査しました。折から歴史考古学を勉強中の私は、これらの調査過程等での寺ちゃんたちとの議論から多くを学び、拙稿「城館跡出土の石臼類について」（『福島考古22』一九八一）等に結びつきました。駆け出しの縄文屋であった私の歴史考古学を見る眼は、寺ちゃんとの出会いによって尚一層開かれたと思っています。また後年、原町市金沢地区等遺跡群第二次発掘調査（一九八九～）に臨んでは、広大な面積と製鉄遺跡そして調査期限にいかに対応すべきか、寺ちゃんたちと共に調査実施計画作りに没頭した日々が昨日のようです。

研究者そして本県埋蔵文化財保護・調査のリーダーとして多くの考古学徒と専門職員を指導、育成、支援してきた寺ちゃんは、最近（二〇〇二）次のようなことを口にしていました。「考古学研究の前提である研究史の整理と分析が疎かになっているような気がします。若い人たちには研究史をしっかりと学んで欲しいと思っています」と。研究史から、また研究史と共に学ぶことは学術研究の基礎基本ですので私自身の反省も含めてまったくもって同感です。

そして今、巡る季節は冬。発掘調査の楽しさや新資料発見の喜び、文化財保護の意味等を分かり易い言葉と笑顔で世の人びとに語り続けてきた寺ちゃんは、これまで育成してきた後継者の皆さんと共に南奥「相馬」・「行方」の「鉄」と「塩」の研究成果等を携えて今まさに大きく飛躍する時機でしたのに、誠に残念、無念でなりません。

寺島文隆さんに捧げる私の言葉は「感謝」の一語に尽きます。今日の本県文化財保護と考古学研究の進展は、何にも増して貴方の尊いご尽力のおかげです。心からご冥福をお祈り申し上げます。

（二〇〇六・十二・六）

2　本と日々の暮らし

(1)　読書の話　その1

①初めて読んだ（と記憶している）本

皆さんが、初めて読んだ（と記憶している）本は、どんな題名、内容だったでしょうか。その記憶にある本をお子さんに紹介し、一緒に読んでみてはいかがでしょうか。

あだたら号もふるさとホール図書室もたくさんの本を用意しております。

②『北里柴三郎』

この一年間、移動図書館〝あだたら号〟の運行にあたって、温かいご理解とご支援をいただき、心より感謝とお礼を申し上げます。

ところで、私が初めて読んだ（と記憶している）本は、伝記の『北里柴三郎』です。当時としては異例ともいえる、親が買ってきた本でしたので、仕方なく、でも興味深く読み進んだような気がします。

③戦う！　書店ガール

「読書がとても好き。私が読んで面白かった本を友人に薦めて、いろいろな感想が返ってくると、うれしくなっちゃいます」という記事（福島民報「熱視線」）に出合いました。テレビ「戦う！　書店ガール」に出演している、読書好きの鈴木ちなみさんの言葉だそうです。

さて、今月も、子どもたちの読書活動へのご支援をよろしくお願いいたします。

④『レ・ミゼラブル』

先日、「小学生の頃に聞いた〝ジャン・バルジャン〟という名前を今でもよく覚えている」と米寿をお迎えのご婦人が話されていました。当時（約八〇年前）の担任の先生が、学校近くの原っぱで読み聞かせをしてくださった本のお話のようです。恐らくビクトル・ユゴー作の『ああ無情』（『レ・ミゼラブル』）だったのではないでしょうか。

お子さんたちにとって、何十年後も心に残っているような〝本との出会い〟がたくさんありますように、今回もあだたら号がお手伝いをいたしますので、どうぞよろしくお願いいたします。

⑤『南総里見八犬伝』

子どものころ、映画館で「南総里見八犬伝」の映画を見て、八人の剣士と〝仁義礼智忠信孝悌〟という八つの玉のことが強く心に残りました。長じて、これは、滝沢馬琴という人の作品であることを知りました。

うれしいことに、ふるさとホールにも、「はじめてであう日本の古典」シリーズの一冊として本棚に並んでいます。

ところで、この映画には続編がありましたが、父の許しが得えられず、映画館へ行くことはできませんでした。むしろ、このことが〝八犬伝〟を強く意識した理由であったかも知れません。

今回のあだたら号もどうぞ、よろしくお願いいたします。

⑥『サラダ記念日』

本年も、移動図書館「あだたら号」は、〝読書の好きな子どもに〟との願いを大切に運行してまいりますので、よろしくお願い申し上げます。

一九八七年に『サラダ記念日』という短歌集が刊行されました。話し言葉のように歌をよむ作者俵万智のスタイルは単に歌壇のみならず、当時の社会にも少なからず影響を与えました。あのフーテンの寅「男はつらいよ」シリーズの映画の題名も「寅次郎 サラダ記念日」でした。

「廊下にて生徒と交わすあいさつがちょっと照れている今日 新学期」（俵万智）

⑦

『プーさんの鼻』

さて、先月の続編です。若い女性のみずみずしい感性を表現した『サラダ記念日』（河出書房新社一九八七）は、二六〇万部を超えるベストセラーとなりました。

それから一八年。母となった俵万智は、子育ての日々や親の心情を穏やかな大人の口調で語ります。

「「寒いね」と話しかければ「寒いね」と答える人のいるあたたかさ」

（俵万智『プーさんの鼻』文藝春秋社 二〇〇五）

「生きるとは手をのばすこと幼子の指がプーさんの鼻をつかめり」

「親子という言葉を見るとき子ではなく親の側なる自分に気づく」

二月のあだたら号もどうぞよろしくお願いいたします。

⑧

『奇巌城』

今から五〇年以上も前の話になりますが、『怪盗ルパン』という本がありました。シャーロック・ホームズも登場するそのシリーズ全巻を、スリルとサスペンスを楽しみながら読んだ記憶があります。その中でも、『奇巌城』という題名の一冊が特に忘れられません。ストーリーはあまり覚えていませんが、この題名は今でも心に残っています。

皆さんも、この一年間、きっと〝心に残る本〟にめぐり会えたことでしょう。その本は、これからの生活の支えになる一冊だと思います。
今年度も〝あだたら号〟をご利用いただきありがとうございました。（二〇一四・六～二〇一六・三）

(2) 読書の話　その2

①『花さき山』

野山に花が咲きほこる季節になりますと、「あっ！　いま花さき山で、おらの花がさいてるな」という、主人公あやの心のひとことを思い出します。滝平二郎の切り絵も美しい、斎藤隆介の『花さき山』です。あの花さき山には、きっと皆さんの花もたくさん咲いていることでしょう。

（斎藤隆介／作　滝平二郎／絵『花さき山』岩崎書店　一九六九）

②『絵本アルバム』

『声に出して読みたい日本語』（草思社刊）著者の齋藤孝氏が次のように書いています。

「子どもが生まれてから小学校に入るまでの期間は、ふつう幼児期と呼ぶわけだが、私にとっては「絵本時代」と名付けたいものだった。…子どもと過ごす時間の中心には、絵本があった。…子どもが高校生になった今思い返すと、あの「絵本時代」が夢のように幸せな時であったとわかる…」

（斎藤　孝『絵本アルバム』ほるぷ出版　二〇〇八）

③『読み聞かせ　この素晴しい世界』

ビル「娘が一才になったら、妻とともに毎日読み聞かせをしてやるつもりだ。」

ジム「それはすばらしいじゃないか。けど今から始めてはどうだい。」

ビル「何ですって？　娘はまだ生後六ケ月ですよ。読んでやってもわかるはずがないじゃありませんか。」
ジム「じゃあ、君たちは子どもに話しかけていないのか？」
ビル「もちろん、娘には話しかけていますよ。」
ジム「なぜ話しかけるんだい？　まだ六ケ月だから君たちの言ってることはわからないだろうに。」
（ジム・トレーリース／著　亀井よし子／訳『読み聞かせ　この素晴しい世界』高文研　一九八七）

④歴史に登場する人物
真田幸村には、知恵と力を備えた〝真田十勇士〟と呼ばれる家来がおり、幸村と共に大活躍をしたというお話があります。

日本や世界の歴史に登場する人物の本（伝記）もおもしろいと思います。

ⅰ紫式部　ⅱ豊臣秀吉　ⅲ野口英世　ⅳ野内与吉　ⅴノーベル　ⅵヘレン・ケラー…

⑤『玉の図鑑』
「水晶玉の伝説が残る大玉村」という見出しで、玉が出てきたという井戸＝「玉井」について紹介してある本があります。『玉の図鑑』です。ぜひ、手にとって見てください。

さて、冬休みがやってきます。今回は五冊借りられます。ご家族ご一緒に「読書の時間」も楽しんでください。

（森戸祐幸／監修『玉の図鑑』学習教育出版　二〇一五）

⑥『おばあちゃんのおにぎり』
新年おめでとうございます。新しい年を迎えて、皆さんは、どんな希望や目標をもったでしょうか。

今年もあだたら号をよろしくお願いします。

さて、一冊の本を紹介します。

「それは、ぼくが七さいになるたんじょう日のできごとだった。ぼくの家で、はじめての誕生会を開いた。ブリキのおもちゃ、大きなビンにぎっしりつまったビー玉、絵本、いつまでもまわるコマなど、たくさんのプレゼントを招待した友だちからもらった。

でも、おばあちゃんのプレゼントは、おにぎりだった…」

（さだまさし『おばあちゃんのおにぎり』くもん出版　二〇〇〇）

⑦『あきらめないこと、それが冒険だ』
「ぼくは、ずっと自信がなかった。エベレスト（登山）に二回失敗した時は、もう挑戦を続けることがこわくてやめようかと悩んだ。しかし、途中で挑戦をやめて何もない自分にもどる方がもっとこわかった」と登山家野口健さんは『あきらめないこと、それが冒険だ～エベレストに登るのも冒険、ゴミ拾いも冒険～』の中で語っています。

世界七大陸で最も高い山、全ての登頂に成功した野口さんは、その後、山に捨てられたゴミの清掃登山や環境教室を始めました。

（野口健『あきらめないこと、それが冒険だ』学習研究社　二〇〇六）

⑧『風の又三郎』
毎年、毎日、昼も夜も、豊かな水を私たちに与えてくれる安達太良山。この恵みの山から吹く風は、時には心地よく、時には厳しく感じます。そんな時、いつも思い出すことばがあります。

「どっどど　どどうど　どどうど　どどう　青いくるみも吹きとばせ……」

子どものころに読んだ本だと思いますが、この部分は今でもはっきりと覚えています。皆さんもきっと知っているでしょう。宮沢賢治『風の又三郎』の初めの一節です。

（宮沢賢治『風の又三郎』ポプラ社　一九七一）

⑨『木を植えた男』〝はじめの一歩〟
企画展「トロッコ道を行く」の構想を練るために、最近、絵本『木を植えた男』を読んでみました。フランス国プロヴァンス地方の荒れ果てた広大な土地に、何十年もの間、人知れず木を植え続けた男の物語です。荒れた山肌が、長い年月を経て豊かな森林に変化したとき、人々は、これが一人の人間がつくった作品（人工林）だとは思いませんでした。誰もが、自然林であると疑いませんでした。

小学校のとき、父親からプレゼントされたこの本を読んで大変感動し、〝木を育てる仕事〟（林野庁森林官）に就いた女性がいます。その方の「将来の夢」実現への〝はじめの一歩〟は、この絵本だったそうです。

（ジャン・ジオノ／原作　フレデリック・パック／絵　寺岡襄／訳『木を植えた男』あすなろ書房一九八九）

⑩『ぐりとぐらのおきゃくさま』
森で雪がっせんをしていたぐりとぐらは、雪の上におかしな穴を見つけました。おとし穴でしょうか？　その穴は、ぐりとぐらのお家へと続いていました。これは、この季節にぴったりな『ぐりとぐらのおきゃくさま』という絵本です。

（中川李枝子／作　山脇百合子／絵『ぐりとぐらのおきゃくさま』福音館書店　一九六六）

⑪読み聞かせはオーダーメイド
世の中は、「メールの時代」です。そんな時、ご家族やボランティアの皆さんが、目と目を見つめ

合いながら、読み手の生の言葉で語る「読み聞かせ」は、お子さんにとって、これまで以上に大切な〝心の栄養〟になっています。

自分の子どもに絵本をたくさん読み聞かせした歌人の俵万智さんは、「読み聞かせは、オーダーメイドで肉声のスキンシップ。とてもぜいたくな時間だと思います」と語っています。

（「福島民報」二〇一八・一・二十五付）

⑫『生きるんだ　ポンちゃん』
大ケガをしたたぬきの子どもを助けて動物病院まで送りとどけたトラックの運転手さん、手術をして元気になるまでお世話を続けた先生や職員の皆さん。

やがてポンちゃんとの別れの日…。

これは、本当にあったお話ですので、皆さんにもぜひ一度は読んでほしい本です。

（中村ただし『生きるんだ　ポンちゃん』旺文社　一九九九重版）


この一年間、〝あだたら号〟をご利用いただき、ありがとうございました。

（二〇一六・六〜二〇一八・三）


（付記）

この「読書の話」は、あだたらふるさとホール（大玉村歴史民俗資料館）の移動図書館「あだたら号」（図書館バス）の月の巡回運行日を小学校にお知らせするためのチラシに載せた短文である。児童や家庭向けに本のある暮らしや読書の楽しさを伝えるために執筆したものである。原則としては、あだたらふるさとホール図書室の所蔵書籍、児童図書・絵本を紹介した。

その一は、二〇一四年六月号〜二〇一六年三月号、その二は、二〇一六年六月号〜二〇一八年三月号への掲載分である。その二では、本や絵本の作者や出版社・刊行年等の情報も記載し、児童や家庭の皆さんの便を図るように努めた。

3　残日録と昔日の記

⑴　ふるさと再発見

巡る季節の光を感じながら、小家庭菜園で、ジャガイモ・トマト・キュウリ等、慣れない鍬を使って野菜の世話を始めています。

先日、百目木長泉寺虚空蔵堂の春の例大祭（旧三月二十三日）に参りました。戦前は梵鐘の音が美しく響き、近郷近在から多くの参詣者が集う祭日でした。江戸期には藩庁から歩行目付が特に派遣されるほどの賑わいで、歌川（安藤）広重も今から一七五年ほど前、桜花爛漫の季節に当地を訪れています。同境内の子安観音堂は安産の祈願所で、子どもが授かるとお堂から小さな枕をお借りし、無事出産すると新しい枕を添えてお礼をします。

また、予想以上の落差があった羽山不動滝の見学。パラグライダーが大空に飛び交う全方位の絶景、五穀豊穣と牛馬の健やかな成長を願う聖地羽山の山開き。そして二〇〇〇人を超える登山者をヤマツツジと阿武隈の山脈が迎える旧二本松藩の祈祷所日山（天王山）の山開きにも参加して、田沢・茂原・葛尾の日山（旭）神社に詣で、今年も記念のバッジをいただきました。

身近な自然や伝統文化とそれを支える人びとの姿に触れつつ、ドイツの諺という「古い家のない町は、思い出のない人間と同じである」（司馬遼太郎「文化の再構築」）を噛みしめる今日この頃です。

今後とも皆様方のご指導をどうぞ宜しくお願いいたします。

（二〇一〇・七・二十八）

⑵　さくらウォークと百日紅《さるすべり》剪定

お陰様を持ちまして三月末日に退職いたしました。四月以降、合戦場のしだれ桜や杉沢の大杉を巡る第一〇回いわしろさくらウォーク（一〇㎞コース）に、また百目木口太川河畔の百日紅並木の剪定や市道清掃、花見会等の地域行事に参加しました。心身のゆとりが持てる日々に深く感謝している私です。今後共よろしくご指導のほどお願いいたします。

（二〇一〇・六・十五）

⑶　『プーさんの鼻』

一九八七年、まるで話しかけるように歌を詠む若き歌人、俵万智はその瑞々しい感性を歌集『サラダ記念日』に表現しましたが、これは歌壇のみならず私たちにとっても新しい時代の到来を思わせるものでした。

それから一八年、母となった俵万智は、この新たな歌集『プーさんの鼻』（文藝春秋社　二〇〇五）の中で、日々の育児のようすや親の心情について、穏やかな大人の口調で語っています。

「とんちんかん」と書かれたページで子は笑う必ず笑う「とんちんかん」

生きるとは手をのばすこと幼子の指がプーさんの鼻をつかめり

おむつ替えおっぱいをやり寝かせ抱く母が私にしてくれたこと

この歌集は、愛おしいわが子の姿と子育ての日々を丁寧に書き込んだ育児日記のようでもあり、母として、親として、子どもと共に成長していく一人の女性の人生の記録そのものであったりもします。そこには、多くの世代が共感・共有できる日常の暮らしの中の喜びやうれいが、とてもさわやかに描かれているように感じられます。

（二〇一七・五・十六）

(4) 一〇年過ぎれば新しい令和の世

「光陰矢の如し」一瞬のように感じる一〇年間でした。

プチ菜園と地域史再発見を楽しみに、それからの人生を過ごすことにしていました。幸い私にも栽培できる野菜が幾つかあり、必要なときにかけた手数の分だけ実ってくれます。また、近隣の名所・旧跡・文化財巡りやウォーキングも楽しんできました。

幾歳かの後、あだたらの里の歴史文化情報を発信するという有り難い役目を頂戴しました。お陰様にて当地の個性豊かな歴史事象の紹介やふるさと再発見活動・読書活動に微力を尽くすことができ、真に望外の喜びでした。

最近は、友人たちと共に目前の行事の実施のために作業を進めています。先の東京五輪の年、昭和三九年度中学校卒業の私たちですが、古希の今年は一〇年ぶりに全国各地へ同級会開催案内を発送しました。秋あげが一段落する晩秋の日の再会に向け準備中です。また、百目木城主石川弾正の顕彰会報『塩松東物語』の発行、石川氏が一時帰属した田村氏関連遺跡等での研修会の開催も計画中です。

さらに、先日は妻の望む信濃の国を旅し、通りを穏やかに歩く人びとの街を散策しました。戦国の智将真田氏の上田や松代そして北国街道、中世遺跡の宝庫別所温泉界隈、七世紀代創設という信濃善光寺と門前町を訪ねて、この地の歴史と祈りの佇まいに心が洗われました。

ところで退職したらこんなことも、と考えましたが、今は、庭の除草が不十分でも「明日できることは明日に」して、「昭和は遠くなりにけり」の令和の世をゆったりと堅実に過ごしながら地域史散歩を続けたいと願う日々です。

今後ともどうぞよろしくお願いいたします。

（二〇一九・十一・二十八）

(5) 地方にこそ夢と光を

① 地域に研究グループと会報を

人間に青壮年期があるように考古学の研究サークルにも意気盛んな時期がある。しかし、いつしか燃えたぎる情熱はさめ、冷えた砂と化することが多い。

今、筆者は『私たちの考古学』・『考古学研究』それぞれの複刻版を手にしつつ思うのである。前者の中には若さが、後者には技を完成しつつある心があるようである。そういった意味で、筆者は『私たちの考古学』の心をもう一度考え、今の〝私たちの考古学〟はいかにあるべきなのかを考えたいと思ったわけである。

私事で申し訳ないが、筆者は大学に入学した年に考古学研究会設立に参加し（それまで当大学には考古学の研究会はなかった。ただし、昭和二十四年頃学生考古学会という組織があった）、二年間、機関紙の編集に携わった経験から、雑誌を刊行する喜びを味わってきた。

また、歴史教育の知識を恩師からいただき、今は、教員として生活し、三年目を迎えたのである。同じ福島県といっても、筆者にとっては初めての地方の学校に赴任し、どうにかして地域の人びとと連帯して、住民の歴史を考え出そうと思っている。考古学的にそして歴史意識の上でも大きな可能性を秘める当地にこそ夢と光をと念じつつ。

現在、本県考古学界にもいくつかの研究グループがあり、会報を刊行している。全県的な「福島県考古学会」（『福島考古』第一五号まで、『福島県考古学年報』第二号まで）、地域的をものとして、「会津考古学会」（『会津と考古』第四号まで）、「磐城考古学会」（『磐城考古』二六号まで）、「しのぶ考古学会」（『しのぶ考古』第四号まで）、「阿武隈考古学会」、そして研究主題を持つ会として「福島大学考古学研究会」（『月報』第三四号まで、『研究紀要』第四冊まで）等がある。しかし、これらの会で県内全ての動向を把握することは困難である。

そこで、本県のような場合、研究会の分散的傾向という批判の前に屈することなく大いに分散させたいと思う。それは、考古学人口を増す結果となるはずである。もちろん、それは単なるセクト主義ではなく、真に考古学を愛し、埋蔵文化財の破壊を心から憂う人びとの集団と化するはずである。そのためにこそ、我々は地域社会との連帯が必要なのである。郡単位でも市町村単位でもよいだろう。とにかく地域にグループを作り上げねばならない。そのメンバーには市町村教育委員会の社会教育係員は必ず入会してもらうのがよいだろう。上からの保護意識の押しつけではなく、下からの文化財保護意識の高揚こそが、今必須事項なのである。その意識の発表の場が〝会報〟として登場しなければならないだろう。情熱を打ちつけるところ、それが会報である。二ページでも、ガリ版印刷でもよいではないか。「活字」になるのだから。そこに、考古学愛好者の喜びと保護意識を発見したいのである。これは地道な方法である。一からの出発である。しかし、筆者はあえて叫びたいのである。地域に考古学研究グループを、会報を！　と。そして、その連合体としての研究会を！　と。

② 地域社会に根ざした歴史教育を

戦後、社会科は考古学的研究成果（それは必ずしも科学的とはいえないものではあったが）をある程度取り入れ、戦後教育の新しい光として登場したにも拘わらず、今日の社会にあっては、知識、記憶の社会科と陰口をいわれてもいる。それは、必ずしも教育現場人の責任とはいえないが、やはり一つの責任を負っていることはいうまでもない。

我々が教育現場で、最もつらいと思うのは、歴史事象の指導において、児童の現実社会認識との間に大きなギャップがあることである。研究会（学習指導）に参加すると、必ず問題点として出されるのは、社会科が現実社会をどのように反映しているか、ということである。その内の考古学的知識、教育についてと同様である。

自分の貧しい実践例で考えても、知識の社会科といった観をまぬがれない。もし、現場学習を通させるとすれば、時間数という魔物に邪魔されてしまう。これは言い訳にすぎないが大部分の教師の持つ心情のようである。

しかし、振り返ってみれば、社会科はやはり、現実社会を踏まえねばならないはずである。そういう中にこそ、初めて自然の保護や埋蔵文化財の保護に繋がるものがあるのではないだろうか。保護の意識は、自然に生まれるものでは決してない。やはり、教育によってつくり上げられるものである。それも、小学校教育、特に社会科教育において。そういう心を現場教員（そして考古学を志す人びと全て）が広く持ったときこそ、社会科教育の基礎ができるのである。そういった努力を、初心に帰って考えたいものである。

③　今日のこと、明日のこと

以上のような考えに立ち、筆者は、二つのことを実践しつつある。

第一に、郷土の歴史をその住民の手で述べることである。そのために、『福島考古』第十六号に遺跡報告文を載せた。それは短文にすぎないが地域の人と共同執筆にした。そのこと一つによって人びとの遺跡、遺物に対する考えに変化が見られている。このようなことは、学生の頃、『しのぶ考古』第三号でも行ったことがあるし、小さな努力の積み重ねを続けたいと思う。

第二に、歴史学習のための資料集めである。幸いにも、町史が刊行されたので、その中に多くの地域資料を見い出せる。来年度は、この町史を十分使いこなしたいと考えている。

日本の歴史は知っても（信長や西郷を知っていても）、自分の地域のことは何も知らない子どもを育てないために、真の意味の郷土愛を育てていくために。

このようなことは、先輩諸賢にとっては極めて当然すぎることかも知れない。しかし、筆者にとっては、あまりに重い現実生活の中の課題である。〝私たちの考古学〟の初心とは、このようなものであったのではなかろうか。最近の『考古学研究』には、こんな駄文は載らなくなってしまったようである。しかし、教育現場、特に地方からの報告は必要なのではないかと考えた次第である。

（一九七四・十二・十二）

〈参考文献〉

（1）小林清治「歴史教育と考古学」『福島考古』13　福島県考古学会　一九七二

（2）しのぶ考古学会『しのぶ考古』3　一九七一

（3）福島第四紀研究グループ『ＴＩＭＥ＆ＳＰＡＣＥ』2　一九七四

⑹　片貝発電所の話　－片貝地区の先人の工夫－

今日は、片貝のむかしの人たちの様々な工夫についてお話ししたいと思います。

お話の内容は、電気をつくり出すことについてです。電気がなかったむかし、夜はランプで家の中を明るくしていました。

片貝の人たちは、ランプよりももっと明るく光る電気がほしいと考え、電力会社にお願いしましたが、片貝は遠いので、今すぐには電気は送れないと断られてしまいました。

そこで、みんなでいろいろ考えました。なかなかよい考えが思いつきませんでしたが、突然ある人が次のようなことを言いました。

「電気を送ってもらえないなら、片貝で電気をつくって各家庭に送ってはどうだろう」

初めはみんなびっくりしました。しかしやがて、みんなが賛成し、今の新片貝橋のところに、片貝地区だけに電気を送る小さな発電所をつくることになりました。

水の力で電気を作るものでしたから、たくさんの水が必要なのです。水をどのようにして引いてくるかが次の問題になりました。いろいろな方法をみんなで考えているとき、ある人が、こんな工夫を思いつきました。

「片貝川の上流から片貝まで、水路（堀）を造って、水を引いてくればいいんだ」

そこで、みんなで水路を掘って水を引いてくることができました。

明るい電気の光が、片貝の家々にピカーとついたとき、片貝の人たちは万歳をし涙を流して喜び合いました。

ところが、冬のある日、停電になって真っ暗になってしまいました。

寒さで、水が凍ってしまい、機械が動かなくなって発電ができなくなっていました。

「この氷をなんとかして取りのぞかなくてはならない。どうしよう」

管理人さんは、なにかよい工夫はないかと考えました。

「そうだ水が凍りそうになったら、その氷を敲いたり削ったりして、凍らないようしよう」

寒い冬、夜おそくまで、管理人さんは水が凍らないように作業を続けました。

おかげで、片貝の人たちは、冬の夜も明るい光の下で生活ができ、みんなとても喜びました。

片貝地区の各家庭に電気を送り続けた管理人さんというのは、六年のHくんの家のとなり、片貝簡易郵便局の局長さんの家の先祖のかたです。

むかしの片貝地区の人たちは、このようなたくさんの工夫をして、自分たちの生活を少しでもよくしたいと考え、実行したのです。とてもすばらしい片貝の先輩たちですね。

それではこれでお話を終わります。


（二〇〇〇・十一・一）


（追記）

平成十二年十一月一日、福島県の東白川郡小学校教育研究会の道徳研究部研究協議会が、東白川郡塙町立片貝小学校を会場校として開催された。

当日の研究公開授業（指定授業）は、同校の第五・六学年（複式）担任の指導による「第五・六学年道徳授業」であった。この「道徳の時間」の主題は、「新しいものをつくり出すくふう」である。資料名は「インスタントラーメンのたんじょう」（東京書籍）で、内容はインスタントラーメンを新たに創作した安藤百福の工夫と努力の話である。授業のねらいは、児童に「常に工夫をし、よりよい生活をつくり上げようとする心情を育てる」ことである。

この研究協議会の準備期間の頃、授業者（担任）から、秋の道徳研究協議会で東白川地区の道徳研究部会員の先生方に公開する授業の指導計画案について私に相談があった。当日の授業の指導過程の終末段階（五分間程度）で、児童に「片貝地区の先人の工夫について話を聞き、自分たちの身近なところでも素晴らしい工夫があったことを知らせ、自分もやろうという意欲を持たせる」ために、ふるさと片貝地区の先人の工夫等についての講話の時間を設定したい。そこで児童に話をしてくれるゲストティーチャーを招請したいと考えている、とのことであった。

授業者の研究計画や授業の指導過程に沿うように、検討を経た結果、児童の地域学習（平成十四年度から完全実施される「総合的な学習の時間」）の教材として活用するために、地域関係者や保護者の皆さんの協力を得て、教職員、そして六年生と共に、片貝学区の自然や歴史・文化に関する資料を収集中の私がその役を務め、五・六年生の道徳の時間の終末段階に加わることとなった。その時に、郷土片貝の先輩たちの工夫と苦労について、五・六年児童に話した内容の骨子が、道徳郷土資料「片貝発電所の話－片貝地区の先人の工夫－」である。

当日は、授業者の日頃の的確な指導と準備によって、児童たちは意欲的に学習活動を展開して大変実りある時間となった。参加の先生方からもお褒めの言葉をいただいた。

〈参考文献〉

渡邊孝子「第5・6学年道徳授業案」『東白川郡小学校教育研究会道徳研究部研究協議会要項』東白川郡小学校教育研究会・福島県教育委員会　二〇〇〇

(7) 福島県の風土と歴史

福島県は、東北地方の南部にあり、東は太平洋に面し、南は茨城、栃木、西は新潟、西南は群馬の各県、そして北は宮城、山形の両県と境を接しています。地理的には「みちのくの南の玄関口」といえます。

人口は二一一万九二一八人(平成十五年一月一日現在)、面積は一万三七八四㎢で、北海道、岩手についで全国三番目の広さです。

南から北に連なる阿武隈高地と奥羽山脈によって、中通り・会津・浜通りの三地方に区分され、気候や風土が異なるこれらの地方には独自の歴史と文化が形成されています。また磐梯山、猪苗代湖、そして尾瀬やカモシカ等に代表されるように、自然の恵み豊かな地域でもあります。

このような豊かな自然に包まれた本県における人類の足跡は、現在のところ、後期旧石器時代から確認でき、桑折町「平林遺跡」、須賀川市「成田遺跡」、白河市「一里段A遺跡」等が知られています。

弓矢や縄文土器等を使用し、狩猟採集漁撈活動を主な生業とする縄文時代になると遺跡の数が増加します。特に中期になると、土器を埋設した石組部と敷石石組部がセットになった複式炉と呼ばれる炉が竪穴住居内に設置されるようになります。この炉は東北、新潟、北関東等を中心に東日本各地に分布しており、本県はその中心地域の一つで、二本松市の「原瀬上原遺跡」が代表的な遺跡です。また縄文時代の海岸部の集落では貝塚が形成されています。

弥生時代は稲作に代表される時代であり、本県内からも籾の痕跡がある弥生土器や石包丁等が出土し、いわき市「番匠地遺跡」では水田跡も発見されています。また再葬墓や土坑墓等の墓制も知られています。

古墳時代には、会津若松市「大塚山古墳」、郡山市「大安場古墳」、原町市「桜井古墳」等やいわき市「中田横穴」等の装飾横穴が造営されています。さらに塩川町「古屋敷遺跡」からは豪族居館が発見され、古墳時代の豪族の居館の実像が明らかになってきました。

奈良時代の養老二年（七一八）、陸奥国からほぼ本県域に相当する、二国が分置されました。石城国（石城、標葉、行方、宇多、亘理、菊多）と石背国（白河、岩瀬、安積、信夫、会津）がそれですが、神亀五年（七二八）には再び陸奥国となってしまいます。玉川村「江平遺跡」からは、天平十五年（七四三）の年号が記された木簡が出土しています。これは聖武天皇の詔に従ってお経を読んだということを記したものです。

延暦十三年（七九四）、平安遷都が行われ平安時代が開始されます。この時代には、徳一が磐梯町の「磐梯山慧日寺」を開き、最澄や空海と論争を行っています。当代は仏教美術等が花開き、湯川村勝常寺の「木造薬師如来及両脇侍像」、福島市大蔵寺の「木造千手観音立像」、いわき市の「白水阿弥陀堂」等がその代表例です。

源平の戦いを制した源頼朝は、文治五年（一一八九）奥羽に侵攻しました。国見町の「阿津加志山」が最大の激戦地となり、ここで敗れた奥州藤原氏はほどなく滅びました。鎌倉時代には、新しく配置された関東の武士団が本県域の支配を開始しました。伊達、伊東、結城、蘆名、相馬の各氏等がそれで領地の開発経営を盛んに進めました。喜多方市の「熊野神社長床」、いわき市の「飯野家文書」等がこの時代のものです。

室町そして戦国時代になると本県域も群雄割拠の時代となり、伊達、蘆名、相馬そして佐竹等の各氏の戦闘が続きました。特に伊達氏は各地域に進出し、政宗の時代には本県域の多くを手中におさめました。その後豊臣秀吉が会津黒川城で奥羽仕置を行い、以降の新支配体制の大枠が決定し、やがて蒲生、そして上杉の各氏等が支配をすることになります。

関ヶ原の戦いに勝利した徳川家康が天下を掌握して、江戸幕府がスタートしますが、県内には、会津・福島・二本松・白河・棚倉、相馬、平等の各藩が置かれました。また交通網が発達し、一里塚や宿駅等も整備されました。しかし、やがて貨幣経済や幾多の飢饉等によって農村社会が疲弊し、百姓一揆が各地で発生しました。開国そして徳川慶喜の大政奉還によって江戸幕府はその幕を閉じました。これに続く戊辰戦争では、本県域は奥羽越列藩同盟の中核となって、北上する西軍に対抗し、会津白虎隊・娘子隊、二本松少年隊等の奮戦がありました。

明治四年（一八七一）七月十四日の廃藩置県によって県内は若松、福島、二本松、白河等の一〇県や分県が成立しましたが、明治九年（一八七六）八月二十一日、当時の若松、磐前、福島の三県が合併して現在とほぼ同じ姿の福島県が成立しました。さらに、他県に先駆けて、県議会の前身である福島県民会が招集されていますし、また高まる自由民権運動は県令三島通庸との対立を生み福島事件も起こりました。一方、安積疏水開削による安積開拓は、福島県にとって地域発展の基礎をつくった大きな出来事といえます。

明治時代以降には、西洋風の建物が各地で作られ、桑折町の「旧伊達郡役所」や郡山市の「旧福島県尋常中学校本館」等があります。

（二〇〇三・十・十七）

(8) デジタル・アーカイブ化について

近年の情報通信技術の高度な発展により、多様な情報への効果的なアクセス、距離や時間の制約を受けないコミニュケーションや双方向での情報交流等が可能となり、人びとの知的・創造的活動は飛躍的に拡大している。

福島県教育委員会では、高まる県民の知的・創造的活動を支援するため、教育・文化情報のデータベースやネットワークの構築等を積極的に進めており、生涯学習・文化関係施設においては、収蔵資料（学習資源）をデジタル化することや情報機器・ネットワーク環境を備えたメディア教育センター機能を持つ高機能な施設整備を検討することなど、県民の誰もが情報活用能力を身につける機会を確保できるよう情報利用環境整備に努めることとしている。特に、県立博物館や美術館等では、文化財等収蔵資料のデータベース化やデジタル・アーカイブ化等、県民のニーズと時代の変化に対応した新たな情報提供方法の構築に努めることにより、バーチャル・ミュージアムの実現に向けて検討を進める計画である。

一方、国では文化財の情報化について、情報通信技術を活用し、文化遺産の積極的な公開・活用を進めるために、文化庁が総務省とタイアップして「文化遺産オンライン構想」を推進している。このような趨勢の中、デジタル・アーカイブ化に取り組んでいる福島県立博物館と福島県文化財センター白河館の二館の事例を紹介する。

福島県立博物館は、会津若松市の史跡若松城跡の隣接地に昭和六十一年秋に総合博物館として開館し、平成十五年度末までの入館者は三三三万二九五四人である。収蔵資料約一〇万点、図書資料約七万点を数え、これらのデータベース化が進行中である。

現在、一日平均約五四〇〇件のアクセスがあるホームページでは、「主な収蔵資料」として博物館資料を公開している。考古、歴史、美術、民俗、自然の分野毎に、時代、種別等での検索が可能であり、「三貫地貝塚出土骨角器」「原山1号墳出土埴輪」「伊達政宗書状」「松平定信像」「コウガイ」「パレオパラドキシア梁川標本全身骨格」等が掲載されている。今後「主な収蔵資料」の拡充、収蔵資料データベースとのリンク、利用し易い検索システムの構築等について、さらに検討を進めていく予定である。

福島県文化財センター白河館（愛称：まほろん）は、みちのくの玄関口、白河市に平成十三年夏に開館した。「遺跡から学ぶ自然と人間のかかわり」をメインテーマに、「見て、触れて、考え、学ぶ」体験型フィールドミュージアムとして、埋蔵文化財等の収蔵・管理・活用・研修のための拠点施設として整備され、現在収蔵資料（出土文化財等）は四万一〇〇〇箱、入館者は平成十五年度末で一〇万二七八二人を数える。

ホームページでは、収蔵資料等約二七万二三〇〇件の文化財情報を「文化財データベース」として公開している。ここでは「遺跡データベース」約一万三〇〇〇件、「遺物データベース」約二〇万四〇〇〇件、「遺物写真データベース」約六〇〇〇件、「写真データベース」約四万二八〇〇件、「文献データベース」約六五〇〇件が地域・時代・遺跡別に検索可能である。

また、「ふくしまの文化財を見る」では県内の主な文化財を地域別、時代別に検索することができる。まほろんホームページには現在月平均約三八〇〇件のアクセスがあるが、県内における埋蔵文化財等の文化財情報のポータルサイトをめざして、さらに充実を図る考えである。

このほか㈶福島県文化振興事業団でも、県教育委員会が開催した「福島県民俗芸能大会」等の主な演目について、写真及び動画を「ふくしまの民俗芸能」として情報発信するなど、県の生涯学習・文化関係施設では総合的な文化遺産の情報化を推進し、県民のニーズと社会の変化に対応した文化遺産のオンライン化に取り組んでいるところである。

（二〇〇四・十一・十）

⑼　感動体験サポーター

福島県では、県教育委員会が実施する遺跡の発掘調査を公開し、調査の過程や遺跡の発掘をとおして歴史を解明していく意義や感動を県民に伝えていく「遺跡の案内人（ボランティア）」事業を行っています。

平成十四年度から二年間、登録前オリエンテーションや研修を実施し、平成十六年度からは八四人の県民ボランティアが登録して、本格的に現地公開等の活動を開始しました。

延べ一二回にわたり、発掘調査中の遺跡を訪れた方々への案内・説明を実施すると共に、調査施設の案内や調査速報を兼ねた展示会、遺跡調査報告会への協力も行い、小学生から大人まで延べ三五〇〇人を超える方々の参加を得ることができました。

多くの県民の方々から「遺跡の案内人の説明は丁寧で分かりやすい」等、たいへん好評を得ています。この活動を通して、「遺跡の案内人」が貴重な遺跡と県民を繋ぐ架け橋の役割を担い、県民が遺跡をより身近に感じることによって、文化財の保存と公開・活用の活動がさらに推進されるものと考えています。

（二〇〇五・十・十）

あとがき

昭和二十年代前半に生まれた人びと、いわゆる団塊の世代は、太平洋戦争後の我が国の新教育制度や新しい文化国家建設の過程の中で成長してきた。その歩みでは、それまで地域社会が大切に活かし、守り、伝えてきた固有の価値観と共に、戦後の新しい欧米風価値観をも身につけてきた。その二つの価値観の関係が大きく変化したのは、昭和三十年代のように思われる。

特に、昭和三十三年の長嶋茂雄選手のプロ野球巨人軍への入団、月光仮面のＴＶ放映、安藤百福のチキンラーメンの発売、昭和三十九年、古関裕而作曲のオリンピック・マーチと共に始まる第一八回オリンピック東京大会、併せてこの頃から全国的に普及活用が進んだ耕運機を始めとする農業用機械は、娯楽や食、生業の面での社会変革の分岐点ともいえる出来事であるように感じる。

この後、日本社会全体も各地の地域社会も物心両面で激しく変貌を遂げていくことになる。

このような戦後という時代を背景としながら、本書では、地域社会の様相やその動態、そして地域社会を支え、活かしながら、各時代を生き抜いてきた人びとの歩みと暮らしについて述べてきた。当初の意図がどの程度具体化できたかは心許ない限りであるが、様々な地域社会の土地柄や歴史的個性を幾許かは明らかにできたように思う。

その内容は、学校教育や社会教育そして文化振興や文化財保護行政さらに考古学や文化財学の研究という三つの分野に関する様々な知見、加えて文化財の保存と活用の拠点施設企画整備や郷土の歴史・文化と触れ合うコミュニティホールの普及公開・情報発信等に係わる体験の中から導き出されたものである。

具体的には、親と子の体験講座等の公民館事業の案内役として、参加の皆さんとの交流の中で気づいたこともある。さらに、小学校の総合的な学習の時間に、子どもたちに地域社会や先人の歴史と誇りについて話したり、地域の名所・旧跡や文化財の現地見学の案内解説をしたりする機会に恵まれ、その折りに子どもたちと共に学んだことも少なくない。

その究極的な方向は、地域の歴史や文化財を
「知　る」（調査・研究、学習活動）
「活かす」（公開・活用、体験活動）
「伝える」（保存・伝承、継承活動）
さらに文化を再構成しながら新しい文化を
「創　る」（再構築・草創、創造活動）
つまり、生涯学習活動を基本に社会の絆や鎹ともいえる文化財を中核とした
「地域社会の新たな発見（再発見）と活性化（地域振興）」である。

地域社会にとって、この歴史や文化財と共に重要な役割を担うのは学校である。この二者を人びとがしっかりと支え活かすことによって地域社会の将来への扉は大きく開かれてきた。

学校は地域社会の宝物であり、子育て世代を始め地域住民みんなの総合文化スポーツ交流センターである。個性豊かな子どもたちは我が国と地域社会の宝であり、その将来を担うと共に、世界に羽ばたくかけがいのない存在である。

文化財もまた地域社会の宝物であり、個性輝く地域ブランドである。文化財は我が国と地域社会にお

ける過去・現在・未来の人びととその歴史文化遺産を結び合わせると共に、世界の中の日本の位置（価値）、つまり我が国の文化的特性とその矜恃を明確に示す存在である。

さて、令和元年の五月、江月山長泉寺護持会と江月山長泉寺（第六番之札所「なみのうえ　つきはよなよな　かげすみて　いつもつきせぬ　いつみなるらむ」）の主催による、陸奥「安達三十三観音参り（巡拝）」に加えていただくという有り難い機会を得た。朝六時から二日間にわたって、第一番札所木幡山治陸寺から第三十三番札所岩角山（和田山常光院）岩角寺まで、東・西安達（塩松と二本松）の三十三の寺院や堂宇を訪ねて、その佇《たたず》まいと過去に巡りきた人びとの想いや祈りの姿に触れることができた。また主催寺始め各寺院等の住職や家族の方々、総代や世話役の皆様の温かい「ご接待」も心に染みて忘れられない。このことは、置かれた周囲の状況は各々異なっていても、寺や堂宇そして人びとの心根を仲立ちとして、各地域社会が昔から相互に強く結ばれていることを物語る貴重な一事例でもあると感じる。

地域社会の人びとにとって、過去の歴史や文化を示す事象・事物が、現在まで大切に受け継がれ、日々の生活の中に自然にとけ込み活用され、それらが先人の優れた知識や技術とその心情を穏やかに、時として強烈に物語ることこそ最も楽しくかつ貴重なことである。

顧みると、かつては祖父や父、祖母や母、そして地域の物知りたちの昔話や歴史物語を聞きながら、また常会、講や無尽、そして若連等の集まりの中で経験豊かな先輩との会話を通して、人びとは社会的に成長した。遠い昔から、このような家庭内や地域社会内で「歴史や伝統、風俗習慣や年中行事を伝える」ということが意識的・無意識的に継続されてきた。

現代は、大人も子どもも何かと忙しい時代であり、時間の確保も思うようにはいかないが、地域・ふるさとの将来を担う子どもたちに対し、現在を生きる私たちは、自分の地域の成り立ちや先人の努力や工夫、苦労や楽しみ、そしてふるさとの誇りについて、少しでも言葉や文字で語りかけることが今こそ重要なのではないかと改めて思っている。

ところで、各地域社会の歴史を学ぶためには先ず全国各地の自治体史のお世話になることになるが、他県の市町村史の場合は、すぐには入手できないことがある。幸いにも今回は福島県立図書館に所蔵されていた。早速、拝借して読み始めると、一週間ほどして、この冊子の内表紙にゴム印が押されていることに気づいて驚いた。そこには、恩師の「旧蔵書」と記されていた。故人となられた先生には、没後十数年も経た今日、再び旧所蔵書籍を通して教えを頂戴することになった。誠にありがたいことである。同時に、県立図書館への収納等、この旧蔵書籍の継承に努められた多くの関係の皆様に心から感謝したい。

これまで、皆様から福島県内各地において長く継承されてきた固有の歴史や文化を学ぶ貴重な機会を与えていただいた。本書の執筆にあたっては、県内外の各教育委員会、学校、博物館や公民館、歴史民俗資料館や文化財センター、地域の郷土歴史研究会を始めとする歴史文化関係団体、そして多くの個人の皆様からも温かいご配慮と多くのご指導ご支援をいただいた。

また、本書の編集・刊行にあたって歴史春秋社の植村圭子及び同編集担当の新城伸子両女史には細部にわたって何かとご配慮をいただいた。

これら関係の皆様からいただいた多くのご支援ご協力に対し改めて心から感謝を申し上げたい。

結びに、私事に及び大変恐縮であるが、長年にわたる筆者の三職人生とその後の日々を支え続けてくれる妻に感謝をして擱筆することにしたい。

令和三年三月九日

日下部　善己

写真提供者・協力者（敬称略）

林野庁福島森林管理署
福島県
福島県教育庁文化財課
福島県立図書館
福島県立博物館
福島県文化財センター白河館
仙台市博物館
相馬市
二本松市教育委員会
相馬市教育委員会
南相馬市教育委員会
田村市教育委員会
大玉村教育委員会
南相馬市博物館
本宮市歴史民俗資料館
あだたらふるさとホール（大玉村歴史民俗資料館）

長野県
長岡市
鶴岡市
阿賀町
高山市教育委員会
東京大学出版会
岩波書店
青木書店
歴史春秋社
相馬和胤
南相馬市　石川昌長
二本松市　鴫原吉之助・斎藤春男・吉田陽一
本宮市　古山正儀・長谷川正
大玉村　武田明守・齋藤初治・高橋正人・
渡辺左内・渡辺敬太郎・武田喜市・
戸田伸夫

初出書目等一覧

第二章

○「複式炉と堅果類から見た縄文時代」『まほろん文化財講演会資料』福島県文化財センター白河館　二〇一一

第四章

○「ふるさと（塩松）を築いた人々」『文化を語る新春懇談会資料』岩代町文化団体連絡協議会　二〇〇三

第五章

○「籠もる・逃げる・強訴する百姓たち～覚書・ふるさとの歴史あれこれ～」『ふるさと歴史講演会資料』あだたらふるさとホール（大玉村歴史民俗資料館）二〇一八

○「ゆかりの史跡を訪ねて－江月山長泉寺・百目木虚空蔵堂・百目木八幡神社・名目津壇」『塩松石川氏（石川弾正）顕彰祭要項』（第一回～第四回）石川弾正顕彰会　二〇一三～二〇一六

第六章

○『ふるさとの歴史と伝説』（地域の自然と文化に学ぶ）塙町立片貝小学校　二〇〇一

○『歳ノ神　17　～あだたらの里の火まつり～』（第七四回企画展リーフレット）あだたらふるさとホール（大玉村歴史民俗資料館）二〇一九

○『トロッコ道を行く～思い出の「玉ノ井林用軌道」と山で働く人々～』（第七〇回企画展［第Ⅰ期・第Ⅱ期］リーフレット）あだたらふるさとホール（大玉村歴史民俗資料館）二〇一七

附　章

○「玉ノ井林用軌道の道～大玉・本宮間トロッコ道を行く」『福島中央新報』一月一日付け　二〇一八

○「読書の話1」・「読書の話2」あだたらふるさとホール（大玉村歴史民俗資料館）二〇一六・二〇一八

○「@ブックカフェ　プーさんの鼻」『福島民友』六月三日付け　福島民友新聞社　二〇一七

○「地方にこそ夢と光を～地域の考古学と歴史教育の向上を～」『考古学研究』21－4　考古学研究会（岡山）一九七五

○「福島県の文化財～福島県の歴史と風土～」（共）『世界の文化遺産と日本の文化財』（財）文化財保護振興財団　二〇〇三

○「福島県におけるデジタル・アーカイブ化の取組について（福島県立博物館・福島県文化財センター白河館）」『教育委員会月報』662　第一法規　二〇〇四

○「感動体験サポーター　遺跡の案内人（ボランティア）」（共）『文部科学時報』一五五五　ぎょうせい　二〇〇五

著者略歴

1949年福島県二本松市生まれ。1972年福島大学教育学部卒業。㈶福島県文化振興事業団遺跡調査課長、福島県教育庁文化財グル－プ参事、福島県公立小学校校長、あだたらふるさとホール館長。福島県文化財センター白河館運営協議会会長、二本松市・大玉村文化財保護審議委員、石川弾正顕彰会事務局長。

主な編著書・分担執筆は『縄文時代の基礎的構造』『ふるさと福島の歴史と文化』『図説二本松・安達の歴史』・『縄文文化の研究７』『福島の研究１』『日本城郭大系３』『福島県の中世城館跡』『おおたま学』。

ふくしまの地域社会を活かす人びと

～陸奥「塩松領石川分」の成立と展開～

2021年５月13日初版第１刷発行

著　者　日下部　善　己

発行者　阿　部　隆　一

発行所　歴史春秋出版株式会社

〒965-0842　福島県会津若松市門田町中野
電　話（0242）26-6567
ＦＡＸ（0242）27-8110
http://www.rekishun.jp
e-mail　rekishun@knpgateway.co.jp

印　刷　北日本印刷株式会社